# Apprendre l'histoire et la géographie à l'École

ISBN : 2-86637-394-4
Coordination de l'ouvrage : Rachid Azzouz
Photo de couverture : photomontage (deux illustrations) - Berlin ©Wallis/Sipa Press - Pudong (Shanghai) ©Martine Vessière
La collection « Les Actes de la Desco » est dirigée par Christian Destribois
Responsable d'édition : Laurence Iacono
Suivi éditorial : Aurélie Chauvet, Abder Imine, Jean-Pierre Rocher
Maquette de couverture et intérieure : Norbert Altemir
Centre régional de documentation pédagogique de l'académie de Versailles

Programme national de pilotage

# Apprendre l'histoire et la géographie à l'École

*Sous la direction de Michel Hagnerelle*

Actes du colloque organisé à Paris
les 12, 13 et 14 décembre 2002

Direction de l'Enseignement scolaire
Bureau de la formation continue des enseignants

# Sommaire

# Introduction

**Xavier Darcos,**
ministre délégué à l'Enseignement scolaire

Ce colloque est consacré à l'apprentissage de l'histoire et de la géographie à l'École. Il est amicalement accueilli par monsieur Descoings à l'Institut d'études politiques de Paris, un lieu dont la tradition historienne et géographe est forte. La journée sera présidée par René Rémond, qui mène par ailleurs actuellement une mission dont le but est de repenser l'unité du dispositif de l'éducation civique pour les collégiens et les lycéens. Les organisateurs du colloque ont réuni des intervenants variés et de qualité, qui devraient enrichir les nombreux ateliers prévus durant ces trois journées.

L'Éducation nationale n'avait pas consacré ses réflexions à l'enseignement de l'histoire et de la géographie depuis près de vingt ans, alors que cette discipline a besoin d'être périodiquement refondée. En 1984, le précédent colloque, qui s'était tenu à Montpellier, avait permis de grandes avancées. Il avait en particulier abouti à la prise en compte du fait religieux dans l'enseignement de l'histoire. Le colloque d'Amiens, en 1991, avait également été l'occasion de nourrir des réflexions importantes sur l'enseignement de la géographie. Le présent colloque doit, quant à lui, non seulement dresser un état des lieux de la discipline aujourd'hui, mais également élaborer une vision nouvelle et émettre des propositions pour l'avenir.

Chacune à leur manière, l'histoire et la géographie incarnent les principes de l'école de la République. Les tableaux de la géographie de la France de Vidal de la Blache et l'histoire de France de Lavisse ont constitué les fondements de l'enseignement patriote et laïc de la III$^{e}$ République. Malgré l'évolution des méthodes et des contenus, la place de l'histoire et de la géographie reste aujourd'hui la même. La France est d'ailleurs l'unique pays à assurer un enseignement suivi de ces deux disciplines tout au long de la scolarité, du cours préparatoire à l'enseignement supérieur, et ce, quelle que soit la voie empruntée par l'élève. Elle est également le seul pays à considérer l'histoire et la géographie comme des disciplines pleinement culturelles et civiques, marquées par une volonté d'ouverture et d'universalité. La France est enfin le seul pays à unifier l'enseignement de l'histoire et de la géographie sous le magistère d'un même professeur.

Ce colloque s'inscrit dans la continuité d'une réflexion de fond sur le sens du savoir, à travers laquelle nous souhaitons, Luc Ferry et moi-même, réaffirmer l'autorité du savoir et de l'enseignement des disciplines, pour mieux refonder l'École. Les colloques sur l'islam[1] et sur l'enseignement du fait religieux[2] ont ainsi constitué les étapes d'un travail de longue haleine, dont l'objectif est de permettre aux enseignants de se réapproprier le sens de leur enseignement, dans l'espoir que les élèves puissent ensuite, à leur tour, trouver un sens à ce qu'ils apprennent.

Ces dernières années, les réflexions avaient conduit à envisager les enseignements du point de vue de leur transdisciplinarité. Les dispositifs pluridisciplinaires mis en place ont montré une relative efficacité pédagogique (les travaux personnels encadrés; les itinéraires de découverte; l'éducation civique, juridique et sociale, notamment). À trop se concentrer cependant sur les points de rencontre entre les disciplines, le cœur de celles-ci a été négligé et leurs contours sont devenus flous. Il est important aujourd'hui d'en redécouvrir les fondamentaux, sur la base d'enseignements innovants. Il ne s'agit pas, en effet, de revenir à des pratiques qui furent celles des générations précédentes, car elles ne sont plus adaptées à notre société, mais de retrouver les fondements de chaque discipline, qui constituent les éléments indispensables pour acquérir et penser notre culture. Pour l'enseignement de l'histoire, la connaissance de la chronologie permet ainsi de restituer à cette discipline la profondeur qui lui est propre.

Ce recentrage de l'Éducation nationale sur ses missions essentielles, déjà amorcé par nos prédécesseurs, n'est pas pour autant rétif aux évolutions profondes. Entre l'enseignement de l'histoire de 1984 et celui de 2002, jamais une discipline n'aura connu en un temps aussi court des changements aussi radicaux. Sont désormais abordés, sans tabou, des sujets aussi sensibles que Vichy, la Résistance, la guerre d'Algérie[3] et ses suites, les relations entre l'Europe et l'islam, tandis que la géographie a rejoint le domaine des sciences sociales et permet de comprendre quelques-uns des enjeux politiques les plus cruciaux du monde actuel.

L'histoire-géographie, bâtie sur un passé révolu, s'approprie désormais le temps présent, y compris dans ce que celui-ci offre d'indéterminé et d'incertain.

Ce ne sont par conséquent pas seulement les contours de cette discipline qui ont changé, mais également les concepts. L'histoire et la géographie offrent ainsi, chacune, la possibilité de comprendre l'Europe, dans ses dimensions temporelles et spatiales, de même que les changements de constitution politique ou d'organisation territoriale d'un pays. Les perspectives prochaines de l'élargissement de l'Union européenne

1. - Borne D., Levallois B., Nembrini J.-L., Rioux J.-P. *(ss dir.), Europe et islam, islams d'Europe*, coll. « Les Actes de la Desco », Crdp de l'académie de Versailles, 2003.
2. - *Enseigner le fait religieux*, coll. « Les Actes de la Desco », Crdp de l'académie de Versailles, 2003.
3. - Borne D., Nembrini J.-L., Rioux J.-P. *(ss dir.), Enseigner la guerre d'Algérie et le Maghreb contemporain*, coll. « Les Actes de la Desco », Crdp de l'académie de Versailles, 2002.

à l'Est ou le débat sur l'adhésion de la Turquie bouleversent également les conceptions spatio-temporelles de l'Europe, telles qu'elles prévalaient depuis cinquante ans. L'histoire et la géographie se situent ainsi en première ligne de la nécessaire création d'une nouvelle identité culturelle pour la jeunesse européenne.

Trois pistes de réflexion pourraient nourrir les débats de ce colloque.

Il s'agit, en premier lieu, de clarifier les finalités des contenus de cette discipline, afin d'éviter le risque de dispersion que contiennent en soi les deux champs immenses que sont l'histoire et la géographie.

En second lieu, il est important de réfléchir à la légitimité de l'utilité sociale de l'histoire et de la géographie et à leur capacité à répondre aux besoins nouveaux manifestés par les élèves (l'enseignement du fait religieux, l'éducation à l'environnement et au développement durable, etc.).

Il convient, en troisième lieu, de refonder l'association des deux disciplines, en réfléchissant à la place de chacune et à leurs responsabilités et démarches respectives.

Je serai particulièrement attentif aux résultats de vos travaux, en particulier au moment où des changements importants vont intervenir dans les programmes du collège. L'ambition de ce colloque doit toutefois se placer à un niveau prospectif. Il doit être le point de départ d'un projet pour l'avenir. Tout restera ensuite à mettre en œuvre, en particulier dans le domaine de la formation des enseignants.

Ce colloque étant l'occasion d'une rencontre avec l'université, il serait utile qu'il impulse par ailleurs un nouveau style dans la formation continue, qui ne fasse pas de la didactique une approche coupée de la science en train de s'élaborer, mais serve de base à des réflexions sur une mixité entre la science en mouvement et l'enseignement.

L'enjeu de ce colloque n'est pas seulement théorique. Dans un monde où l'histoire s'accélère, où les frontières sont mouvantes, l'avenir appartient plus que jamais à ceux qui ont la mémoire du temps et la connaissance de l'espace. Il revient par conséquent aux historiens et aux géographes de donner les clés d'une meilleure compréhension de celui-ci aux élèves.

**Richard Descoings,**
directeur de l'Institut d'études politiques de Paris

Le fait que les organisateurs de ce colloque aient choisi notre Institut pour ouvrir leurs réflexions constitue un signe encourageant. L'Institut d'études politiques de Paris est en effet directement concerné par ces travaux, dans la mesure où l'histoire et la géographie représentent des disciplines essentielles à la formation intellectuelle fondamentale dispensée à l'ensemble des étudiants, et ce, depuis la fondation de l'École libre des sciences politiques. L'approche géographique a d'ailleurs été développée depuis dix ans par la création d'un module consacré à l'espace mondial.

L'Institut se trouve en outre tributaire de l'action des enseignants du second degré, puisque les candidats qui se présentent au concours d'entrée à l'IEP de Paris ont été formés par ces derniers. Les réflexions sur l'évolution de l'enseignement dans le secondaire ont donc un impact direct sur la réalité intellectuelle des étudiants.

L'histoire est, enfin, l'un des cœurs vivants de la recherche à la Fondation nationale des sciences politiques. L'un des ateliers a d'ailleurs pour thème l'enseignement du temps présent, qui constitue également l'une des caractéristiques de l'enseignement de l'histoire et de la géographie à l'IEP de Paris. Même si cet enseignement n'est pas sans poser certaines difficultés, il est essentiel, dans la mesure où il permet aux élèves de comprendre le monde dans lequel nous vivons, afin d'y agir avec discernement et conviction.

La culture classique n'en est pas moins également enseignée, puisque nous avons créé il y a deux ans, avec un succès pour le moins inattendu, un enseignement de langue et civilisation latines et un autre de langue et civilisation grecques. Il s'agit d'un capital culturel important pour conforter la construction de l'Europe, étant donné les lacunes d'un nombre non négligeable d'élèves dans ces domaines.

Les questions qui sont au cœur de ce colloque sont également au centre de la réflexion pédagogique de cette école, qui porte sur la formation de citoyens et d'acteurs de la communauté sociale, autant que de professionnels. L'histoire et la géographie constituent de ce point de vue des bases essentielles de l'action des citoyens, car elles permettent de fonder plus justement la décision.

Je souhaite que vos travaux soient féconds, d'autant que leurs résultats serviront de fondement aux enseignements d'histoire et de géographie professés dans cet Institut, ainsi qu'aux sujets d'examen qui seront proposés à l'entrée.

**René Rémond,**
de l'Académie française,
président de la Fondation nationale des sciences politiques

Ce colloque s'inscrit dans le sillage de celui qui s'est tenu à Montpellier, il y a dix-huit ans, à l'initiative d'Alain Savary et de René Girault, dans un contexte perturbé où Michel Debré et Alain Decaux exprimaient de vives inquiétudes. Une nouvelle étape s'ouvre aujourd'hui, qui doit permettre de répondre aux questions nouvelles qui ont émergé depuis.

Comme l'indique le titre donné à cette journée d'ouverture, la culture historique et géographique s'adresse à tous. Elle fait en effet partie du tronc commun de la formation dispensée aux élèves de la maternelle à la terminale, car elle est considérée comme consubstantielle de la formation du citoyen. Si cette conception universaliste n'est pas sans poser quelques problèmes face à un public d'élèves diversifié, elle confère aux enseignants une responsabilité et un magistère d'influence majeurs, tant dans la conception des programmes que dans leur mise en œuvre. L'un des objets de ces trois journées est d'ailleurs de définir les finalités et les contenus de ces programmes.

Face à la surabondance des connaissances, le choix à opérer est tout à fait décisif, car il doit déterminer le minimum commun que les élèves sont censés acquérir. Plusieurs critères sont susceptibles d'orienter ce choix.

Le premier définit le savoir nécessaire aux élèves pour pouvoir être contemporains de leur temps et disposer des moyens d'accéder à l'intelligibilité d'un monde dont ils sont à la fois les spectateurs et les acteurs. Le second est que l'enseignement propose une vue d'ensemble de l'histoire de l'humanité, du commencement jusqu'à aujourd'hui. De toutes les disciplines, l'histoire est en effet celle qui permet le mieux de prendre conscience de la diversité des sociétés et des cultures. Elle doit donc aider les citoyens d'une démocratie à accepter la pluralité des jugements.

Ces critères doivent également répondre à la demande sociale qui est formulée à l'adresse des enseignants. Ceux-ci sont en effet tenus, par délégation de la société, de transmettre les valeurs dont elle se prévaut. La demande sociale ne saurait toutefois occulter les exigences propres à ces disciplines - notamment du point de vue de la recherche -, dont l'objectif n'est pas de faire de l'histoire un instrument de légitimation pour des idées ou un pouvoir, mais d'accéder à une certaine vérité sur l'homme, les sociétés et les événements.

**Michel Hagnerelle,**
doyen du groupe histoire et géographie de l'inspection générale de l'Éducation nationale

Je me réjouis de la tenue de ce colloque dont le projet avait été lancé il y a un an par la direction de l'Enseignement scolaire et par mon prédécesseur au poste de doyen du groupe Histoire et géographie de l'inspection générale, Jean-Louis Nembrini, et qui est le résultat d'une collaboration exemplaire entre ces deux instances. Monsieur le ministre a rappelé la place centrale et les responsabilités des disciplines dans le système éducatif français, ainsi que l'implantation sociale forte de l'histoire et de la géographie et le dynamisme dont elles ont fait preuve ces dernières années.

Si ce colloque se situe dans la continuité de celui de Montpellier, il réunit pour la première fois des représentants des deux disciplines dans une réflexion commune. Il s'inscrit résolument dans la prospective, avec l'ambition de dégager les lignes de force de l'enseignement de l'histoire et de la géographie dans la prochaine décennie. Il est important de prendre le temps de réfléchir aux finalités de notre action. La légitimité de disciplines comme l'histoire et la géographie ne va en effet pas de soi. Elle repose sur leur capacité à proposer des réponses aux questions que se pose la société.

Le comité scientifique, chargé de l'organisation du colloque, a déterminé cinq thèmes qui vont constituer les axes de ces travaux:

- Quelle culture historique et géographique pour tous?
- De nouvelles frontières pour l'histoire et la géographie?
- Quels territoires pour l'histoire et la géographie?
- Quelles pratiques de l'enseignement de l'histoire et de la géographie?
- Demain, quel enseignement de l'histoire et de la géographie?

Ce colloque ne se veut pas étroitement disciplinaire; il doit apporter sa contribution aux réflexions qui animent l'ensemble du système éducatif et la société toute entière. Il s'agit de s'interroger sur la place que doivent prendre nos disciplines dans la formation citoyenne et sociale des individus, au sein d'une société en pleine mutation.

Première partie

# Une culture historique et géographique pour tous

# Apprendre l'histoire et la géographie, inventaire critique

**Dominique Borne,**
doyen de l'inspection générale de l'Éducation nationale

Il me revient la responsabilité de dire l'état des lieux, de tenter un inventaire critique permettant de mesurer où nous en sommes depuis les dernières grandes réflexions sur l'enseignement de l'histoire et de la géographie. Il m'incombe aussi de poser quelques questions.

## Deux remarques en guise de préambule

Vous disposez dans vos dossiers, entre autres documents qui permettent de faire le point, des seize propositions de la commission présidée en 1988-1989 par Philippe Joutard. Relisez ces textes et vous constaterez que, pour l'essentiel, l'institution a intégré ces propositions. Quelques exemples : « le fossé entre l'enseignement général et l'enseignement technologique et professionnel » que déplorait le rapport a bien été en partie comblé, en effet, dans l'enseignement professionnel, on enseigne désormais, comme ailleurs, l'histoire et la géographie en lieu et place de la connaissance du monde contemporain ; de même, dans le premier degré, l'histoire et la géographie ne sont plus instrumentalisées comme un moyen éventuel d'éveiller les élèves, mais sont devenues des disciplines de plein exercice. Nous avons tenté, comme le souhaitait une proposition, de « lutter contre l'empilement des connaissances en dégageant des points forts ». Nous avons réintroduit au lycée, jusque-là consacré à la seule période contemporaine, des morceaux d'histoire antérieurs au XIX^e^ siècle. Nous avons pris en compte l'exigence d'approches plus culturelles : je suppose qu'il est inutile d'insister sur la dimension religieuse en histoire et en géographie désormais bien installée dans les programmes, ou même sur la dimension artistique (les œuvres sont au cœur des programmes). Nous avons également pris très largement en compte la dimension européenne. Nous devons encore progresser, il est vrai, dans le domaine de l'histoire des sciences et des techniques.

Le premier constat est donc positif. Le second au contraire est à la fois critique et interrogatif. Après quelques débats, nous avons choisi de donner à cette rencontre le titre suivant : *Apprendre l'histoire et la géographie*. « Apprendre » et non « Enseigner », ce déplacement peut orienter notre réflexion. Mais, dans cette introduction, c'est ma perplexité que je souhaite d'abord vous faire partager : nous connaissons non seulement les horaires et les programmes mais aussi, par nos passages dans les classes, les pratiques pédagogiques, les détours, les oublis, l'usage du rétroprojecteur, la quasi-disparition de la diapositive, nous savons que, sauf exception, l'histoire est plus enseignée que la géographie. Mais, malgré quelques tentatives récentes, nous savons mal ce que retiennent les élèves, nous mesurons malaisément l'empreinte culturelle qui vient spécifiquement de l'école. Les finalités civiques que nous proclamons relèvent-elles seulement du mode incantatoire ? Pouvons-nous, auprès des élèves, en mesurer les résultats ?

## Des horaires, des professeurs, des programmes

Toujours associées, l'histoire et la géographie sont présentes à tous les niveaux de l'école, du collège et du lycée. Au cycle III de l'école primaire, elles occupent une place importante. Dans le domaine de la langue française et de l'éducation littéraire et humaine, 3 heures à 3 heures 30 sont dévolues chaque semaine à l'histoire et à la géographie.

L'horaire est inférieur au collège : 2 heures au total, 1 heure pour chaque discipline. Il est inégal au lycée où l'horaire des classes de première et de terminale scientifiques a récemment été réduit à 2 heures 30 au total (4 heures dans les séries littéraire et économique et sociale). L'horaire est variable mais toujours faible en CAP et BEP ; il atteint 2 heures pour les séries technologiques des lycées et pour chacune des deux années de baccalauréat professionnel.

Enfin, si l'histoire et la géographie sont présentes dans les classes préparatoires économiques et commerciales et les classes préparatoires littéraires, elles sont très peu représentées dans les classes préparatoires scientifiques.

Une seule remarque pour clore ce bref inventaire : l'histoire et la géographie ne sont pas, ne devraient pas être, des disciplines d'option, car leurs finalités culturelles et civiques les destinent à tous. Pour reprendre l'un des vœux de la commission Joutard, elles devraient faire partie d'un tronc commun obligatoire jusqu'au baccalauréat. Nous avons bien entendu, il y a quelques minutes, les propos du ministre Xavier Darcos qui vont dans le même sens.

Enfin, on fait bien souvent appel aux historiens-géographes pour enseigner autre chose que l'histoire et la géographie. Ils enseignent tous l'éducation civique au collège. Sans en revendiquer, bien au contraire, le monopole, ils sont majoritaires à enseigner l'éducation civique, juridique et sociale au lycée. Il est exceptionnel qu'ils n'apparaissent pas dans les équipes chargées des travaux personnels encadrés (TPE) au lycée, des itinéraires de découverte (IDD) au collège. Il reste à mesurer comment nos deux disciplines apparaissent, en tant que telles, dans ces dispositifs transversaux.

S'agissant des professeurs, faut-il revendiquer les 314 000 enseignants du premier degré ? Tous, ou presque, enseignent ou devraient enseigner l'histoire et la géographie. Dans les collèges et les lycées d'enseignement général et technologique, on compte près de 28 500 professeurs d'histoire et de géographie, auxquels il faudrait ajouter quelques 10 000 professeurs de lycée professionnel, qui enseignent principalement les lettres, mais aussi l'histoire et la géographie, et un nombre difficile à connaître précisément d'enseignants du privé sous contrat : le total doit atteindre quelques 45 000 professeurs. L'histoire et la géographie représentent plus de 10 % du total des heures enseignées.

Ces enseignants sont pour 54 % des femmes (75 % en lettres, 80 % en langues vivantes, 65 % en biologie-géologie). Ce sont dans leur grande majorité des historiens. Aujourd'hui, plus de 85 % des enseignants sont titulaires d'une licence d'histoire.

La formation initiale des professeurs est insuffisante. Les efforts tentés depuis de nombreuses années pour parvenir à construire une formation qui donne la maîtrise d'une culture générale des disciplines sont restés vains. Une meilleure professionnalisation - ce mot n'exclut pas, bien au contraire, la formation scientifique - est indispensable.

S'agissant des programmes, enfin, les programmes actuels de collège ont été mis en place en 1995 pour la classe de sixième, en 1998 pour la classe de troisième. Les programmes de l'école primaire sont tout neufs[1]. Les programmes de lycée viennent d'être revus et transformés dans des conditions un peu chaotiques.

Ces programmes ont été élaborés ou modifiés par des groupes différents. Peut-on profiter du lieu et du moment pour souhaiter que le groupe d'experts que préside René Rémond propose une lecture d'ensemble ou, tout du moins, un parcours cohérent entre l'école primaire et le collège ?

Quels sont les choix d'ensemble que proposent ces programmes ? Le nouveau programme du primaire accorde encore, c'était la tradition, une prépondérance assez nette à l'histoire et à la géographie de la France. Mais les ouvertures européennes et méditerranéennes présentes dans les deux disciplines montrent que ce parti, s'il remonte aux origines, n'est plus un dogme. Il faudrait approfondir cette orientation.

Les programmes de collège embrassent la totalité de l'histoire du monde, du néolithique (la pierre taillée reste un monopole du premier degré) à nos jours, et parcourent l'ensemble des territoires du monde en géographie. Ce parti, adopté en 1995, se justifie par les orientations différentes des élèves au terme de la troisième,

**1.** - Cf. *Boen* hors série n° 1 du 14 février 2002.

et n'a pas été remis en cause. Les programmes ont été allégés. Les repères chronologiques et spatiaux indiquent aux enseignants l'essentiel exigible, qui doit être mémorisé par les élèves. Parmi d'autres documents (textes, œuvres, paysages), certains ont été étiquetés « patrimoniaux »; la liste, certes, en est révisable, mais c'est une première tentative pour construire une mémoire culturelle partagée et un premier regard lucide et critique sur le monde.

Au lycée, les programmes se diversifient, même s'ils ont été pensés à partir d'une visée commune: il n'y a pas d'histoire et de géographie spécifiques à l'enseignement technologique ou professionnel. L'adaptation concerne plutôt les horaires, différents d'une série à l'autre. Il ne serait cependant pas inutile de revisiter ce problème. Les programmes du lycée ont trouvé, en seconde, une assez forte cohérence: ils évitent les redites et l'approche, plus critique, rompt volontairement avec les démarches du collège. Les programmes de CAP viennent enfin d'être réécrits[2]; il est dommage qu'il n'ait pas été possible de réécrire conjointement ceux de BEP. Les programmes de baccalauréat professionnel, bien rodés maintenant, répondent aux attentes des enseignants et des élèves. Les programmes des séries technologiques n'ont pas bénéficié de la refonte subie par les séries générales. Au lycée, l'accord s'est fait pour approuver une orientation des programmes qui permet une approche critique du monde. En histoire comme en géographie cependant, on peut se demander si la place faite aux acteurs et aux conflits est assez grande.

Un premier pas a été franchi dans l'ouverture vers les autres disciplines: les programmes de collège indiquent par exemple des œuvres communes aux programmes des lettres et d'histoire. La réflexion sur l'argumentation a été menée conjointement avec nos collègues de lettres. Mais ce domaine est encore largement ouvert. Au sein des humanités, il reste beaucoup à faire pour rapprocher les disciplines.

## Contenus et démarches: des acquis forts

Même si les distinctions universitaires ne facilitent pas la tâche, nous avons maintenu les liens entre l'histoire et la géographie, parce que les finalités culturelle, civique et intellectuelle des deux disciplines convergent dans un souci commun de culture partagée, de compréhension du monde, parce que les deux disciplines ont la même ambition d'aiguiser le regard critique des élèves, parce que les deux disciplines ont pris l'habitude de faire travailler à différentes échelles, parce que l'histoire – c'est une option délibérée et constamment défendue – va « jusqu'à nos jours » et rencontre la géographie, parce qu'elles peuvent se retrouver autour du territoire, parce que les démarches des deux disciplines se sont également construites autour de documents ou de données confrontés et critiqués. De l'école primaire au collège,

**2.** - Cf. *Boen* hors série n° 5 du 29 août 2002.

les deux disciplines concourent par ailleurs à l'apprentissage et à la maîtrise de la langue. Les épreuves d'examen ont été construites afin de susciter en amont la pratique autonome de l'analyse et de la rédaction.

De même les conseils donnés aux enseignants dans les documents d'accompagnement ont-ils tenté d'équilibrer les démarches : le document, l'œuvre, le paysage, la carte ont trouvé toute leur place. Et ils ne sont plus là pour illustrer simplement un discours ou pour lui donner quelques couleurs concrètes. Un document ne parle pas nécessairement plus à l'imagination qu'un discours d'historien. Ainsi, nous l'avons déjà souligné, certaines œuvres, certains documents, certaines images, certains paysages sont « patrimoniaux » et donc enseignés en eux-mêmes et pour eux-mêmes. Mais nous avons aussi donné toute leur place au récit et à la description, pourvu qu'ils ne soient pas totalisants et clos sur eux-mêmes. Nous avons également tenté de trouver un équilibre entre la nécessaire mise en activité des élèves et une indispensable mémorisation de connaissances. Les repères chronologiques et spatiaux, inscrits dans les programmes et vérifiés au brevet, constituent dorénavant la structure et la colonne vertébrale de notre enseignement en collège.

Tant en histoire qu'en géographie, nous avons adopté de nouvelles approches que les programmes de la classe de seconde reflètent adéquatement : les études de cas en géographie, les moments historiques en histoire ne visent plus à décrire et à expliquer la totalité d'un espace ou d'un territoire ou à parcourir la totalité d'un déroulement chronologique. Ils invitent à choisir un lieu, un moment, un problème, à analyser une situation, un conflit, des échanges. Ils laissent la liberté du point de départ et de l'angle choisis. Ces nouvelles approches sont le signe le plus évident de l'abandon d'une histoire et d'une géographie fatalistes, providentialistes ou téléologiques. Nous ne célébrons plus l'histoire prométhéenne des transformations de la nature par l'homme comme au temps des combinats triomphants. Nous ne construisons plus l'histoire comme le récit des balbutiements de l'humanité jusqu'à l'avènement de l'homme nouveau. Désormais la géographie prend en compte les risques et l'histoire ne juge plus que les événements étaient inéluctables ou déjà écrits. Nous avons donc réhabilité, le conjoncturel et le singulier. Et si l'exigence de vérité est toujours au cœur de notre enseignement, nous refusons le déterminisme et les modèles.

Nous avons répondu aux demandes sociales successives, initié à l'économie quand il fallait le faire, approfondi la dimension religieuse quand la saison en est venue, orienté les programmes autour de la défense de l'environnement quand elle est apparue comme une priorité nationale. Nous avons même, je crois bien, accepté parfois d'enseigner la sécurité routière. L'histoire et la géographie enseignées à l'école s'adaptent donc aux besoins de la société. Pour autant l'attention constante aux évolutions de la recherche, les liens approfondis avec les universités ont été un contrepoids nécessaire. Ils nous ont évité de succomber aux risques réels d'une instrumentalisation des disciplines.

Nos programmes, enfin, sont adossés à des valeurs, celles de la République, de la démocratie et des Droits de l'homme. Ils devraient initier le futur citoyen à des démarches qui sont critiques et qui, parce qu'elles sont à la recherche de la preuve, sont avides de vérité.

## Contenus et démarches : problèmes ouverts

Nous avons tout d'abord quelques problèmes de contenus : savons-nous choisir ? User de la liberté pédagogique ? Les documents d'accompagnement pourraient à ce sujet gagner en clarté et la corporation éviterait alors les plaintes sempiternelles sur la « lourdeur » des programmes d'histoire-géographie ; le monde a changé et avec lui, naturellement, les programmes ont également changé, mais il nous manque une bonne boussole pour retrouver notre Nord. Nous n'enseignons plus les affluents de la rive gauche de la Garonne. Nous n'enseignons plus les départements ni la succession des rois de France ; nous n'enseignons plus la guerre de Cent Ans. Et donc nous ne savons plus qui a gagné en 1453 la bataille de Castillon, alors que cette date est pourtant officiellement inscrite, pour 2003, dans la liste des célébrations nationales. Nous ne pouvons plus, comme le héros d'Antoine Blondin, ne pas signer les traités de Westphalie puisque nous n'enseignons plus les Traités de Westphalie, mais nous parlons encore de Périclès, d'Auguste, des cathédrales, de l'Empire byzantin, de la fuite à Varennes, de la Révolution de 1848.

Nous enseignons la Russie, l'Amérique latine, le Maghreb, l'aménagement du territoire, les problèmes de l'eau dans le monde. Nous avons largué la géomorphologie, la cuesta et les synclinaux perchés et, peut-être un peu vite, une géographie dite physique attentive aux formes, aux pentes, aux lignes de partage des eaux. Nous tentons, aujourd'hui, de dessiner les contours d'une géographie à la fois plus culturelle et plus politique qui, autour de l'étude attentive des enjeux et des acteurs, pourrait nouer de nouveaux liens avec l'histoire.

Dorénavant l'école obligatoire s'étend pour les élèves de l'école primaire au collège. La culture que nous leur dispensons est-elle celle dont ils ont besoin ? Les programmes de l'école primaire et du collège ne sont-ils pas construits comme une voie royale qui mène exclusivement à l'enseignement général ?

Pour l'école primaire et le collège, c'est-à-dire pour l'école obligatoire, la première question majeure est donc celle de la définition d'une culture partagée. Pour cela travaillons-nous assez d'une classe à l'autre à construire méthodiquement des savoirs cohérents ? Savons-nous quels doivent être la mémoire et le regard critique d'un citoyen aujourd'hui ? Suffit-il de s'approprier les repères culturels, de reconnaître un paysage, d'identifier une cathédrale, de construire une culture humaniste et critique du monde ? Le monde tel qu'il est devenu et les élèves tels qu'ils sont imposent de construire une culture partagée. L'histoire et la géographie sont essentielles pour répondre à cette ambition culturelle et civique. Entre le monde tel qu'il est et les élèves tels qu'ils sont, les deux disciplines jouent le rôle privilégié de passeurs.

Nous hésitons même sur l'histoire nationale et sur la géographie de la France : dans les derniers programmes du cycle terminal de la série scientifique, la géographie de la France comme nation n'apparaît plus et la continuité de l'histoire de France n'est plus affirmée. Ainsi n'aborde-t-on pas la deuxième moitié du XIX^e siècle ni la IV^e République. De même, en géographie comme en histoire, tendent à disparaître les études spécifiques d'États au profit d'approches plus globalisantes[3].

La seconde question majeure est donc celle des territoires. L'histoire et la géographie doivent-elles encore donner le sentiment d'appartenance à une patrie ? La France, disait Jules Michelet, est une personne. Cette personne, l'histoire et la géographie de la III^e République l'ont dessinée, parfois même inventée. Au seuil du troisième millénaire, dans un monde que l'on dit volontiers globalisé, assiste-t-on à l'épuisement du « cycle Michelet » ?

Pourquoi l'histoire et la géographie ? Pour construire des Français ? Pour enraciner des identités régionales ? L'École a-t-elle pour mission de fabriquer des Européens ? Ces questions doivent être l'horizon de nos recherches et de nos analyses.

---

**3.** - Voir article, SIRINELLI J.-F. *(ss dir.)*, « Quelle est la place de l'État-nation dans l'enseignement de l'histoire et de la géographie ? ».

# L'enseignement de l'histoire et de la géographie pour tous : quelles finalités, quels enjeux ?

**Philippe Joutard,**
ancien recteur, professeur émérite à l'université de Provence
**Alain Bergounioux,**
inspecteur général de l'Éducation nationale
**Philippe Claus,**
inspecteur général de l'Éducation nationale
**Isabelle Lefort,**
professeure à l'université Lyon-II
**Robert Marconis,**
professeur à l'université Toulouse-II, président de l'Association des professeurs d'histoire-géographie
**Claude Nicolet,**
membre de l'Institut, professeur émérite à l'université Paris-I
**Antoine Prost,**
professeur émérite à l'université Paris-I

***Philippe Joutard :*** La continuité entre le colloque de Montpellier et celui d'aujourd'hui témoigne de la capacité à évoluer qui fait la force des deux disciplines que sont l'histoire et la géographie. Dans une nouvelle phase prospective, il convient de s'interroger tout d'abord sur les finalités à privilégier dans le cadre d'un enseignement pour tous, compte tenu de l'évolution de l'état des connaissances dans la première décennie du XXIe siècle.

## Les finalités de l'enseignement d'une histoire et d'une géographie pour tous

***Isabelle Lefort :*** Dans le système scolaire, une discipline n'est jamais isolée, puisqu'elle s'inscrit nécessairement dans un contexte politique, social et scientifique. Ainsi, le système français a longtemps fonctionné sur le principe de l'émancipation individuelle. Il s'agissait de libérer les esprits et d'armer la raison. Dans cette perspective, la géographie devait favoriser la création et l'appropriation du creuset national et républicain. Le contenu de cet enseignement était ainsi fondé sur un savoir positiviste et idéologiquement « nationalocentré ».

Cette manière d'enseigner, qui a perduré 80 ans, a subi un double *aggiornamento* dans les années soixante-dix, qui tentait de répondre à deux tensions. La première réforme visait à caler les savoirs enseignés sur les savoirs savants, en passant le cap d'une géographie néopositiviste. La seconde tendait à opérer un changement de focale pour lire le monde. De « nationalocentrée », cette lecture devenait mondialisée et européenne. Dès lors, le message géographique que le système scolaire est amené à porter auprès des élèves pâtit d'un manque de clarté et de lisibilité.

De surcroît, le principe d'un enseignement visant à l'émancipation individuelle s'est transformé en un processus de socialisation générationnelle et intergénérationnelle. Ce changement conduit la géographie à asseoir un processus de socialisation efficace, qui s'avère politiquement et démocratiquement nécessaire dans le contexte actuel de responsabilisation et de surinformation sur le monde.

L'objectif de l'enseignement de la géographie devrait donc être de produire une intelligence responsabilisante sur le monde contemporain. Montrer et faire réaliser l'apprentissage d'un raisonnement géographique devrait aider les élèves à le comprendre plutôt qu'à simplement le connaître.

***Antoine Prost:*** Au milieu des années vingt, à l'apogée de l'efficacité de l'école primaire, un élève sur quatre au niveau du certificat d'études était capable de dire qu'en 1789 avaient eu lieu la réunion des États généraux et la prise de la Bastille. Ce rappel doit inciter à rester modeste sur les objectifs.

La première finalité de l'enseignement de l'histoire est de permettre aux élèves de comprendre le monde social et politique dans lequel ils vivent en leur donnant le vocabulaire et la syntaxe nécessaires pour nommer les réalités (aristocratie *vs* bourgeoisie, population agricole *vs* population rurale, gouvernement *vs* administration, etc.). De ce point de vue, l'histoire et la géographie se rapprochent par le large répertoire linguistique qu'elles partagent. Si l'histoire constitue aujourd'hui encore le moyen privilégié de penser la société, c'est parce que la France s'est pensée elle-même depuis le milieu du XIX^e^ siècle à travers l'histoire.

Le deuxième objectif de cette discipline tient à l'évolution des conceptions de la temporalité. Après une conception cyclique (agricole et liturgique) au Moyen-Âge, puis une conception linéaire et orientée à l'époque des Lumières (le temps du progrès), notre société voit l'émergence d'une temporalité pointilliste, constituée d'une succession de moments forts, qui exclut le projet et même la continuité. Or l'événement historique se distingue du moment fort en ce qu'il a des causes et des conséquences. L'histoire enseigne que les réalités actuelles résultent de choix antérieurs et que les choix actuels déterminent notre avenir collectif, ce qui légitime pleinement la place faite au récit dans l'enseignement de l'histoire.

Le troisième objectif est d'apprendre aux élèves que, dans le monde social et politique, tous les énoncés ne sont pas acceptables, tous ne se valent pas. En montrant qu'il est une vérité à chercher, une vérité qui repose sur des faits, même si elle est réfutable, l'histoire combat le relativisme. C'est important pour le lien social: il n'y a pas de consensus possible dans une société si l'on ne commence pas par admettre qu'il y a des affirmations fausses et d'autres qui sont exactes et si l'on n'apprend pas à distinguer les unes des autres.

***Robert Marconis:*** Dans le primaire et dans le secondaire, il est important de rappeler que la géographie (comme l'histoire) doit s'adresser à tous les élèves, car elle ne vise pas à former de futurs géographes ou historiens.

Les enseignants d'histoire-géographie sont constamment sollicités par les questions que les élèves se posent sur l'actualité. Ces disciplines répondent en effet à une forte demande sociale. Elles ne sauraient toutefois fonder leur enseignement uniquement sur cette base, qui les rendrait trop tributaires des événements, car leur finalité première est de donner de ces événements une lecture cohérente en les mettant en perspective, par rapport à la vie des sociétés, dans l'espace et dans le temps.

Le premier objectif de la géographie, que celle-ci partage avec de nombreuses disciplines, est en effet de donner une intelligibilité au monde dans lequel vivent les élèves et dont ils sont et seront les acteurs. La discipline géographique doit rendre compte des mutations de ce monde, en dépassant une présentation en forme d'inventaire pour privilégier une lecture dynamique.

Ces mutations doivent être envisagées à différentes échelles, autour de deux thématiques majeures: l'environnement et l'aménagement du territoire. Elles résultent de processus qui renvoient aussi bien aux sciences de la terre qu'aux sciences sociales. La géographie se consacre ainsi à évaluer la manière dont de tels processus se combinent, à l'échelle de territoires particuliers, pour créer des potentialités, des ressources et des risques. Si leur évolution et leur combinaison obéissent pour une part à la nécessité, c'est-à-dire à des lois et à des règles, elles contiennent également une part d'aléa et de l'incertitude relative à l'action des hommes. L'enseignement de la géographie devrait donc s'attacher à interroger davantage le rôle des acteurs sur les territoires. Ceux-ci sont beaucoup trop absents des programmes, qu'il s'agisse des individus en tant qu'acteurs de la vie sociale, des associations, des entreprises ou des formations politiques ou des pouvoirs publics.

L'objectif d'une meilleure compréhension du monde et de ses mutations vise finalement à rendre les élèves plus sensibles au rôle qu'ils sont susceptibles de jouer dans la gestion et l'organisation de leur(s) territoire(s), tant au niveau de leur ville que de leur région, de leur pays, de l'Europe ou du monde. À ce titre, la géographie remplit une véritable mission d'éducation civique et de formation du citoyen.

***Claude Nicolet:*** Si, depuis 1789, l'enseignement français s'est traditionnellement axé sur une histoire nationale, cette tendance a été suivie par d'autres pays, au premier rang desquels l'Allemagne, où l'instrumentalisation de l'histoire par la nation est à l'origine de nombreux désordres. Aussi l'objectif fondamental de l'histoire et de la géographie ne devrait-il pas tant être de transmettre une mémoire commune aux nouvelles générations que d'aider les individus à se libérer du poids indu et néfaste que les fausses conclusions historiques font peser sur les sociétés. Ces disciplines devraient ainsi donner aux élèves les moyens de juger et de classer les faits historiques. Pour l'avenir, il est nécessaire de rappeler que notre histoire n'est pas notre code.

L'esprit critique que nous appelons de nos vœux est cependant d'autant plus difficile à inculquer en ce début de XXI^e^ siècle que les élèves sont à la fois privés d'une véritable mémoire raisonnée et abreuvés d'une fausse mémoire par le biais de la télévision. L'école se doit de tenir compte de ces réalités pour en contrecarrer les effets pervers, en offrant à ses élèves une mémoire historique raisonnée et prouvable, sans être ni exhaustive ni pointilliste. Il s'agit pour eux de connaître l'histoire pour s'en libérer et préparer le métissage du monde - malgré les difficultés évidentes que représente pour un enseignant la tâche de rendre les élèves libres sans les influencer pour autant.

***Philippe Claus:*** Le premier degré se caractérise par les finalités propres que sont la maîtrise de la langue et l'éducation civique. Celles-ci constituent une opportunité indéniable pour l'histoire et la géographie, dont les objectifs rejoignent fondamentalement ceux de l'école primaire.

L'histoire, « cette science qui se construit par les traces », comme l'écrivait Marc Bloch, privilégie l'écrit comme objet d'étude et permet par sa méthodologie même d'apprendre à des élèves, si jeunes soient-ils, à émettre des hypothèses et à privilégier la richesse du sens et la recherche de la preuve sur l'accumulation des faits. En histoire, la recherche requiert l'apprentissage de l'argumentation et rejoint ainsi l'objectif de la construction d'un esprit critique comme celui de la maîtrise de la lecture, de l'écriture et de l'expression orale.

Le raisonnement s'applique de la même façon à la géographie. L'étude des paysages dans le premier degré exige ainsi un apprentissage de l'observation, du questionnement, de la mise en relation, de l'explication et donc de la recherche de la preuve.

L'histoire comme la géographie participent aux premières étapes de la formation de citoyens éclairés.

***Alain Bergounioux:*** La définition d'une histoire et d'une géographie pour tous exige de partir des problèmes qui se posent à nos sociétés contemporaines. Ceux-ci se manifestent par une « accélération de l'histoire », à travers une réorganisation en profondeur du travail et de la société qui nous éloigne fortement du passé. Si d'autres périodes ont été marquées par un tel phénomène, celui-ci s'accompagne par ailleurs d'une crise de l'idée d'avenir. Le futur est opaque aux individus comme il ne l'a jamais été dans l'histoire de l'humanité. La conjonction de ces deux phénomènes se traduit par une tyrannie du présent, qui amène une rupture dans la linéarité du temps historique. Le passé ayant tendance à s'éloigner dans la mémoire des individus, il nourrit à la fois la nostalgie et des revendications de mémoire.

Dans ce contexte, il est important d'avoir la volonté, contre les tendances actuelles, de maintenir l'enseignement d'une continuité historique. De ce point de vue, le « cycle Michelet » n'est sans doute pas achevé, même si les contraintes de programmes et d'horaires incitent à réévaluer les modalités de l'apprentissage de cette continuité. Cet apprentissage peut passer par la détermination de moments-clés. Il est néanmoins indispensable de ne pas rompre la chaîne des générations qui nourrit la notion même de responsabilité, si importante dans la formation de l'esprit civique des élèves.

Le deuxième objectif important de l'histoire et de la géographie doit être d'éduquer les élèves à la complexité et à l'incertitude. Dans la mesure où ces disciplines ont rompu avec tout déterminisme simple, cette démarche implique de privilégier dans l'enseignement le sens d'une action humaine qui peut être conflictuelle et contradictoire et dont les manifestations peuvent être heureuses ou malheureuses. À l'heure actuelle, l'enseignement de l'histoire et de la géographie est encore trop dépourvu de ce sens. Aux choix de programmes et d'enseignement d'une culture partagée par tous doivent présider des réflexions sur un nouvel humanisme qui ne saurait se limiter aux droits de l'homme, mais doit aussi embrasser la compréhension de ce qu'est l'action humaine.

***Philippe Joutard:*** Il est en effet indispensable de construire chez les élèves le sens du temps, en combattant d'une part le « présentisme » par lequel notre société remplace les héros par des stars éphémères et érige le zapping au rang de pratique reine, et l'immobilisme d'autre part, qui se traduit tant par les fondamentalismes, qui souhaitent fixer la société dans un âge d'or mythique, que par les excès de la patrimonialisation, lorsqu'elle est synonyme d'enfermement dans le passé et non de libération par la connaissance raisonnée de ce passé. Il est important d'apprendre aux élèves la bonne gestion du temps et de ses différents niveaux.

L'éducation à la complexité est également fondamentale, car elle doit prévenir les élèves contre tout manichéisme ou explication simpliste. Il convient pour cela de rétablir la notion de fait, mais également de montrer qu'il peut exister des vérités contradictoires et pourtant d'égale valeur. Le lien entre l'histoire et la géographie dans l'enseignement à l'École doit également être au centre de nos interrogations.

## Le lien entre histoire et géographie dans l'enseignement scolaire

***Isabelle Lefort:*** Les arguments qui militent en faveur du maintien de l'association de ces deux disciplines au sein d'un même enseignement à l'École reposent globalement sur un principe de réalité.

L'espace et le temps sont deux entrées initiales et particulières de l'inscription d'un individu dans le système social. Cette double référence kantienne a d'ailleurs nourri la conception française de l'enseignement. Plus spécifique à l'analyse géographique, la dimension diachronique est incontournable. Il est par conséquent utile qu'un même enseignant enseigne l'histoire et la géographie. Le point de convergence ne saurait toutefois se limiter au monde présent. Il est en effet légitime d'envisager l'analyse géographique dans le passé, dans le cadre, par exemple, de l'étude de la révolution industrielle.

Dans sa fonction de démonstration des mutations du monde contemporain, la géographie dispose de solides appuis en histoire pour présenter l'évolution des usages, des aménagements et des modalités d'appropriation des territoires.

Le maintien de l'association de ces deux disciplines se justifie enfin dans la mesure où l'apprentissage de la géographie est structurellement pris en charge par les historiens qui sont, pour la plupart d'entre eux, les vecteurs convaincus de cette discipline - contrairement peut-être aux sociologues ou aux économistes. L'apprentissage du raisonnement géographique s'enrichirait cependant de l'apport des autres sciences sociales. Cette coupure est regrettable.

***Antoine Prost:*** La séparation entre l'histoire, la géographie, la sociologie et la science politique n'a pas de fondement épistémologique. Toutes ces disciplines ont recours à des concepts nécessairement contextualisés, des concepts qu'on ne peut pas séparer de leur contexte. On peut parler du triangle sans contexte. On ne peut pas parler de l'État sans dire si l'on se place au Moyen-Âge, dans la France du XVII^e^ siècle ou dans l'Allemagne nazie. Ce qui distingue ces disciplines, ce sont les questions qu'elles posent. L'histoire pose la question de la diachronie, de l'avant et de l'après. La géographie celle de l'espace, de la proximité et des liens. Pour répondre à ces questions différentes, elles n'en utilisent pas moins des concepts, des raisonnements et des modes d'administration de la preuve analogues.

***Robert Marconis :*** À travers leur évolution contemporaine, les deux disciplines ont affirmé leurs spécificités, en particulier en termes de problématiques et de méthodes. Le maintien de liens étroits entre l'histoire et la géographie est cependant nécessaire et souhaitable.

Cette association a pour but en particulier d'initier les élèves du secondaire à l'ensemble des sciences sociales qui ne leur sont pas enseignées par ailleurs en tant que telles ; en ce sens, elles ont pu être considérées comme une « propédeutique aux sciences sociales ».

Cette association n'est bénéfique que dans la mesure où chaque discipline conserve son identité. C'est à cette condition que l'histoire et la géographie sont susceptibles de se féconder mutuellement, à travers un dialogue permanent sur les préoccupations qui les animent. Ces échanges de points de vue ont par exemple permis d'introduire dans le programme d'histoire de Première la question de l'organisation du territoire français et de ses mutations au XIXe siècle. Il est en outre appréciable de constater que, de leur côté, les géographes intègrent désormais les questions de temporalités dans leurs réflexions, celle des « temps de l'environnement » par exemple.

L'association de l'histoire et de la géographie est ainsi d'autant plus utile qu'elle aide chaque discipline à progresser.

***Claude Nicolet :*** La dimension géographique, à travers l'étude des territoires et des cartes, est indissociable de l'analyse historique. Si certaines écoles historiques ont pu abuser de l'outil géographique en instrumentalisant cette discipline à des fins idéologiques, l'utilité de l'association de l'histoire et de la géographie dans l'enseignement scolaire n'est pas contestable. Il est d'ailleurs regrettable que ces deux disciplines fassent désormais l'objet de deux agrégations séparées, car le concours unique formait d'excellents enseignants d'histoire-géographie et souvent, également, de très bons chercheurs. Cette réforme a confondu l'objectif de recherche dans l'enseignement supérieur, qui nécessite sans doute un approfondissement pointu de l'une ou l'autre discipline, et l'objectif pédagogique central dans l'enseignement secondaire, qui devrait passer par l'association des deux disciplines.

***Philippe Claus :*** Il est encourageant de constater qu'historiens et géographes semblent considérer la question de l'association de leurs disciplines comme presque dépassée. Cette convergence n'est toutefois pas totale dans le primaire, et c'est pourquoi les programmes de 2002 ont prévu d'établir clairement tous les liens qui pourraient être mis en œuvre dans l'apprentissage de ces deux disciplines dans le premier degré. Un travail fonctionnel à partir des spécificités et des points de convergence entre les deux disciplines est ainsi nécessaire pour offrir aux élèves une vision globale du monde qui les entoure. Dans les programmes, il apparaît ainsi que la compréhension des repères patrimoniaux – qu'il s'agisse d'événements, de périodes, de personnages historiques ou de termes signifiants – ne peut faire l'économie de leur dimension spatiale et du recours aux cartes. De même une étude des grandes agglomérations ou des paysages ne peut-elle se passer de repères historiques. Or dans la réalité des classes du premier degré, il s'avère que ces évidences ne sont pas encore ancrées dans l'enseignement des faits.

***Alain Bergounioux:*** Il convient de rappeler que la spécificité française que représente l'association de l'histoire et de la géographie au sein d'un même enseignement découle originellement d'une volonté politique, liée à une période historique, qui a tendu à présenter la France comme une personne riche de la diversité de ses provinces et inscrite dans l'histoire providentielle de la République. Cette période étant révolue, le problème est aujourd'hui un peu celui de l'unité de la culture française.

Á côté d'objectifs qui demeurent communs, chaque discipline manifeste cependant ses intérêts propres – en termes de nombre de postes et d'horaires –, ainsi que ses exigences épistémologiques. Celles-ci ont d'ailleurs conduit au creusement de l'écart entre les deux disciplines dans l'enseignement supérieur. Si la séparation de l'histoire et de la géographie peut apparaître légitime à l'université, la question reste cependant posée au niveau de l'École.

Après une période d'interrogations, la notion de « territoires » a permis de réconcilier historiens et géographes à travers l'étude des usages et de la mémoire de ces espaces. Pour sceller cette convergence, l'élaboration de programmes intégrés paraît aujourd'hui nécessaire, qu'il s'agisse d'étudier la mondialisation, les grandes migrations, le développement économique et social, l'environnement ou les inégalités spatiales et sociales aux niveaux tant mondial que national, etc. Cette piste est à explorer pour l'avenir, car elle permettra de mettre en œuvre une véritable culture pour tous.

***Philippe Joutard:*** Pour permettre à ces deux disciplines d'atteindre les finalités qui leur ont été assignées, il est impératif de les unir. Ainsi, il est indispensable de recourir à la géographie pour rétablir la temporalité dans l'esprit des élèves, notamment à travers l'étude des paysages dans le premier degré, de même que l'histoire du temps présent a besoin de l'ancrage de la géographie pour mieux se faire comprendre.

Au-delà du consensus sur les objectifs de ces disciplines, il s'agit néanmoins de déterminer les points de divergence d'analyse, afin de proposer les moyens de les résoudre. Les réflexions devraient se porter sur les moyens pour l'histoire et la géographie de remplir leur mission de responsabilisation des élèves, ainsi que sur l'opportunité d'opposer histoire-géographie, d'une part, et sciences sociales, de l'autre.

À cet égard, le maintien de liens forts entre les deux disciplines se justifie si les spécificités de chacune sont respectées. D'une part en effet, les sciences des hommes dans le temps se distinguent clairement des sciences des hommes dans l'espace. D'autre part cependant, pour des raisons pédagogiques, il est préférable de les associer afin de montrer que les logiques qui sont à l'œuvre dans chaque discipline peuvent bénéficier de regards croisés pour accéder à la vérité.

**Antoine Prost :** Si les questions que se pose l'histoire - qui sont liées au temps - et celles que se pose la géographie - qui sont liées à l'espace - diffèrent en effet, la manière dont chacune de ces disciplines se mobilise pour y répondre est fondamentalement la même. On ne dépasse pas le raisonnement naturel. Les disciplines ont été séparées parce que des chaires distinctes ont été créées à l'université. C'est un héritage du XIXe siècle qui ne se justifie pas par des raisons d'ordre épistémologique. Il est des pays, par exemple, où la géographie est rattachée aux sciences naturelles, sans que ce découpage disciplinaire paraisse choquant aux géographes.

L'exigence de lisibilité et d'intelligibilité dans l'apprentissage tient surtout à la recherche de la vérité par l'administration de la preuve. Cette exigence est fondamentale à la création du lien social. L'histoire ne contribue pas seulement à unir les générations en leur donnant un bagage culturel commun, constitué de valeurs sur lesquelles règne un consensus général. Elle rend possible le lien social en enseignant à surmonter les différences d'opinion par le respect des faits : quand un fait est établi - et l'on doit chercher à l'établir - il n'est plus possible de dire n'importe quoi. Les différences d'opinion peuvent être arbitrées et cet arbitrage accepté, ce qui permet des évolutions. C'est pourquoi il y a un lien fort entre le rationalisme et la République. À ce titre, toutes les sciences sociales contribuent à cette démarche critique nécessaire qui consiste à chercher des preuves pour établir des vérités communes à l'ensemble de la société.

**Robert Marconis :** La géographie mériterait sans doute d'être mieux connue de l'opinion publique. Lorsqu'une collectivité locale fait appel à un géographe pour l'aménagement d'une zone urbaine ou d'un territoire littoral, elle entend bénéficier de ses compétences scientifiques spécifiques. Si la géographie doit rester associée à l'histoire dans l'enseignement scolaire en raison de ses vertus pédagogiques, il est donc important qu'au niveau de l'enseignement supérieur les étudiants puissent étudier les fondements scientifiques de la géographie en tant que telle.

En outre, l'éducation à l'incertitude, c'est-à-dire à la complexité de la réalité, ne peut pas s'exonérer d'un enseignement des fondements scientifiques des différentes disciplines. C'est là une condition indispensable afin que les élèves qui sont en demande de certitudes ne soient pas tentés de rechercher des réponses simplistes dans les officines douteuses qui se réclament d'idéologies parfois dangereuses. La responsabilité de l'école est de former des citoyens non seulement critiques mais responsables, c'est-à-dire capables de fonder leur jugement sur des analyses raisonnées, à partir de connaissances offrant toutes les garanties scientifiques.

***Philippe Joutard:*** Dans l'approche de la vérité, il est important de distinguer entre les faits et leur interprétation, car celle-ci peut légitimement être sujette à discussion. Face à des élèves qui sont plus volontiers relativistes que réellement critiques, il convient toutefois d'établir clairement que toutes les opinions ne se valent pas pour autant.

Par ailleurs, il n'est pas possible d'aligner totalement les sciences physiques sur les sciences sociales, qui se distinguent par leurs procédures. Il est donc préférable de maintenir dans l'enseignement scolaire des approches croisées entre différentes disciplines, qui s'enrichissent mutuellement. Face au conflit israélo-palestinien, où deux logiques s'affrontent, chacune recherchant la preuve de sa validité dans l'archéologie ou dans l'histoire, il est important de montrer aux élèves les difficultés que sous-tend le processus d'administration de la preuve. La vérité ne doit pas se transformer en certitude béate.

***Alain Bergounioux:*** L'éducation à l'incertitude doit être une ouverture des élèves à l'action humaine. Elle ne remet nullement en question l'importance de la transmission du sens des valeurs. En outre, il ne serait pas profitable d'aller au-delà de l'association entre histoire et géographie en les intégrant au sein du vaste ensemble des sciences sociales. L'histoire se distingue en particulier des autres sciences sociales en ce qu'elle étudie les événements du point de vue de leur unicité, tandis que les sciences sociales cherchent à repérer la régularité des phénomènes. Il n'est pas non plus indispensable, par ailleurs, de décalquer l'enseignement supérieur sur l'enseignement scolaire.

***Antoine Prost:*** L'un des principaux obstacles à l'union des sciences sociales au sein d'une même discipline tient dans la difficulté à mettre en place des exercices pertinents qui permettent ensuite d'évaluer le niveau des élèves.

***Philippe Claus:*** Il faut enfin rappeler que la période récente, qui a vu supprimer à l'école primaire l'enseignement de l'histoire et de la géographie au profit d'une discipline dite d'éveil, n'a pas eu les effets les plus heureux. Il existe par conséquent un risque qu'une dilution de ces matières dans un ensemble intitulé « sciences sociales » ne se traduise que par un effacement de cet apprentissage, effacement qui ne pourrait être que préjudiciable.

# Quelle est la place de l'État-nation dans l'enseignement de l'histoire et de la géographie ?

**Jean-François Sirinelli,**
professeur à l'Institut d'études politiques de Paris
**Jean-Jacques Becker,**
professeur émérite à l'université Paris-X
**Anne-Marie Cocula,**
professeure à l'université Bordeaux-III
**Béatrice Giblin,**
professeure à l'université Paris-VIII
**Michel Lussault,**
professeur à l'université de Tours
**Yves Poncelet,**
inspecteur général de l'Éducation nationale
**André-Louis Sanguin,**
professeur à l'université Paris-IV

***Jean-François Sirinelli :*** Les historiens sont les dépositaires de la mémoire d'une communauté nationale et de son sens. Les civilisations ont toujours été hantées par le sens de l'histoire, sens qu'elles ont interprété sous la forme de cosmogonies, de religions ou de religions séculières. Le rôle des historiens n'est cependant pas tant d'indiquer la direction que prennent les sociétés que de rappeler d'où elles viennent. En cela, ils ont pour fonction de rappeler l'alchimie complexe et instable que constitue toujours une communauté nationale.

Il n'en est pas moins nécessaire de s'interroger sur le rôle qu'ils doivent jouer dans la définition du jeu d'échelles dans lequel s'inscrit aujourd'hui l'État-nation. Quelques remarques liminaires sont susceptibles d'amorcer cette réflexion.

Au milieu des années vingt, l'enseignement secondaire n'accueillait que 100 000 personnes. En 1950, le nombre de bacheliers n'était encore que de 32 000. En 1960, la génération du baby-boom ne compte que 10 % de bacheliers et 20 % en 1970. Malgré le doublement de ce taux jusqu'à aujourd'hui - ce qui n'est pas négligeable -, il faut rappeler que l'École ne permettait en 1970 qu'à 1/5 d'une classe d'âge d'atteindre le niveau de l'enseignement supérieur. Aujourd'hui, si l'École est de plus en plus concurrencée par d'autres formes de transmission culturelle et constitue à ce titre un enjeu décisif, ce rappel historique permet de comprendre qu'elle est malgré tout plus présente que jamais dans notre société. L'utilité sociale des enseignants n'en est que renforcée, ce dont il faut se réjouir, même si leur responsabilité n'en est, elle aussi, que plus grande.

Dans ce contexte, les enseignants d'histoire sont confrontés à un paradoxe. Alors que leur fonction sociale les engage à travailler sur le passé en élaborant un savoir et en transmettant une réalité abolie, la demande sociale leur enjoint de réfléchir sur l'avenir. Cette mission est d'autant plus urgente que la France est emportée par la mutation la plus rapide de son histoire.

Au-delà des bouleversements initiés par les Trente Glorieuses, la société française subit en effet directement les bouleversements rapides, tant socio-économiques que socioculturels, engendrés par la mondialisation. Les attentats du 11 septembre 2001 exigent par exemple des enseignants comme des citoyens qu'ils réfléchissent aux jeux d'échelles dans lesquels cet événement s'inscrit (la politique extérieure américaine, les réseaux d'Al-Qaeda, le conflit israélo-palestinien, la réaction de l'Europe, etc.), afin d'en donner les clés de compréhension aux élèves.

Une réflexion sur l'État-nation est donc nécessaire, tant du point de vue des jeux d'échelles dans lesquels celui-ci s'inscrit que du point de vue des programmes d'histoire-géographie dans lesquels sa place doit peut-être être repensée. Les interrogations doivent porter sur l'opportunité de construire encore des Français ou sur la nécessité de construire déjà des Européens - ou à nouveau des Bretons et des Corses. Cette question est d'autant plus délicate que la réponse est déterminée par le point de vue citoyen dont ne peut totalement se départir l'enseignant. Indépendamment des opinions individuelles, une réflexion de l'ensemble des enseignants est impérative car ils ont, en tant qu'hommes et femmes travaillant sur le passé, des comptes à rendre à l'avenir. Une absence de réponse ne pourrait en effet que s'avérer préjudiciable aux générations futures.

Il convient donc de s'interroger à la fois sur la place à donner aujourd'hui à la France dans un enseignement sur l'État-nation et sur l'opportunité d'« européocentrer » ou pas l'enseignement de l'histoire-géographie. De manière sous-jacente, la question de l'actualité d'une association entre histoire et géographie au sein d'une même discipline reste posée.

## La place de la France dans l'enseignement de l'État-nation

***André-Louis Sanguin :*** De manière implicite ou explicite, le modèle de l'État-nation véhiculé dans les manuels scolaires d'histoire-géographie est directement issu de l'héritage philosophique de la Révolution française. Il met en avant un nationalisme civique dont les principaux mots-clés sont auto-identification, auto-régulation, unification, construction et forces centripètes. *A contrario*, le nationalisme ethnique est un modèle plus agressif et perturbateur. L'État-nation à la française résulte ainsi d'expériences communes, centrées autour de la trilogie histoire-langue-culture, et transfigurées en mythes qui favorisent la création d'une identité collective.

La mise en avant du modèle français a toutefois pour effet d'occulter d'autres modèles civiques. En Europe, la Suisse dispose ainsi d'un modèle reposant sur les notions de neutralité, de démocratie directe et de fédéralisme, modèle dans lequel se reconnaissent les différentes communautés culturelles et linguistiques de ce pays. Les modèles belge et espagnol sont, quant à eux, centrés sur le monarque, qui remplit une triple fonction: ciment, équilibre, médiation. L'Allemagne, le Royaume-Uni, la Chine ou le Japon disposent également de modèles originaux, qu'il serait utile de faire connaître. Le modèle du nationalisme civique américain est, quant à lui, souvent désigné comme le concurrent du modèle français, car il partage avec lui la particularité d'avoir une vocation universaliste et que dans les faits, les deux modèles pratiquent une forme de messianisme rationaliste.

L'État-nation traverse à l'heure actuelle une période de crise. Certains vont jusqu'à le considérer comme déjà mort. Il est vrai que la mondialisation, qui est le fruit de la révolution télématique, remet en question le rôle traditionnel de l'État-nation. Du fait de la nouvelle organisation de l'économie contemporaine, l'État apparaît en effet souvent comme ne pouvant plus exercer adéquatement ses fonctions économiques traditionnelles, tandis que de nouveaux acteurs - entreprises multinationales ou économies régionales - prennent dans le même temps une importance considérable sur la scène mondiale. L'État-nation se trouve ainsi confronté à deux défis.

D'une part, sa souveraineté est érodée du fait d'entités transnationales (grandes compagnies, médias, haute finance, religions, criminalité organisée, Union européenne, ONG, migrations, etc.). Le crime organisé, par exemple, structure ses flux dans des systèmes de réseaux et de nœuds dont les maîtres mots sont dynamique, élasticité, réaction rapide ou nature transnationale. Or, face à lui, l'État souffre de la rigidité de ses schémas normatifs.

D'autre part, l'État-nation est pris en tenaille par le bas et par le haut. Il se trouve ainsi, d'un côté, remis en question par la floraison des régionalismes et autres nationalismes périphériques, de l'autre, par l'Union européenne. Ces deux tendances lourdes devraient davantage être prises en compte dans l'enseignement de la géographie.

***Yves Poncelet:*** La place de la France dans l'enseignement de l'État-nation devrait être importante, au nom de la validité des résultats scientifiques acquis, qui démontrent la précocité de la constitution de l'État et de la nation, l'antériorité de l'État sur la nation et l'émergence d'un sentiment national - que Jacques Le Goff qualifie de « patriotique » - au début du XIV^e^ siècle. Les enseignants rempliraient en cela leur rôle d'agent de transmission de la vérité telle qu'elle est apportée par la recherche savante.

Un enseignement dans lequel la France prendrait une place importante reviendrait en outre à assumer, dans nos programmes et nos pratiques, le choix d'une part spécifique du passé et de l'espace, celle qui a fait les solidarités et la communauté de ce pays. Il s'agit de ne pas nier l'importance de la différenciation spatiale, ni le couple que forment nécessairement l'institution de la société et l'institution du territoire. L'enjeu n'est ni de dévaloriser les autres territoires, ni de faire de la France un modèle d'État : la maîtrise d'une histoire et d'une géographie nationales assumées impose une analyse raisonnée, notamment de l'histoire mémoire (les enseignants ne doivent pas pour autant porter un regard sur le passé de la France qui soit systématiquement réprobateur et critique).

Le rôle de l'histoire et de la géographie dans l'éducation sociale des élèves pose des questions difficiles, car dans ces processus de socialisation générationnelle se heurtent des valeurs, se mêlent des incertitudes quant aux résultats attendus et des hésitations quant aux pratiques à mettre en œuvre, entre conviction et raison, mobilisation des affects et résultats de la science. Il est néanmoins indispensable de ne pas renoncer à la fonction intégratrice de ces disciplines.

La place à accorder à la France pourrait enfin se justifier par l'objet commun qu'elle offre à une histoire et à une géographie culturelles. Il s'agit d'ailleurs là d'un domaine dans lequel les enseignants ne devraient se sentir ni historien, ni géographe.

Pour finir - mais on aurait pu commencer par là -, il faut souligner que nous sommes ici dans l'espace-clé de l'expression de la citoyenneté.

***Béatrice Giblin :*** L'enseignement de l'État-nation est d'autant plus important que ce thème invite à s'interroger non seulement sur le passé, mais également sur l'avenir. Les géographes, en particulier, sont amenés à travailler sur la situation présente et font face à des élèves qui se posent des questions autant sur l'histoire dont ils sont issus que sur le futur qui les attend. Il incombe ainsi aux enseignants de réfléchir aux enjeux qui se posent à cette génération, ce qui suppose de les resituer dans le cadre de l'État-nation.

*A contrario*, la résurgence des histoires locales ou régionales est inquiétante, car elle risque de se traduire par un enfermement des esprits dans de petits ensembles, où prime la recherche d'une harmonie des peuples et celle des racines, sur une base tout aussi mythifiée qu'a pu l'être le « roman national » raconté à une époque. Ce retour des particularismes historiques locaux entre pourtant en contradiction avec le modèle d'intégration de l'État, dans lequel l'École joue un rôle majeur, alors que l'immigration est amenée à conserver une grande importance en France.

La construction des solidarités que représente le discours sur l'État-nation ne devrait pas être affaiblie par la construction européenne. Une Europe constituée de vingt-cinq États ne saurait en effet être viable que si chaque peuple se sent bien dans sa nation, sans qu'aucun ne se trouve en situation d'infériorité par rapport aux autres, au risque de créer frustrations et humiliations, terreau de toutes les révoltes.

***Jean-Jacques Becker:*** La place que doit prendre l'État-nation dans l'enseignement de l'histoire-géographie se justifie par l'existence même de la construction européenne. Les difficultés rencontrées par celle-ci depuis le début s'expliquent en effet par l'histoire longue qui a marqué la constitution de chacune des nations qui la compose. Dans ce contexte, il convient de plaider avant tout pour la continuité de l'histoire, dans la mesure où elle seule permet de comprendre l'évolution de chacune de ces nations jusqu'à la période historique actuelle qui les voit s'unir. À cet égard, pour prendre cet exemple qui a été déjà évoqué, même l'enseignement de la guerre de Cent Ans apparaît utile car celle-ci constitue une étape dans la constitution de la nation française.

Il y a plus d'un siècle, tentant d'apporter une définition à la nation, Renan en avait montré la complexité, qui explique qu'elle peut être le meilleur ou le pire. Elle peut être le cadre harmonieux dans lequel se développe un peuple, mais elle peut aussi être le ferment d'exaltations nationales excessives. La Grande Guerre s'explique fondamentalement par la violence des oppositions nationales en Europe. Les générations présentes et futures ne sauraient comprendre l'histoire sans étudier celle de la nation française, mais également celle des autres nations européennes. La tâche est sans doute lourde pour les élèves et pour les enseignants, mais c'est la seule méthode pour ne pas construire des peuples sans mémoire.

***Michel Lussault:*** Avant de décider de la place qu'il convient d'assigner à l'État-nation dans les programmes, il convient de mener une réflexion approfondie sur le sens que cette notion revêt. Pendant longtemps, la géographie française n'a pas voulu ou pas su penser cet objet spatial particulier qu'est l'État, car elle en était l'un des principaux rouages. Or ce grand silence des géographes perdure.

La question ne concerne cependant pas directement l'État-nation. Il s'agit plutôt de considérer l'État comme une modalité parmi d'autres d'organisation de la relation tripartite entre les instances du champ politique, la société et l'espace. Celui-ci ne se réduit pas, pour sa part, au domaine de la matérialité dans l'étendue, mais se nourrit d'imaginaires spatiaux. À cet égard, les deux précédents exposés semblent témoigner d'une incompréhension persistante entre historiens et géographes, qui repose sans doute sur des définitions erronées de l'espace.

L'État ainsi défini, la réflexion doit ensuite s'attacher à envisager les autres modalités d'organisation des relations. L'imaginaire de nos contemporains en a ainsi créé de plus vastes – l'Europe et le monde en tant qu'espaces politiques –, d'autres détachés de la nation ou de tout territoire, d'autres encore définis au niveau local – ce que les Anglo-Saxons nomment *local State* et que les Français semblent ignorer –, d'autres enfin qui se nouent sous la forme de réseaux de pouvoir – un État réticulaire pourrait, à cet égard, être envisageable.

Dans ce contexte, l'étude de l'État-nation français n'est certes pas à exclure, dans la mesure où plus que dans d'autres domaines, l'étude de l'État impose de passer par une géohistoire, c'est-à-dire par une archéologie des conditions de possibilité d'existence d'une organisation spatiale particulière. Si le modèle français doit donc faire l'objet d'un apprentissage, il doit également être dépassé – voire trépassé – pour permettre aux élèves de prendre conscience de la relation qui unit société, politique et espace.

***Anne-Marie Cocula:*** Les États-nations doivent être intégrés dans l'enseignement de l'histoire-géographie, car ils sont à la base de la construction pluriséculaire de l'Europe, de sa construction chaotique, faite de tensions et d'intégrations. Sans faire de la France un modèle, il convient ainsi d'enseigner les étapes de son histoire, car elles ont un sens en ce qu'elles rendent compte de l'histoire de l'Europe tout entière.

Il n'est pas surprenant que les tentatives récentes pour créer une chaire d'histoire européenne à l'université n'aient pas rencontré de réel succès. La construction européenne d'après guerre s'est en effet avant tout réalisée en termes d'échanges économiques et de marché, à l'image de l'Europe économique des XV$^{e}$ et XVI$^{e}$ siècles. Afin d'ancrer davantage l'Europe dans les imaginaires sociaux, il est par conséquent important de donner aux jeunes générations une approche comparative de ces États-nations pour montrer à la fois la diversité et les similitudes de l'Europe et démontrer que celle-ci n'a jamais cessé d'exister en dépit des affrontements.

## L'enseignement de l'histoire et de la géographie doit-il être européocentré ?

***André-Louis Sanguin:*** La pensée géographique française semble étrangère au bouleversement considérable que représente la construction européenne. À une exception près, il n'existe d'ailleurs aucun ouvrage réalisé par un géographe universitaire qui traite spécifiquement de l'Union européenne. La mutation mentale qui implique de passer d'une vision purement hexagonale à une vision européenne de la géographie ne s'est manifestement pas opérée. Or la formidable recomposition dont l'espace français fait l'objet se déroule dans un cadre non pas national, mais européen. Il est donc temps de réfléchir à l'avenir territorial de la France en collaboration avec les acteurs de toute l'Europe, d'autant que ce pays est jusqu'à présent la plus importante plaque tournante de l'Union européenne, avec 75 millions de visiteurs par an - contre 54 millions aux États-Unis et 40 millions en Espagne.

Il ne s'agit pour autant pas d'ignorer le concept d'État-nation, qui n'est pas devenu obsolète, mais mérite d'être restauré. Il constitue en effet toujours un cadre rassembleur, tant pour les individus que pour les actions politiques. Il représente un repère pour les communautés nationales, dans la mesure où il fonde le lien entre le passé et le futur. Il est peu probable que l'Union européenne, comme source d'identité collective, puisse remplacer les différentes nationalités qui la composent. Il est possible en revanche qu'elle constitue une nouvelle identité s'ajoutant à d'autres identités préexistantes, dont l'iconographie serait fondée sur de multiples allégeances, à différents degrés, sur le modèle belge, espagnol ou suisse. Moins d'un an après son introduction, il est encore difficile de savoir si l'euro est le symbole quotidien de l'appartenance à une même communauté de destins. Il faudra sans doute attendre dix ou quinze ans pour être en mesure d'en dresser le bilan.

Dans le jeu d'échelles du local au mondial, l'État-nation ne doit par conséquent pas être évincé, mais il doit trouver une nouvelle position sur le « marché » des relations internationales. Son enseignement à l'école doit ainsi, lui aussi, se faire sur une base renouvelée, diversifiée et multiscalaire.

***Yves Poncelet:*** Décider de passer à un enseignement européocentré susciterait de nombreux problèmes. Rappelons d'abord un point majeur. Quand on aborde la question de l'enseignement dans le primaire, au collège et au lycée, il est impossible de ne pas tenir compte des groupes d'enseignants qui l'animent, de leur culture, du temps d'enseignement et des moyens en formation continue qui sont mis à leur disposition, de leur rapport à l'air du temps et à la demande sociale qui parfois en résulte. Il s'agit là d'un principe de réalité incontournable. S'il ne doit pas faire figure d'alibi pour rejeter toute possibilité d'innovation dans les programmes comme dans les pratiques, il doit être pris en compte, sous peine d'engendrer le maintien du *statu quo*, voire la multiplication d'attitudes réactionnaires au sens strict du terme.

Rappelons aussi que l'enseignement de l'Europe est largement pris en compte dans les programmes actuels comme dans ceux qui s'annoncent au lycée. Aussi une inflexion nécessaire a-t-elle déjà permis d'enrichir sur ce point les programmes de première, dont l'application à partir de la rentrée 2003[1] permettra d'aborder « L'Europe des États », avec des chapitres sur « Le morcellement des États et des grands ensembles géopolitiques », « Une communauté d'États en débat: l'Union européenne », « Deux États dans l'Union européenne »; « Les réseaux et flux en Europe et en France », les chapitres étudiés étant « La métropolisation et les réseaux urbains », « Les réseaux de communication et les flux de transport », « La mobilité

**1.** - Cf. *Boen* n° 7 du 3 octobre 2002.

des hommes »; « La France et son territoire », incluant un chapitre « Disparités spatiales et aménagement du territoire »; « Les régions en France et en Europe » enfin.

Ces intitulés témoignent non seulement de la volonté de faire un état des lieux de la situation actuelle des territoires, mais aussi du désir de la questionner. Le rapport à l'État lui-même fait l'objet de réflexions et montre qu'il n'est pas question de traiter de l'État-nation dans une perspective immobiliste, mais bien d'en accepter toutes les dimensions et la complexité. Il ne serait pas non plus raisonnable d'entretenir une vision nostalgique de l'État-nation, qui contribuerait, en particulier, à un blocage du dessein européen.

Au total, la question d'un enseignement de l'histoire et de la géographie européocentré n'appelle pas une réponse positive si elle suppose l'exclusion d'autres espaces ou l'invention d'un nouveau « roman national ». La solution est dans un enseignement significatif de l'Europe, en tant qu'entité importante et parfois majeure pour la compréhension du monde passé et présent et en tant qu'objet, pour nous, d'un nouveau pacte social auquel il est nécessaire de préparer les générations actuelles et futures. Ces deux approches sont indissociables et doivent s'inscrire dans une analyse critique, afin d'éviter toute vision simpliste et angélique et tout soupçon idéologique.

***Béatrice Giblin:*** S'il est important de conserver la place de l'État-nation dans l'enseignement scolaire, il n'est pas pour autant nécessaire de maintenir ce concept dans la définition que lui en a donnée la III<sup>e</sup> République. Il est même important de permettre aux élèves de percevoir l'évolution de ses acceptions en fonction du contexte géopolitique.

L'État-nation en 2002 est ainsi très différent de ce qu'il représentait à la veille de la première guerre mondiale ou au lendemain de 1945. Or il est d'autant plus difficile de trouver un discours adapté au contexte actuel que l'unité nationale s'est toujours constituée dans la douleur du conflit avec une autre identité nationale. La création de l'Europe ayant coïncidé avec la volonté des nations de s'émanciper de ce schéma destructeur, elle impose aujourd'hui de repenser l'État-nation en fonction de l'acceptation de l'autre.

Il est en outre important de tenir compte des rapports divers à l'État-nation français que les élèves entretiennent en fonction de leur origine. À cet égard, il ne faudrait pas dispenser un enseignement européocentré où la place de la France serait noyée. Il convient au contraire d'intégrer les spécificités qui caractérisent les origines diverses dans lesquelles les élèves se reconnaissent.

À l'université Paris-VIII, près de 30 % des étudiants en histoire et en géographie sont d'origine maghrébine. Cette réalité impose aux enseignants de mettre leurs pratiques en question. La tâche est certes difficile. Lorsque, par exemple, le conflit israélo-palestinien est abordé en introduction à un cours sur la géopolitique et qu'il suscite de vives réactions de la part d'étudiants particulièrement impliqués, l'enseignant se doit de dépasser les clichés qui sont généralement accolés à l'histoire et à l'État-nation. Sa mission civique est à cet égard des plus importantes.

***Jean-Jacques Becker:*** L'enseignement de l'histoire à des élèves qui ne sont pas d'origine européenne pose en effet problème, mais cette question dépasse le cadre de ce colloque.

Doit-on orienter davantage les programmes vers une histoire européocentrée? On doit nécessairement y tendre, mais en gardant en mémoire le fait que les peuples européens n'ont pas une histoire commune, qu'il ne faut pas vouloir à toute force plaquer des notions actuelles sur la réalité historique et tomber ainsi dans l'anachronisme. Pour prendre un contre-exemple, l'histoire des États-Unis ne pose pas les mêmes problèmes, parce que les États qui composent ce pays ne sont pas des États-nations, mais qu'ils ont été unis au sein d'une même histoire.

Il est clair que, pendant longtemps encore, l'enseignement de l'histoire en France sera majoritairement centré sur l'histoire de l'État-nation français, même s'il ne doit pas être enseigné comme un modèle, mais comme un cas parmi d'autres. Il convient néanmoins également de donner la part la plus large possible à l'enseignement de l'histoire des autres États-nations européens, car c'est la seule manière de concourir réellement à la construction européenne.

***Michel Lussault:*** Il convient avant tout de promouvoir une approche comparative des États-nations européens. D'une manière générale, les élèves doivent être initiés à l'appréhension du genre commun partagé par deux objets géographiques et à celle de leurs spécificités irréductibles. L'important reste toutefois de déterminer le contenu de cet enseignement.

La géographie doit tout d'abord être envisagée comme un outil de compréhension des sociétés, et non comme le décor de l'histoire (fonction à laquelle les cartographes sont mieux préparés que les géographes). Il s'agit davantage de faire comprendre aux élèves que l'État est à la fois un objet et un acteur, qu'il est doté d'une dimension politique et d'une dimension spatiale. À travers l'histoire, l'État a en effet inventé à la fois des types d'espace particuliers et des modes de pensée de ces espaces, à travers les frontières de son territoire, le mode d'organisation des territoires colonisés ou l'aménagement du territoire comme procédure de stabilisation d'espaces flous. Les pratiques du zonage permettent notamment à l'instance politique étatique d'arraisonner des espaces où le pouvoir, le capital et la culture circulent, afin de modeler le territoire en fonction de ses besoins d'intervention.

La géographie constitue donc une entrée majeure pour l'enseignement de l'État, non comme réalité immanente, mais comme acteur politique de l'espace.

***Anne-Marie Cocula :*** À l'heure actuelle, l'idée d'une histoire européocentrée ne s'inscrit pas dans une réalité car les mentalités ne sont pas encore mûres pour la prendre véritablement en considération. Le débat méritera sans doute d'être reposé dans vingt-cinq ou cinquante ans. Pour l'heure, trois idées principales devraient néanmoins guider notre nouveau regard sur l'histoire des États-nations d'Europe et contribuer à la constitution de cette histoire commune : il faudrait s'attacher davantage aux liens qui ont uni l'Europe qu'aux crises, aux tensions et aux conflits qui l'ont meurtrie ; il conviendrait également de prendre une certaine distance par rapport aux contraintes de l'enseignement ; il serait nécessaire enfin d'envisager la notion de région sous un autre angle que celui qui préside généralement aux revendications identitaires.

## Une dimension civique incontournable

***Jean-François Sirinelli :*** À travers leur enseignement, l'histoire et la géographie ont toujours contribué à renforcer le lien social et doivent s'y consacrer encore. Tout être vivant souffre de problèmes d'identité lorsqu'il subit des troubles de la mémoire. Or l'État-nation est devenu au fil des siècles un organisme vivant, charpenté par une histoire et par une mémoire. Dans la mesure où la IIIe République s'est pensée à travers son histoire et s'est construite en enseignant celle-ci, l'État-nation français fait aujourd'hui figure de maison commune. L'esprit qui l'habite ne doit cependant pas être compris et transmis dans une acception fantomatique, mais à travers l'âme qui transcende cette histoire. Il s'agit en effet de la seule approche qui permette d'intégrer des élèves ne bénéficiant pas à l'origine de cette culture historique.

Dans cette perspective, les enseignants constituent les agents de transmission d'un héritage, d'une mémoire et d'une âme qu'il leur est demandé de faire partager à des fins de formation mais aussi d'intégration et de préservation du pacte social. Cette mission leur impose de rechercher un nouvel humanisme qui, à travers l'enseignement de l'histoire et de la géographie, constituera un ciment essentiel pour la société.

***Béatrice Giblin :*** Dans le débat sur la place de la France dans le jeu d'échelles entre local et global et sur l'orientation européocentrée à donner à son histoire, il ne fait pas de doute que l'État doive être considéré comme un acteur d'intervention sur le territoire et qu'un enseignement comparatiste doive être privilégié. Les programmes prennent déjà en compte ces approches et permettent aux élèves de mieux connaître les réalités hors de leurs frontières.

Il n'est donc pas tant nécessaire de questionner la nécessité de telles approches que de parvenir à les mettre en pratique dans un cadre horaire qui reste contraignant.

**Michel Lussault:** Si les programmes ont évolué dans le bon sens, la question reste à l'ordre du jour dès lors que ces changements ne sont pas mis en pratique. La question de l'État semble en effet rester problématique. Lorsqu'il a été proposé d'inscrire au concours de l'agrégation de géographie une épreuve sur dossier portant sur l'aménagement du territoire, il a été rétorqué à ses instigateurs que la géographie ne devait pas être instrumentalisée. Il s'agissait pourtant de permettre aux étudiants de prendre conscience du fait que les acteurs sociaux et politiques sont également des acteurs spatiaux. Les travaux universitaires de géographie, qui prennent de plus en plus en compte ces interrogations, ne sont que peu diffusés dans l'enseignement scolaire.

Par ailleurs, la formation à la citoyenneté et la transmission du lien social ne devraient pas constituer un objectif pour les enseignants. L'enseignement doit d'abord et avant tout apporter aux élèves la maîtrise des capacités cognitives et des connaissances. À trop vouloir mêler les deux finalités, le risque est grand de voir le message se brouiller de part et d'autre et les résultats devenir contre-productifs. Nos débats gagneraient ainsi à s'orienter plus prosaïquement sur ce que géographes et historiens sont en mesure de dire aujourd'hui sur l'État.

**Jean-François Sirinelli:** S'il faut sans doute se garder d'instrumentaliser ces disciplines, nos réflexions ne sauraient s'exonérer de toute dimension civique. Dès lors en effet qu'il est question de transmission des savoirs, entre en jeu un phénomène d'ordre culturel qui dépasse le simple fait d'enseigner, dans la mesure où il implique également une réception.

**André-Louis Sanguin:** Il est aujourd'hui urgent de refonder un pacte social plus que jamais impératif. En effet, étant de plus en plus pris dans le tourbillon de l'internet, les élèves manquent de repères spatiaux. La clé de voûte de l'enseignement de l'histoire-géographie que représente traditionnellement l'État-nation et ses arcs-boutants que sont la région et l'Europe constituent, dans le contexte actuel, les piliers indispensables de l'enseignement scolaire.

**Jean-François Sirinelli:** La société vit en effet une mutation culturelle extraordinaire, probablement aussi importante que celle de la Renaissance. De ce point de vue, les notions-clés que sont l'État-nation et l'Europe sont à replacer dans un processus de mutation. Enseigner à des élèves qui se pensent parfois indépendamment de toute échelle spatiale est une tâche difficile pour les enseignants, une tâche dont l'ampleur ne doit pas pour autant les faire reculer.

**Jean-Jacques Becker:** Le rapport entre les nations européennes ressemble à celui que la France entretenait avec l'Aquitaine au XVIe siècle: elles se ressentaient comme étrangères malgré leur proximité. Néanmoins, depuis le début du siècle deux attitudes se sont succédé : une première qui a vu les nations européennes, malgré leurs fortes similitudes culturelles, économiques et sociologiques, se déchirer dans la plus grande guerre que l'humanité ait connue jusqu'alors ; une seconde qui est peut-être la conséquence de l'expérience antérieure où, après avoir pris conscience de leurs ressemblances, elles cherchent à se réunir, à vivre ensemble et peut-être dans le futur à se fondre entre elles. L'enseignement devrait ainsi se fonder sur l'histoire des États-nations européens et montrer le biais par lequel leur processus d'unification à partir d'une dispersion régionale a été possible. Il contribuerait à l'évolution des mentalités des jeunes Européens et conforterait encore davantage ce processus.

***Yves Poncelet :*** Enseigner l'histoire et la géographie, ce n'est pas passer sa vie à fréquenter l'histoire et la géographie, mais c'est fréquenter des élèves pour les aider à acquérir une autonomie à travers les savoirs et les méthodes propres à chacune de ces disciplines. L'enseignement de l'histoire et de la géographie a pour mission de participer à la construction des personnes.

Le passage d'objectifs ambitieux et de programmes pensés à des pratiques réussies et à des acquis profitables n'est cependant pas simple. Il serait sans doute contre-productif de sursaturer de valeurs implicites l'enseignement des disciplines : il est préférable de présenter plus explicitement le projet de chaque discipline aux classes, notamment en sa part humaniste (les dispositifs pluridisciplinaires que sont, par exemple, les TPE au lycée devraient y aider).

Cette présentation constitue pour nous tous un enjeu de professionnalité. À cet égard, il serait également plus utile de présenter l'histoire des nations non pas sous leur angle le plus noir, comme si elles n'étaient que l'image révélatrice de la nature intrinsèquement destructrice de l'homme, mais en montrant par exemple que les conflits peuvent servir l'expérience. La manière dont les Européens ont géré l'après-guerre en 1945 s'est de fait inspirée des errements de la gestion du premier conflit mondial. On pourrait également donner aux élèves des clés pour comprendre le sens de la construction européenne, celle-ci ne pouvant se réduire à la somme de textes juridiques ou à la question des bienfaits et méfaits de la politique agricole commune. L'enseignement de disciplines comme l'histoire et la géographie constitue une opportunité majeure permettant aux élèves de se projeter dans un avenir européen.

À ce titre, il est un peu regrettable de constater la relative aphasie dont la représentation nationale fait preuve à l'égard de l'enseignement de notions aussi importantes et porteuses que l'État-nation, la France ou l'Europe. Des pratiques reposant sur un savoir scientifique ne suffisent pas en effet, à elles seules, à légitimer un projet commun : nous avons là-dessus à entendre les élus. Les enseignants ne sont pas « établis à leur compte » : ils reçoivent leur mission de l'État.

***Anne-Marie Cocula:*** Face à la nécessité réelle de fonder un nouvel humanisme, il convient de rester vigilant en évitant d'opérer un retour à un humanisme ancien dont les effets seraient contraires à la réalité de la société actuelle. La croissance extraordinaire du nombre d'élèves mérite d'être accompagnée par un changement de point de vue à cet égard.

## Échanges avec la salle

***Alain Miossec:*** Ces débats m'invitent à formuler trois observations. L'enseignement d'une histoire et d'une géographie comparées des pays européens est particulièrement nécessaire aujourd'hui et permettrait d'éviter que de nombreux contresens circulent dans les médias. Il a par exemple été dit, à propos de la catastrophe du Prestige en Espagne, que le chef du gouvernement, José-Maria Aznar, avait beaucoup tardé à intervenir. Or une connaissance plus poussée du fonctionnement des institutions espagnoles aurait permis de comprendre la place majeure que prennent les instances politiques régionales, ce qui empêche tout représentant du pouvoir fédéral de se rendre en Galice si les autorités locales ne l'y ont pas préalablement autorisé. Le modèle français n'est ni unique ni prépondérant en Europe. L'enseignement devrait par conséquent être suffisamment européocentré pour transmettre cette réalité de l'Union européenne.

Il est apparu en outre que les historiens n'avaient jamais eu recours au terme de « territoire », tandis que les géographes l'ont utilisé selon des définitions différentes.

Il faut, enfin, constater qu'au sein de l'État-nation, l'État est cardinal. En tant qu'appareil étatique, il a l'ambition d'organiser les territoires dans un cadre donné. Or, à l'échelle européenne, il n'existe aucune instance politique qui prenne en charge cette organisation des territoires. Il en découle une prépondérance des forces économiques, qui poussent les États à accommoder l'organisation des territoires et des réseaux pour accroître leur propre efficacité.

Les enseignants, comme la société française en général, ne sauraient dès lors se sentir tout à fait à l'aise dans le cadre de l'État-nation. L'État est par ailleurs également défaillant en ce qu'il ne dit pas clairement le message que les enseignants devraient transmettre à leurs élèves. Il est toutefois sans doute compréhensible qu'il éprouve quelque difficulté à déclarer la fin de l'État-nation et à cautionner à travers les programmes la nouvelle organisation qu'il appelle de ses vœux pour l'avenir.

***Alain Bergounioux:*** L'enseignement scolaire d'histoire-géographie remplit principalement trois fonctions.

*Premièrement,* il intègre à travers l'État, en tant que nation et peuple souverain, une dimension civique qu'il lui faut assumer. S'il n'est pas utile de le sursaturer de valeurs, cet enseignement doit les prendre en charge globalement. Le débat sur les valeurs doit donc être mené de manière explicite. L'absence de réponse claire en la matière constitue d'ailleurs l'une des principales difficultés auxquelles l'éducation civique est aujourd'hui confrontée. Il revient aux instances politiques de prendre leurs responsabilités en nommant les valeurs que l'État entend défendre et transmettre.

*Deuxièmement,* il doit dire le passé tel qu'il fut et nommer le monde tel qu'il est. Les qualités professionnelles des enseignants sont à ce titre sollicitées. L'enseignement récent du fait religieux s'explique ainsi à la fois par le constat que la mémoire disparaît et que les élèves ont besoin que leur soient données des clés d'accès à la culture, et par l'évolution qu'a connue la question de la place des religions dans notre société, du fait notamment de la présence de l'islam. Par ce biais, la question de la laïcité et de la démocratie - et donc des valeurs - se pose sous un nouveau jour.

*Troisièmement,* à travers l'État-nation, l'histoire et la géographie enseignent le lieu principal de la citoyenneté, et continueront de le faire tant qu'une citoyenneté européenne n'aura pas pris le relais. Cette notion connaît certaines évolutions à travers les prémisses d'un débat sur la citoyenneté de résidence notamment, qui permettrait aux immigrés de voter. Il revient donc aux enseignants d'histoire-géographie d'expliciter cette notion. Dans un contexte où la citoyenneté sous certaines de ses formes est en crise, cette tâche est d'autant plus importante pour résorber les doutes dont l'État-nation fait l'objet. La situation actuelle engage à repenser le passé à partir des questions que pose le présent. Il s'agit ainsi d'enseigner l'État-nation non pas comme une réalité allant de soi, mais comme le résultat d'un processus interactif avec les autres nations européennes et leurs histoires. Cet effort doit plus que jamais être mené conjointement par l'histoire et la géographie.

***Yves Lacoste:*** Face à la forte augmentation du nombre d'élèves ces cinquante dernières années, le nombre d'enseignants pour les former a lui aussi connu une importante progression. Cette caractéristique du système scolaire français explique en partie la force de l'école historique et de l'école géographique françaises. Le rôle de l'enseignant est de donner des modes de représentation du monde. Étymologiquement, la géographie correspond à la description de la Terre et non au discours savant qui l'accompagne. Les débats de ce colloque sur l'État-nation et l'Europe aboutissent finalement à s'interroger sur l'efficacité des représentations, en tant qu'outils scientifiques fondamentaux, que les enseignants fournissent aux élèves.

Ils s'inscrivent cependant dans un contexte où la conception de la démocratie a connu de fortes évolutions par rapport à celle qui prévalait au moment de la Révolution française ou au lendemain de la seconde guerre mondiale. Aujourd'hui, il est ainsi admis de pouvoir faire état de représentations qui, au premier abord, peuvent apparaître comme contradictoires. Les travaux conduits depuis vingt ans en matière de géopolitique visent à mettre en évidence les rivalités de pouvoir qui s'exercent - parfois selon des modes pacifiques - sur des territoires. Celles-ci visent à contrôler un territoire d'un point de vue économique ou stratégique et s'expriment à travers des groupes sociaux et politiques qui manifestent par la voie démocratique des représentations différentes. Il est important de comprendre les dimensions de ces représentations antagoniques, non pas pour établir la vérité, mais afin de mieux comprendre les enjeux des rivalités de pouvoir qui traversent les territoires. La géopolitique impose ainsi d'analyser les représentations qui associent étroitement les valeurs, l'histoire et le territoire. Il est par conséquent nécessaire d'intégrer à l'enseignement de l'histoire et de la géographie des nations européennes non seulement des éléments de comparaison, mais aussi les représentations qui caractérisent chacune d'elles, vis-à-vis notamment de l'idée même de nation.

***Laurent Wirth:*** Au début du XXe siècle, l'État-nation ne posait pas question et permettait à l'enseignement scolaire de l'histoire et de la géographie de disposer d'une feuille de route claire. Aujourd'hui, l'Europe et la région ne constituent plus des arcs-boutants, mais sont souvent perçus en France comme des forces de dissociation.

Les débats d'aujourd'hui ont dégagé quelques objets de consensus: l'emboîtement des identités, le caractère non contradictoire de l'État-nation et de l'Union européenne, la nécessité pour l'histoire et la géographie de servir le pacte social, qui ne doit plus seulement être national, mais également européen. Cependant reste la question des moyens à engager pour parvenir à ces fins. À ce titre, le pouvoir politique est fondé à énoncer le message qu'il souhaite que l'école transmette. Les enseignants ont également le devoir, à leur niveau, d'expliciter les modalités de mise en forme possibles. Tout au long du XXe siècle, les États européens ont toujours été présents dans les programmes scolaires, même si ceux-ci étaient clairement francocentrés. La différence avec les programmes actuels se manifeste à travers la manière dont est perçu l'étranger. Auparavant, l'étranger était identifié à l'européen, tandis que les États hors Europe étaient présentés comme exotiques et lointains. L'enjeu est aujourd'hui de réfléchir à un enseignement « européodécentralisé », plutôt qu'« européocentré », un enseignement qui donne toute leur place aux nations européennes à travers la somme de leurs modèles respectifs, celle-ci faisant finalement la richesse même de leur union. C'est l'une des questions fondamentales auxquelles ce colloque devra donner des pistes de réponse, afin de dessiner la feuille de route de l'enseignement pour le siècle qui commence.

***Laurent Carroué:*** Des années cinquante aux années quatre-vingt-dix, les programmes ont eu tendance à affaiblir la place de l'État-nation dans l'enseignement, au nom de la construction de l'Europe. La précédente campagne électorale (élections présidentielles et législatives de mai-juin 2002) reflète aujourd'hui la crise du projet politique qui découle de cette remise en cause, en montrant la difficulté manifestée par tous les partis à proposer des idées cohérentes à l'échelle européenne.

Pour l'avenir, la réflexion sur la place de l'État-nation dans l'enseignement scolaire en histoire et en géographie est d'autant plus importante que le sommet de

Copenhague consacre aujourd'hui l'élargissement de l'Europe. Dans un contexte où l'Union ne compte plus quinze mais vingt-cinq pays, la France devient une région parmi d'autres. Le débat sur les risques de revendication identitaire qu'entraînerait un enseignement centré sur les régions est désormais caduc. Si l'Aquitaine, la Bourgogne ou même la Corse souhaitent aujourd'hui défendre leurs intérêts sociaux, économiques ou culturels, elles sont contraintes de les arrimer à des solidarités nationales au niveau de la France. De ce point de vue, le sommet de Copenhague représente une rupture conceptuelle fondamentale.

Les réflexions sur l'évolution de l'enseignement de l'histoire, de la géographie et de l'instruction civique doivent en outre prendre en compte les réalités qui ont présidé à la naissance de l'Europe. Celle-ci est en effet un « accident géopolitique », né de la volonté d'une élite restreinte, influencée par la démocratie chrétienne, dans le cadre de la guerre froide. Ce projet a évolué tardivement et dans des conditions spécifiques. Il ne faut pas priver les lycéens de ces éléments de réflexion contradictoires, de ces débats entre différentes conceptions politiques et des problèmes de pouvoir que la construction européenne a engendrés, de même que, par ailleurs, les étapes mouvementées de la construction de la République ne leur sont pas cachées. D'une manière générale, les historiens et les géographes n'ont pas à taire les contradictions qui peuvent alimenter les partis politiques, les sociétés ou les opinions publiques.

Les enseignants sont également confrontés au hiatus qui sépare les discours, diffusés par les manuels, sur la prétendue solidarité européenne et la réalité quotidienne de l'Europe, qui est faite de secrets politiques, de coups de force et de négociations de cabinets ministériels qui l'éloignent considérablement des citoyens et n'en font pas, loin s'en faut, un projet national ou populaire.

Les vertus pédagogiques du comparatisme entre nations européennes ne trouvent leur pertinence que lorsque sont pris en compte, non pas de vastes ensembles qui ne pourraient être décrits que par leurs plus petits dénominateurs communs, mais des modèles d'États (fédéral, centralisé, etc.) et d'aires de civilisations (impériale, coloniale, etc.). De ce point de vue, un enseignement centré sur l'Europe convient parfaitement à une collaboration entre histoire et géographie.

***De la salle :*** Contrairement à la notion d'État comme objet spatial et à la notion de nation comme représentation, l'État-nation ne constitue pas un objet de réflexion pour les géographes. Pour recentrer les débats sur les élèves et la réalité dans les classes, il est impératif de prendre en considération les différences majeures qui opposent les collégiens et lycéens de la IVe République et ceux issus de la « France plurielle », qui n'ont pas tous un héritage commun. Ces différences amènent en effet à s'interroger sur les moyens que l'École républicaine donne aujourd'hui aux élèves pour devenir partie prenante d'une France qui s'est traditionnellement voulue assimilatrice ou intégrationniste. Face à l'émergence de modèles multiculturels ou communautaristes, les enseignants sont conduits à choisir entre ce discours non officiel et l'héritage du passé. Ils sont par ailleurs confrontés à l'évolution de l'État. Leur enseignement pourrait continuer à présenter cet acteur spatial comme un objet d'étude immuable - tel qu'hérité de Lavisse et de Vidal de la Blache - ou s'orienter vers l'exposé des différentes formes possibles d'État.

L'Europe, en ce qu'elle amène à aborder d'autres modèles et s'interroge elle-même sur sa constitution, pousse dans cette voie. Le pouvoir politique, en tant que commanditaire de l'Éducation nationale, devrait définir plus clairement ses objectifs pédagogiques en la matière. La nation devrait elle aussi faire l'objet d'une redéfinition, pour que dans les termes, elle ne creuse pas le fossé qui persiste encore entre l'identification des élèves à leur territoire local et l'adhésion à une nation européenne hypothétique. Si celle-ci reste à construire, les enseignants ne peuvent émettre que des vœux pieux et n'ont pas les outils nécessaires pour y contribuer efficacement.

***Béatrice Giblin:*** Les demandes répétées d'une plus grande intervention du pouvoir politique sont surprenantes. D'une part, l'orientation donnée aux professeurs d'histoire-géographie ne saurait utilement être remise en cause à chaque alternance. D'autre part, la qualité même de l'enseignement repose sur la relative liberté dont les enseignants bénéficient en classe, dans les limites de leur programme.

En outre, l'enracinement régional, lorsqu'il devient, comme chez les Bretons, les Basques ou les Corses, un référent national et symbolise le combat d'une région contre un État centralisateur et oppresseur, est effectivement inquiétant. En revanche, le cas des élèves qui seraient enfermés dans un territoire local dont ils ne sortiraient jamais, s'il est potentiellement porteur de frustrations et risque d'entraîner un rejet de l'autre, doit être pris en charge par l'enseignant qui, en les aidant à penser leur territoire, leur donne le pouvoir d'agir et la capacité d'être responsables de leur avenir.

***Alain Miossec:*** La construction européenne est avant tout fondée sur des règles de droit. Une formation à la citoyenneté européenne induit donc une initiation à la connaissance d'un arsenal juridique auquel les enseignants d'histoire-géographie ne sont pas préparés. Cette interrogation devrait être davantage prise en compte dans les réflexions de ce colloque.

***Mireille Touzeri:*** La nation n'est pas en crise: en témoigne la propension des nouveaux États d'Europe centrale et orientale à adhérer à ce modèle. L'univers mondialisé n'est, en revanche, pas encore une réalité, les élèves les plus tentés par la communication par l'internet restant pour la plupart dans un cadre de vie très local. L'État-nation à la française ne constitue pas davantage une évidence, dans la mesure où la forme qu'il a prise à partir de 1789 ne correspondait en rien aux attentes d'une population qui réclamait avant tout des libertés locales contre le centralisme monarchique. Les enseignants ne devraient pas cacher le mystère qu'il constitue.

D'une manière générale, l'histoire et la géographie devraient permettre aux élèves de comprendre, d'une part, les représentations sociales, économiques et culturelles qui sous-tendent les événements et, d'autre part, la construction progressive de la nation française, qui ne saurait pour autant exclure toute autre forme d'identité. Ces axes d'enseignement sont particulièrement importants à promouvoir dans le nouveau contexte scolaire français. La feuille de route que les enseignants appellent de leurs vœux ne devrait pas cesser de s'inspirer de John Locke et de Jean-Jacques Rousseau, c'est-à-dire du contrat social. De même que la construction européenne, l'État-nation français n'est rien sans le droit. Les enseignants d'histoire-géographie devraient continuer à faire passer cette idée fondamentale dans leurs cours.

***De la salle :*** La finalité de l'enseignement scolaire d'histoire-géographie - qui serait principalement, voire exclusivement, celle de la formation civique des élèves, dans une vision patrimoniale de l'histoire - devrait davantage être débattue. Au même titre que le pouvoir politique, les enseignants en tant que membres de la société doivent faire entendre leur point de vue sur la question. Or le pacte social, fondé sur un héritage patrimonial, ne peut être perçu comme le seul objectif de cet enseignement, car celui-ci serait sans effet si les enseignants ne donnaient pas par ailleurs aux élèves les clés de compréhension du monde contemporain, c'est-à-dire la capacité d'agir.

À cet égard, les nouveaux programmes persistent à découper l'enseignement en trois blocs, juxtaposés - au mieux emboîtés - que sont la France, l'Europe et le monde, sans que s'effectue un travail d'articulation qui permette de comprendre les influences réciproques et complexes de ces différents niveaux. Or ce défaut d'analyse fait perdre une partie importante de la compréhension du monde ancien et empêche les élèves de donner sens au monde actuel, dont l'image leur est constamment renvoyée par les médias.

***Yves Poncelet :*** Si l'enseignement de l'histoire et de la géographie prépare les élèves à agir sur leur avenir, il s'agit bien d'une formation civique. Les programmes tentent d'ailleurs de mettre en valeur l'action humaine et non le déterminisme à l'œuvre en histoire et en géographie, dans le but d'apprendre aux élèves qu'il est possible d'agir sans être confronté à une fatalité quelconque. Si la mise en forme de ce projet n'est pas toujours parfaite, tant de la part des concepteurs de programmes que de celle des enseignants, il s'agit là d'un projet pleinement civique.

***Jean-Jacques Becker :*** L'enseignement de la construction européenne se fonde sur l'union de différents États-nations, mais il ne faut pas ignorer qu'en même temps se manifestent ou se sont manifestées, sur des bases ethniques, des tendances à la séparation en Belgique, en Espagne, en Tchécoslovaquie ou en Yougoslavie. L'enseignement devrait sans doute davantage prendre en compte ces tensions et montrer comment l'Europe peut en être le remède.

***Alain Miossec:*** Il s'agit peut-être moins d'un éclatement des nations que de recompositions territoriales.

***De la salle:*** Les débats n'ont pas suffisamment interrogé la fin - théorique - du « cycle Michelet » qui tendait à présenter l'État-nation comme une entité personnifiée, dont la géographie ferait le portrait et l'histoire raconterait la biographie. La question porte ainsi sur l'opportunité de continuer à centrer l'histoire sur un objet personnifié - qu'il s'agisse de la France ou de l'Europe d'ailleurs. Or si la fin du « cycle Michelet » est consacrée, les enseignants sont contraints d'inventer d'autres objets plus abstraits et par conséquent plus complexes (la culture, la démocratie, etc.). Cette tendance émergente constitue pourtant aujourd'hui un obstacle majeur à l'enseignement et nécessite de réfléchir à la manière de rendre ces nouveaux objets plus concrets, parlants et plus accessibles aux élèves.

***Michel Lussault:*** L'exigence déontologique devrait s'appliquer à l'ensemble du champ de l'enseignement, les valeurs ne constituant pas le monopole de l'histoire et de la géographie. Or le rapprochement entre un discours sur les valeurs et un discours sur les connaissances empêche de penser les conditions d'un véritable débat public sur ces valeurs et leur association à un cadre politique et à une configuration territoriale. Il devrait être possible en effet de contribuer au contrat social indépendamment du modèle national.

Les enseignants sont en position de présenter aux élèves des situations problématiques qui révèlent concrètement des logiques spatiales en action. Ils sont notamment conduits à montrer que les échelles ne sont pas appelées à s'articuler de façon mécanique, selon des niveaux scalaires parfaitement découpés, mais, comme l'illustre l'événement du 11 septembre 2001, qu'elles peuvent être traversées par une interspatialité, c'est-à-dire par le jeu différencié d'acteurs sociaux ayant chacun leur propre représentation des échelles. La mondialisation accentue ce phénomène, dans lequel les acteurs sociaux sont de plus en plus autonomes et décrètent ce qui constitue pour eux une grande ou une petite échelle.

L'enseignement doit ainsi relever le défi fondamental du monde contemporain, qui passe non seulement par une acceptation de sa complexité, mais aussi par un dépassement de grilles de lecture traditionnelles ou simplistes. Il ne faut pas craindre la remise en cause des cadres de pensée habituels, car la citoyenneté en sortira gagnante.

***Laurent Wirth:*** La possibilité d'envisager l'intégration sociale et nationale à un autre niveau que celui de la nation interpelle tant l'enseignement de l'histoire que celui de la géographie, car ils ont traditionnellement vocation à participer au modèle intégrateur. Face à ces dysfonctionnements, la nation française fait l'objet de mises en cause. Les questions du communautarisme, des régions ou de l'islam mériteraient peut-être aujourd'hui d'être posées de façon privilégiée au niveau européen. Il convient en tout état de cause de repenser la fonction intégratrice du modèle national, notamment face à la question de l'immigration qui, dans l'espace Schengen, est désormais globalisée. L'université d'été d'août 2002, qui portait sur « Europe et islam, islams d'Europe », a posé certaines de ces questions. Celles-ci devraient plus généralement être intégrées dans nos réflexions, afin de revivifier l'enseignement de l'histoire-géographie, dont la dimension civique est fondamentale.

***Alain Miossec:*** La norme étant désormais « dictée » par Bruxelles, les enseignants devraient expliquer aux élèves les raisons de ce déplacement et leur montrer les comportements territoriaux spécifiques qu'il révèle à partir de données tant géographiques qu'historiques et sociologiques. Les enseignants ne doivent pourtant pas confondre leur conscience individuelle et leurs convictions de citoyen sur ces questions, avec les finalités de leur enseignement. Il ne s'agit pas de faire de la morale mais de l'éducation civique qui, elle, n'entend pas délivrer de message.

***De la salle:*** Une pensée intégrant la complexité du monde ne saurait revenir à des schèmes simplistes dès lors qu'il s'agit de l'identité nationale. Ainsi la notion de communautarisme n'est pas pertinente dans la mesure où chaque individu se situe *de facto* par rapport à de multiples identités. Il faut d'ailleurs souligner que le terme de communautarisme n'est employé que pour qualifier l'islam ou le judaïsme, alors que la suppression de la subvention du conseil régional de Rhône-Alpes au festival de Vienne relève sans doute d'un communautarisme chrétien. Il est aujourd'hui plus que nécessaire de ne pas opposer identité nationale et identité communautaire, afin d'offrir aux élèves les conditions de construction d'une France possible à vivre.

Deuxième partie

# Les nouvelles « frontières » de l'histoire et de la géographie

# Que dire du monde antique à l'École ?

**Pauline Schmitt-Pantel,**
professeure à l'université Paris-IV

Il n'est pas question que je donne ici un avis sur les programmes d'histoire à l'École tels qu'ils existent ou tels qu'ils pourraient exister - je n'ai d'ailleurs aucune compétence pour le faire -, mais je vais présenter très brièvement quels sont, à mon sens, les points forts de la recherche et de l'enseignement actuels à l'université qui pourraient avoir un écho dans l'enseignement à l'École. Les questions posées au passé se déplacent selon les générations intellectuelles : l'histoire du monde antique n'échappe pas à cet heureux constat et les étudiants qui sortent d'un cursus d'histoire et géographie en 2003 n'ont pas exactement la même culture historique qu'il y a trente ans.

Il ne s'agit pas de dresser un bilan de l'état de l'histoire ancienne aujourd'hui ni d'énoncer des propositions de programmes, mais de rappeler les domaines dans lesquels il me semble que l'histoire ancienne, telle qu'elle se crée, s'écrit et s'enseigne aujourd'hui, peut intéresser l'École. Si je parle souvent avec des collègues et des étudiants de ce type de question, je n'appuie pas mes dires sur une enquête (on pourrait d'ailleurs la mener par le biais de la Société des professeurs d'histoire ancienne de l'université) : entre par conséquent dans ce propos une part de subjectivité, liée à ma propre formation. Un philosophe, un littéraire ou un autre historien de l'antiquité ferait sans doute d'autres réponses à la question « Que dire du monde antique à l'École ? » Trois thèmes parmi bien d'autres retiennent mon attention : la citoyenneté, la construction des différences et l'histoire des religions.

## La citoyenneté

Le thème de la citoyenneté est depuis longtemps un élément important de ce que l'on dit du monde antique à l'École ; il est inscrit dans le programme d'histoire de seconde[1] et dans les manuels parus depuis lors. Dans une présentation intitulée

1. - Cf. *Boen* hors-série n° 6 du 29 août 2002.

« Citoyen dans l'Antiquité », Claude Nicolet, Jean-Marie Bertrand et Daniel Nony ont rappelé le lien étroit entre la connaissance des rouages de la citoyenneté antique (grecque et romaine dans ce cas) et la compréhension de la citoyenneté moderne[2]. Les bases antiques de la citoyenneté moderne sont avant tout, ont-ils rappelé, la « participation » et « l'intégration ». La participation directe de tous les citoyens à la prise de décision politique est le principe sur lequel sont fondées les assemblées des cités grecques, quel que soit le nombre des citoyens puis, dans une certaine mesure, celles du régime municipal romain. Avec le suffrage universel, les Français persistent à vouloir mettre un peu de démocratie directe dans les constitutions libérales et représentatives entre 1792 et 1800 puis à partir de 1848, mais il est aisé de voir à quel point le passage par le suffrage - et donc la représentation - s'éloigne des formes de participation antique. Aujourd'hui en France, les dernières élections du printemps 2002 ont remis au goût du jour une réflexion sur les modalités d'une participation différente et plus intense des citoyens à la vie politique, un débat qui n'est pas près de s'éteindre et dans lequel le système du monde gréco-romain peut trouver une place.

L'intégration doit être entendue comme la réunion des citoyens dans un statut public et privé unitaire. Ici, monde grec et monde romain diffèrent. Si les cités grecques (au premier rang desquelles Athènes, la cité démocratique) ont, pour l'octroi de la citoyenneté, privilégié la naissance (est citoyen le fils d'un citoyen, voire le fils d'un père citoyen et d'une mère, fille de citoyen) et donc limité l'intégration, l'obtention de la citoyenneté pour les Romains est un acte juridique capable de transformer en citoyens romains d'anciens esclaves devenus affranchis comme des étrangers : les Romains eurent des sénateurs ou des empereurs illyriens, sémites ou arabes qui étaient citoyens romains (et l'édit de Caracalla en 212 fit de tous les hommes libres de l'empire des citoyens romains). Ce double modèle peut trouver un écho dans le débat actuel entre le droit du sang et le droit du sol pour l'obtention de la citoyenneté, et il est dommage que le thème de la citoyenneté romaine ait été effacé des programmes, du moins de ceux de seconde, au profit de la seule citoyenneté athénienne qui est loin d'être le modèle unique du monde antique.

En dehors de ces deux grands principes, la participation et l'intégration, une description des citoyennetés antiques permet aussi une approche concrète des rouages institutionnels de la vie politique, du fonctionnement de la justice, des droits et des devoirs des citoyens, de ce que Claude Nicolet a appelé « le métier de citoyen[3] ». Depuis la synthèse sur la vie privée des Romains de Paul Veyne[4],

**2.** - NICOLET C., BERTRAND J.-M., NONY D., « Citoyen dans l'Antiquité », in *La Documentation photographique,* n° 8001, février 1998.

**3.** - NICOLET C., *Le métier de citoyen dans la Rome républicaine*, Gallimard, 1976.

**4.** - ARIÈS P. et DUBY G., *in* VEYNE P. *(ss dir.), Histoire de la vie privée*, vol. I : « De l'empire romain à l'an mil », Le Seuil, 1985.

*L'Homme grec*, sous la direction de Jean-Pierre Vernant[5] ou *L'Homme romain*, sous la direction de Andrea Giardina[6], ont diversifié les angles d'approche en proposant des synthèses sur le rustre comme sur le spectateur et l'auditeur; dans ce dernier domaine, les travaux sur le théâtre antique écrivent un nouveau chapitre sur la formation du citoyen[7]. Il est désormais possible de donner du citoyen et plus largement de l'homme antique un portrait nuancé qui n'est plus celui des anciennes « vies quotidiennes ».

Enfin la recherche récente a souligné aussi d'une part, la place importante des groupements, des associations, intermédiaires entre le monde de la famille et celui de l'État, qui en créant des formes de sociabilité renforcent le lien social et la cohésion, et d'autre part la complexité des relations entre la masse et les élites[8] qui, par le biais des bienfaits, transforment les hiérarchies sociales en autorité politique. Voici quelques pistes qui permettent de compléter le tableau d'une citoyenneté antique bonne à penser la citoyenneté moderne, dans la ressemblance comme dans l'écart.

## La construction des différences

Le monde antique est un lieu où l'on a construit et vécu toutes les formes de différences. Ces différences sont de tout ordre: différences de statut, différences sociales (à l'intérieur d'une même communauté), culturelles (entre les Grecs, les Romains et les Barbares par exemple), de classes d'âge et de genres. L'important est de repérer à quel point ces différences, bien loin d'être naturelles, ont été culturellement construites, chaque société inventant un mode d'exclusion spécifique. L'inventaire des différences a occupé et occupe encore un bon nombre de chercheurs travaillant sur le monde antiquc.

Libres et esclaves, citoyens et étrangers sont des acquis qui sont déjà passés dans l'enseignement, dans le droit fil de la réflexion sur la citoyenneté. Il serait sans doute difficile mais peut-être nécessaire d'expliquer aussi que les différences de statut se creusent au fur et à mesure que se précisent les droits et les privilèges des citoyens et la remarque de M. I. Finley selon laquelle le développement de cette forme de l'esclavage, que l'on nomme l'esclavage-marchandise, va de pair avec la garantie des droits du citoyen à Athènes est encore un peu iconoclaste[9].

5. - VERNANT J.-P. *(ss dir.)*, *L'Homme grec*, Le Seuil, 1993.
6. - GIARDINA A. *(ss dir.)*, *L'Homme romain*, Le Seuil, 1991.
7. - VERNANT J.-P. et VIDAL-NAQUET P., *Mythe et tragédie en Grèce ancienne*, Maspero, 1972; *Mythe et tragédie Deux*, La Découverte, 1986.
8. - OBER J., *Mass and Elite in Democratic Athens*, Princeton University Press, Princeton, 1989.
9. - FINLEY M. I., *Esclavage antique et idéologie moderne*, Minuit, 1981.

Les différences sociales sur lesquelles insistent toutes les synthèses d'histoire économique et sociale du monde antique, celle de Claude Mossé pour le monde grec[10], de Mac Müllen pour le monde romain[11] par exemple, sont, en revanche beaucoup moins présentes dans ce que l'on retient du monde antique à l'École, on ne sait trop pourquoi, alors que ce sont elles qui expliquent l'évolution des cités vers un régime de notables bienfaiteurs.

Les différences culturelles sont, elles, quasiment oubliées dans l'enseignement à l'École. Le monde antique a pourtant largement contribué à inventer une figure du Barbare - celui qui ne parle pas grec au départ - comme d'un être dont l'altérité touche à tous les domaines : allure générale, vêtements, coiffure, mode d'alimentation, sexualité, manière de vivre et de mourir, de combattre et de se gouverner. Et les historiens modernes, en décortiquant les récits antiques sur les Scythes ou les Indiens, ont montré à quel point ces récits étaient construits sur l'opposition plus ou moins marquée aux manières d'être grec, puis d'être romain. Si par exemple, en lisant Hérodote, on ne peut pas savoir grand chose sur les populations scythes vivant au v^e^ siècle avant J.-C., on découvre en revanche les us et coutumes des Grecs qui sont un miroir inversé de ceux des Scythes[12]. L'étude de la perception des autres par les Grecs puis par les Romains[13] est un domaine très vivant dans les recherches contemporaines sur l'Antiquité, mais est-il impossible de transmettre certaines de ces démonstrations à l'École ? Je ne le pense pas. Le traitement du Barbare vaincu et esclave, par les textes et les images, depuis le monde archaïque jusqu'aux dernières conquêtes romaines, permet en effet d'aborder la question essentielle de la construction de l'identité. Hérodote disait cela à sa manière quand il rapportait un épisode censé se passer à la cour du roi perse Darius : « Darius fit venir un jour les Grecs qui se trouvaient dans son palais et leur demanda à quel prix ils consentiraient à manger, à sa mort, le corps de leur père : ils répondirent tous qu'ils ne le feraient jamais, à aucun prix. Darius fit ensuite venir les Indiens qu'on appelle Callaties, qui, eux, mangent leurs parents ; devant les Grecs (qui suivaient l'entretien grâce à un interprète), il leur demanda à quel prix ils se résoudraient à brûler sur un bûcher le corps de leur père : les Indiens poussèrent les hauts cris et le prièrent instamment de ne pas tenir de propos sacrilèges. Voilà bien la force de la coutume, et Pindare a raison, à mon avis, de la nommer dans ses vers "la reine du monde". »[14]

À l'étude des différences de statut, des différences sociales et culturelles, l'histoire du monde antique peut ajouter celle des différences d'âge et de sexe. Dans ces deux domaines, je suis consciente que ce que l'on peut faire dans un enseignement à l'université avec de jeunes adultes, est difficile voire impossible dans l'enseignement

---

**10.** - MASSÉ C., *Politique et société en Grèce ancienne*, Aubier, 1995.

**11.** - MAC MÜLLEN R., *Les rapports entre les classes sociales dans l'empire romain*, Le Seuil, 1986.

**12.** - HARTOG F., *Le miroir d'Hérodote*, Gallimard, 1991.

**13.** - MOMIGLIANO A., *Sagesses barbares*, Maspero, 1979.

**14.** - HÉRODOTE, *Histoires*, III, p. 38.

s'adressant à des personnes plus jeunes. J'indique toutefois ces deux directions parce qu'elles sont en plein développement. Les travaux sur les classes d'âge, sur l'opposition entre jeunes et adultes, sur la formation des citoyens et des épouses de citoyens, bref sur les jeunes, ont depuis la magistrale synthèse de H. I. Marrou[15] changé de cap. En effet, plus que de mettre en perspective l'éducation antique avec une éducation moderne qui reposait encore en partie sur l'étude des humanités, les historiens actuels s'attachent à comprendre des pratiques et des rituels réservés aux jeunes qui ont longtemps paru absurdes voire inconvenants, en faisant parfois le détour par des comportements semblables décrits par les anthropologues. Rites d'inversion, mascarades, vie à l'écart des cités, récits d'enlèvements, combats rituels trouvent ainsi leur place dans une explication globale de sociétés qui ont à cœur de « faire passer » la classe d'âge des jeunes au monde adulte, car de la réussite de cette intégration dépend la survie du corps civique. Depuis le livre pionnier d'Henri Jeanmaire[16], de nombreux travaux permettent des synthèses sur la jeunesse antique[17]. La comparaison avec le traitement et le regard porté sur les jeunes à d'autres moments de l'histoire est désormais aisée.

Depuis la fabrication de la première femme, Pandora, par les dieux pour répondre par un « beau mal » à la ruse de Prométhée, histoire racontée par Hésiode, l'altérité radicale du monde féminin est inscrite dans l'histoire de la pensée grecque[18]. L'histoire des femmes d'abord, l'histoire de la différence des sexes - appelée aussi histoire du genre - ensuite, ont atteint les lointaines contrées du monde antique et les acquis de ces vingt dernières années sont importants[19]. Les traduire à l'École pourrait peut-être se faire dans le cadre d'une place globale donnée à l'étude historique de cette forme ordinaire de rapports sociaux que sont les relations entre les sexes. Mais la différence des sexes conduit aussi à parler de sexualité et la part du monde antique en ce domaine pourrait être de présenter des sociétés où deux formes de sexualité, l'homosexualité et l'hétérosexualité, sont présentes, avec de fortes règles sociales et juridiques qui régissent les comportements (rien de « permissif » dans ces sociétés) mais aussi une forme de bisexualité ordinaire (en tout cas pour le monde grec) assez différente de ce que d'autres périodes historiques ont connu[20]. Là encore, ce thème qui dépasse l'enseignement concernant le monde antique pourrait être englobé dans une approche de l'histoire de la sexualité.

---

**15.** - MARROU H. I., *Histoire de l'éducation dans l'Antiquité*, le Seuil, 1948.

**16.** - JEANMAIRE H., *Couroi et Courètes*, Lille, 1939.

**17.** - BRELICH A., *Paides e Parthenoi*, Rome, 1969; VIDAL-NAQUET P., *Le chasseur noir*, Maspero, 1981; SCHNAPP A., « L'image des jeunes gens dans la cité grecque » et FRASCHETTI A., « Jeunesses romaines », *in* LEVI G. et SCHMITT J.-C. *(ss dir.), Histoire des jeunes en Occident*, Le Seuil, 1996.

**18.** - LORAUX N., *Les enfants d'Athéna*, Maspero, 1981 et *Les expériences de Tirésias*, Gallimard, 1989.

**19.** - DUBY G. et PERROT M. *(ss dir.), Histoire des femmes, I. Antiquité*, Plon, 1991; Tempus, 2002.

**20.** - CANTARELLA E., *Selon la nature, l'usage et la loi, la bisexualité dans le monde antique*, La Découverte, 1991; DUPONT F., ELOI T, *L'érotisme masculin dans la Rome antique*, Belin, 2001.

## L'histoire des religions

Le troisième thème abordé est davantage dans l'air du temps. Il entre dans les débats récents sur la place à donner aux faits religieux à l'École et sur l'enseignement de l'histoire des religions. Comme le faisait remarquer Jean-Pierre Vernant dans une interview à propos du rapport Debray sur l'enseignement des religions à l'École[21], il n'est pas obligatoire de centrer cet apprentissage uniquement sur les trois grandes religions monothéistes: il faudrait parler aussi des polythéismes, qui sont des religions très différentes et permettent justement de porter un regard comparatif sur les monothéismes. Religions sans dogme ni Livre, religions qui n'impliquent aucune croyance, aucun credo, aucune obligation d'adhérer à un système de conception du monde et de l'homme, les systèmes polythéistes grecs et romains ont depuis les travaux pionniers de Georges Dumézil donné lieu à de nombreuses études sur la mythologie, sur les panthéons et sur les rituels. Ces domaines sont bien connus de tous et je ne vais pas détailler les apports des recherches récentes qui rendent tout à fait possible l'enseignement d'une histoire des religions antiques qui soit critique et totalement laïque[22]. Certes la présentation de quelques éléments de la mythologie est déjà faite à l'école. Mais il s'agirait, au-delà du récit de contes et légendes, de saisir les dimensions sinon de tolérance, du moins de souplesse et d'ouverture voire d'assimilation des systèmes polythéistes antiques, de rappeler leur totale insertion dans la vie politique, de comprendre la logique d'une pensée mythique qui témoigne d'une des formes de rationalité que le monde antique a mis en place, de se dégager d'une vision ethnocentrique, voire « christianocentrique », et de jugements de valeurs convenus pour restituer à ces systèmes d'explication du monde toute leur originalité. Le polythéisme antique, grâce peut-être à l'étrangeté des pratiques qu'il requiert, offre une bonne distance pour regarder le phénomène religieux en historien, c'est-à-dire comme un système symbolique particulier qui est un élément essentiel de chaque culture.

Voilà, présentés de façon trop rapide et donc réductrice, trois ensembles de questions autour de la citoyenneté, de la différence et de la religion qui sont des questions vives et vivantes dans la recherche actuelle et dont on pourrait trouver des échos dans l'enseignement à l'école. Le choix de ces thèmes m'est bien sûr personnel. Il correspond néanmoins à une façon partagée par d'autres historiens de l'Antiquité de regarder le monde antique et particulièrement le monde gréco-romain non plus seulement comme celui de nos grands ancêtres, mais comme un monde très différent du nôtre, très distant, cette différence et cette distance permettant le dépaysement. Le retour à l'Antiquité, l'intérêt porté à ce monde, se font alors sur d'autres bases qui ne sont plus seulement celles de la filiation et avec d'autres questions, celles précisément de notre temps.

---

**21.** - *Cahiers rationalistes*, n° 559, juillet-août 2002.

**22.** - VERNANT J.-P., *Mythe et religion en Grèce ancienne*, Le Seuil, 1990; SCHEID J., *La religion des Romains*, A. Colin, 1998.

# Que dire de l'Afrique à l'École?

**Roland Pourtier,**
professeur à l'université Paris-I

## L'Afrique nous concerne

Dans la livraison des *Temps Modernes* d'août-novembre 2002, « Afriques du monde », l'avant-propos justifiait le thème retenu par le devoir « de réinscrire, modestement mais fermement, l'Afrique dans le champ public intellectuel ». Le 7 décembre 2002, un ancien Premier ministre de Centrafrique déclarait au *Monde*, à destination du lectorat français en général et des politiques en particulier: « Persistez dans l'indifférence, et vous prendrez le chaos africain en pleine figure. »

L'Afrique nous concerne tous, non seulement les intellectuels et les politiques, mais aussi l'ensemble des citoyens. Il est de la responsabilité de l'École de délivrer informations et éléments de réflexion sur un continent qui, *nolens volens*, touche notre quotidien. À l'échelle de la planète, comment pourrait-on ne pas voir qu'il existe un fuseau eurafricain? À l'intérieur de ce fuseau, comment pourrait-on ignorer l'intensité des échanges trans-méditerranéens, notamment dans le domaine des migrations? Si l'Afrique s'achève au Cap de Bonne Espérance au sud, au nord elle pénètre l'Europe et principalement la France en ses banlieues, lieux d'espérances souvent insatisfaites.

L'histoire a depuis longtemps rejoint la géographie. Les héritages de quelques siècles de relations inégales dominées par la traite des esclaves puis par la colonisation sont toujours perceptibles. En terre africaine, les territoires comme les mémoires sont marqués par l'empreinte créatrice et les cicatrices toujours vives de ce passé non apaisé. Mais plus que de dette, le présent invite à parler de connivences: les champs culturels fécondés par une francophonie aux multiples entrées, les arènes sportives - pensons à la dernière Coupe du monde de football - mettent en résonance la France et l'Afrique, dans des registres moins équivoques que ceux d'une sulfureuse « Françafrique ».

Si l'Afrique d'aujourd'hui nous concerne, celle de demain nous concernera encore davantage. Les dynamiques de la mondialisation approfondissent le fossé entre les ensembles régionaux qui gagnent et ceux qui perdent, entre le Nord et un Sud dont l'Afrique semble cumuler tous les handicaps. L'accroissement des déséquilibres au sein du fuseau eurafricain ne saurait rester sans conséquences dans un terme plus ou moins proche : sauf à être aveugle, on doit considérer le développement de l'Afrique comme une condition de la stabilité future des espaces nord-méditerranéens. Cela aussi milite pour une connaissance du Grand Sud de l'Europe.

Apprendre l'Afrique n'est certes pas simple, car il faut rompre avec une série de clichés en évitant de sombrer dans « l'afropessimisme » ambiant. Au « sourire Banania » que Senghor appelait à déchirer, aux représentations oniriques d'une faune en liberté dans une nature sauvage, s'est substituée l'image désespérante d'un continent abandonné au règne des trois Parques : famines, maladies et guerres qui font la une de l'actualité africaine.

Rompre avec les stéréotypes sans évacuer la réalité d'un continent que tous les indicateurs placent au plus bas sur l'échelle du développement demande un réel effort pédagogique. Sans doute faut-il insister, au-delà de quelques traits généraux, sur sa diversité : l'Afrique se décline au pluriel. Il convient parallèlement de mettre en exergue les dynamiques en cours.

## Les dynamiques en cours

L'Afrique est en effet le théâtre de profondes mutations, sous l'effet de facteurs endogènes et exogènes. Les changements, sur fond de croissance démographique débridée, sont brutaux et déstabilisants : le passage à la modernité ne fera pas l'économie des convulsions porteuses de renouveau. Les éléments de cadrage général étant mis en place, la question est de savoir par quels « bouts pédagogiques » prendre l'Afrique. Je proposerai quelques thèmes dont l'étude peut se caler sur les niveaux successifs du parcours scolaire, en fonction de leur degré de complexité.

L'entrée par le paysage, soutenue par l'illustration photographique, est bien adaptée aux petites classes. Elle inclut une part de rêve fort appréciable pour une pédagogie vivante. L'Afrique, entre la Méditerranée et le golfe de Guinée, se prête à une présentation zonale sur trame bioclimatique, montrant la succession de paysages qui sont autant de combinaisons entre nature et usage. Paysages méditerranéens du Maghreb, versant sud d'un milieu biogéographique profondément anthropisé sur lequel s'est gravée l'empreinte de la civilisation arabo-musulmane. Paysages minéraux du désert saharien dont l'effet barrière a ralenti les processus de diffusion entre Afrique du Nord blanche et Afrique subsaharienne noire. Milieu dominé par les discontinuités spatiales (oasis) et temporelles (nomadisme pastoral) ; genres de vie bouleversés par le passage du dromadaire à la Toyota. Paysages des savanes soudanaises associant l'herbe et l'arbre dans un environnement ouvert construit par d'habiles paysanneries confrontées aujourd'hui à la raréfaction de la terre. Au passage, on rappellera que le Sahel – « rivage » en arabe – n'est qu'un liséré et que ses difficultés liées aux sécheresses cycliques ne sont pas représentatives du continent. Paysages de forêt dense, la forêt vierge d'antan, milieu fermé nourrissant le mystère, domaine d'une agriculture sur brûlis bien adaptée à de faibles densités de population, et de cultures d'exportation qui placent l'Afrique dans une position honorable sur les marchés du cacao, du café, de l'huile de palme, de l'ananas. Paysages de montagnes, manifestation azonale d'un volcanisme aux effets bénéfiques: les volcans, combinant les bienfaits des climats d'altitude à la fertilité des sols, ont favorisé l'accumulation des hommes, parfois jusqu'à l'excès.

Les questions de population sont sans aucun doute les plus importantes: toutes les mutations du continent, tous les déchirements qui les accompagnent y renvoient. L'Afrique contemporaine se caractérise par une croissance démographique exceptionnelle et des mouvements de population considérables.

L'explosion démographique est sans précédent et les rythmes de croissance atteignent des chiffres nulle part égalés à l'échelle continentale; l'Afrique noire semble avoir entrepris de rattraper son retard depuis le décrochage démographique des XVI$^e$ et XVII$^e$ siècles, décrochage probablement consécutif aux désordres de la Traite. Depuis les années quarante et pendant un demi-siècle, la population de l'Afrique a connu une croissance sans précédent, de l'ordre de 3 % par an, soit un doublement en moins de 25 ans. Le nombre d'Africains est passé de 360 millions en 1970 à près de 850 millions aujourd'hui. Une des conséquences en est l'extraordinaire jeunesse de la population: avec plus de 45 % de moins de 15 ans (moins de 20 % en Europe), l'Afrique est le continent de la jeunesse. Bien des problèmes du continent s'expliquent par cette structure de la pyramide des âges, qui est à l'origine du maintien d'une fécondité élevée alors que les taux de mortalité ont beaucoup baissé.

On ne peut cependant en rester à cette vision d'une croissance exponentielle. La deuxième phase de la transition démographique (diminution de la fécondité) est en effet amorcée, très nettement au Maghreb après une longue résistance en Algérie, plus récemment en Afrique subsaharienne où les villes commencent à jouer leur rôle de ralentisseur démographique. L'étude de l'Afrique doit prendre en compte ces dynamiques démographiques essentielles à la compréhension du présent comme du futur. Mais les projections doivent être menées avec prudence, car l'inconnue du sida fait planer bien des incertitudes: en Afrique noire (l'ensemble mondial actuellement le plus touché), les évolutions démographiques risquent d'être profondément affectées par le sida, des situations locales de stagnation, voire de régression n'étant pas exclues.

La pluralité de l'Afrique se manifeste enfin dans les inégalités de peuplement: Afrique vide, Afrique pleine, voire Afrique du trop-plein, définissent des situations contrastées propices à une réflexion sur l'aptitude technique et sociale des sociétés à tirer parti des ressources de leur territoire.

Le continent, particulièrement au sud du Sahara, connaît par ailleurs d'importants mouvements migratoires : fronts pionniers, migrations internationales intra et extra-africaines, exode rural, sans compter les migrations forcées liées aux guerres qui font de l'Afrique le premier continent pour le nombre de réfugiés. La population est loin d'être stabilisée.

L'Afrique précoloniale a été le théâtre d'incessants mouvements migratoires préfigurant l'actuelle géographie du peuplement, par exemple les migrations bantoues. Les migrations contemporaines, dictées par la recherche de terre et de travail, s'apprécient désormais en fonction du cadre territorial des États, car celui-ci confère à de nombreux migrants un statut d'étranger : la crise ivoirienne est à cet égard exemplaire de conflits articulant accès à la terre, marché du travail et nationalité, la xénophobie constituant une réponse primaire à une situation globale de crise.

Les migrations extra-africaines méritent une attention particulière dans la mesure où le Maghreb, et plus récemment l'Afrique noire francophone, alimentent en France les principaux courants d'immigration, légale ou clandestine.

## L'urbanisation

La moitié de la population d'Afrique du Nord, le tiers de celle d'Afrique subsaharienne vivent en ville : c'est peu en comparaison des taux européens. C'est pourtant énorme si l'on considère les dynamiques d'urbanisation, notamment en Afrique noire. On peut sans exagération parler de révolution urbaine : jamais dans l'histoire de l'humanité un mouvement comparable d'urbanisation ne s'est produit sur une si grande échelle avec une croissance aussi forte. Entre 1950 et 1995, pendant que la population de l'Afrique subsaharienne était multipliée par trois, celle des villes l'était par neuf. Longtemps réputée rurale, cette Afrique dont, jusque dans les années soixante, on a surtout étudié les paysanneries, s'urbanise à grands pas. Le nombre de villes millionnaires est passé de une en 1960 à vingt-cinq en 2000 pour soixante prévues en 2020. Dans les années soixante et soixante-dix, on enregistrait dans quelques grandes villes (Abidjan, Kinshasa) des taux de croissance annuelle dépassant les 10 %. Depuis l'entrée en crise de l'Afrique au cours des années quatre-vingt, la croissance s'est ralentie et a tendance à se déporter vers les villes petites et moyennes. Le processus d'urbanisation n'en continue pas moins : un nombre croissant d'États a déjà dépassé les 50 % de population urbaine.

Les villes sont donc un objet d'étude incontournable, d'autant qu'elles présentent de fortes spécificités qui informent sur le fonctionnement - et les dysfonctionnements - des sociétés africaines contemporaines. Si l'urbanisation des pays d'Afrique du Nord et, dans une certaine mesure, celle de la République sud-africaine sont proches du modèle de croissance européen fondé sur l'association urbanisation-industrialisation, il n'en va pas de même en Afrique tropicale. Les deux processus y apparaissent en effet largement découplés: l'urbanisation sans industrialisation est la règle générale. Les villes, pour la majorité d'entre elles créations coloniales, restent marquées de l'empreinte génétique qui fit d'elles les instruments privilégiés de l'encadrement politico-administratif et les relais d'un système de drainage de matières premières vers les ports maritimes. « Filles de l'État », elles restent tributaires des capacités de redistribution de celui-ci et donc, en dernière analyse, de la santé des économies rentières qui caractérisent la plupart des économies africaines, que la rente soit agricole, minière ou pétrolière.

Comme dans tous les pays du Sud, les villes africaines présentent de violents contrastes sociaux, la ségrégation sociale se doublant en Afrique australe d'une ségrégation raciale. Les carences en infrastructures de transport et en équipements sanitaires, s'ajoutant à la faible capacité d'emploi du secteur moderne de l'économie, rendent la condition citadine difficile et précaire pour le plus grand nombre. La prolifération du secteur informel, l'importance de l'agriculture intra et péri-urbaine répondent au défi quotidien de survie: la ville africaine constitue de ce point de vue un laboratoire de débrouillardise et d'inventivité. Mais celles-ci ont leurs limites, en particulier dans les grandes villes dont le destin répercute directement la crise des États; elles peuvent, dans les cas extrêmes, basculer dans la guerre comme Mogadiscio, Freetown ou Brazzaville. Je pense qu'il est possible, dans les grandes classes, d'introduire la dimension géopolitique au-delà de la classique approche morphologique et fonctionnelle.

## Un développement inégal

L'approche macro-économique ne laisse pas place au doute: prise dans sa globalité, l'Afrique est le continent du sous-développement. Si l'Afrique du Nord n'a pas décroché, l'Afrique au sud du Sahara paraît de plus en plus marginalisée quand on l'évalue à l'aune de l'économie planétaire; avec 10 % de la population mondiale, elle ne participe qu'à hauteur de 1 % aux échanges internationaux. Seule l'Afrique du Sud peut actuellement prétendre au rôle de pôle de développement. Bien que les disparités entre États soient importantes, un certain nombre de traits communs contribuent à expliquer le retard global du continent.

Premièrement, à l'exception de l'Afrique du Nord, les agricultures africaines n'ont intégré l'économie de marché que tardivement, au rythme de la croissance de la demande urbaine. Le passage de l'autosubsistance au marché est freiné par le déficit en infrastructures de transports et par l'insécurité. D'une manière générale, les capacités productives des paysanneries africaines leur ont permis de faire face à la croissance démographique, invalidant les thèses malthusiennes. L'agriculture reste extensive dans l'ensemble; elle est loin d'avoir épuisé les potentialités naturelles, même si, ici où là, la faim de terre commence à se faire sentir. Dans cette rubrique, il convient de relativiser les discours sur la déforestation, la désertification, la dégradation des sols, discours européocentrés plus idéologiques que scientifiques. On rappellera qu'en dehors de la vallée du Nil et du Maghreb, les abondantes réserves en eau sont encore peu exploitées: l'Afrique dispose de potentialités considérables.

L'introduction de cultures d'exportation, loin de concurrencer les cultures vivrières comme on l'affirmait autrefois, s'est révélée un facteur de progrès. Pourtant l'Afrique est aujourd'hui le théâtre de famines récurrentes, comme l'était l'Asie il y a un demi-siècle. Il est important d'expliquer que ces famines sont rarement la conséquence de fatalités naturelles: les sécheresses, les attaques d'acridiens ne menacent que des espaces assez restreints. Les famines sont davantage la conséquence des entraves à la circulation des vivres - mauvais état des routes, stratégies spéculatives de stockage, insécurité et guerre - que d'un déficit structurel de production. Le marché mondial des céréales exerce aussi des effets nocifs: la concurrence des productions agricoles d'Amérique du Nord et d'Europe de l'Ouest, déversées à bas prix grâce aux subventions dont elles bénéficient, porte atteinte aux efforts locaux de développement agricole.

Deuxièmement, si l'on excepte l'Égypte, les pays du Maghreb, l'Afrique du Sud et le cas spécifique de l'économie insulaire de Maurice, l'Afrique contemporaine reste vouée, comme à l'époque coloniale, à l'exportation de matières premières brutes. La forte dépendance de ces économies extraverties est une cause durable de fragilité, l'Afrique n'ayant aucune prise sur la fixation des prix des matières premières. L'effondrement des rentes est à l'origine de la déstabilisation de nombreux pays: la Côte-d'Ivoire quand le miracle du cacao a viré au mirage, le Congo-Brazzaville qui ne s'est pas remis du contre-choc pétrolier de 1986. Or 90 % des exportations de l'Afrique subsaharienne se composent de produits primaires, répartis pour moitié entre l'agriculture et l'activité extractive. En valeur le pétrole vient largement en tête. Il confère aux pays producteurs une importance stratégique non négligeable, puisque l'Afrique compte pour 10 % de la production et des réserves mondiales (5 % en Afrique du Nord, 5 % dans le golfe de Guinée): l'équation pétrolière pèse lourd dans les relations avec les pays consommateurs du Nord.

Enfin, troisièmement, en termes de santé, d'éducation ou de statut de la femme mesuré par l'indicateur sexospécifique, le palmarès africain n'est guère brillant. Les grandes endémies tropicales, en premier lieu le paludisme, rejointes aujourd'hui par le sida, constituent des causes de mortalité qu'un meilleur encadrement sanitaire ferait disparaître. Mais encore une fois, tous les pays, toutes les sociétés ne se ressemblent pas et les indicateurs agrégés masquent des différences sensibles. L'approche quantitative ne rend pas compte par ailleurs de la qualité et de l'intensité des relations sociales dans le cadre de familles étendues, d'associations d'entraide, d'églises dont la crise a favorisé la prolifération.

## Ethnodiversité, diversité des cultures

La question ethnique est souvent présentée, du moins dans les médias, sous les manifestations dévalorisantes du « tribalisme », les rivalités ethniques étant érigées en deus ex machina de tous les maux du continent. Il est important de replacer cette question dans une perspective mondiale ; l'histoire récente de l'ex-Yougoslavie et bien des conflits en cours dans le monde rappellent que l'Afrique n'a pas l'exclusivité des revendications identitaires et territoriales. Il est vrai que la gestion politique de territoires créés par la colonisation sans tenir compte des configurations ethniques et des modes anciens d'exercice du pouvoir est un exercice délicat.

De ce point de vue, l'aménagement du territoire, le brassage urbain, les manifestations symboliques, l'exaltation sportive constituent autant de voies d'élaboration des entités nationales. L'ethnie n'est qu'un référent identitaire parmi d'autres et ne devient une menace pour la paix que lorsqu'il est manipulé par les politiques, tout comme peut l'être la religion ou toute autre forme d'idéologie. C'est ainsi que les frontières entre islam et christianisme, dans la plupart des cas exemptes de tensions, peuvent devenir des lieux d'affrontement.

La marqueterie ethnique infiniment complexe de l'Afrique ne saurait néanmoins se réduire à cette dimension politique. L'ethnodiversité constitue une richesse, autant sinon plus que la biodiversité. Cette richesse des cultures vivantes ne se confond pas avec la culture muséifiée à laquelle nos institutions de mémoire donnent accès. Sans sombrer dans les excès d'un culturalisme anhistorique ou d'un fétichisme de l'altérité, il est du devoir de l'enseignant de rendre les élèves sensibles à l'extraordinaire diversité des formes de vie sociale et culturelle, en contrepoint d'une mondialisation économiquement inéluctable mais culturellement appauvrissante. Au-delà des approches géographiques plus classiques, l'Afrique constitue un terrain propice pour aborder ces graves questions.

# L'Europe : un paradigme scientifiquement faible mais un enjeu civique

**Gisèle Dessieux,**
inspectrice générale de l'Éducation nationale
**Rémi Knafou,**
professeur à l'université Paris-VII
**Enrique Leõn,**
professeur en classe préparatoire aux grandes écoles

L'étude de l'Europe soulève de nombreuses interrogations. La première concerne la définition de l'Europe et la place scientifique qu'il convient de donner dans ce cadre à l'Union européenne. La seconde concerne les différents niveaux d'étude : où placer le curseur entre les différents niveaux d'étude (local, national, européen, mondial) ? L'Europe constitue-t-elle un concept historique et géographique ?

## Une réflexion ancienne

Depuis de nombreuses années, la question européenne fait l'objet d'une réflexion importante. Le Conseil de l'Europe (et plus particulièrement les projets successifs conduits par son conseil de la coopération culturelle sur l'enseignement et l'apprentissage de l'histoire de l'Europe) vise, à partir de la confrontation des points de vue des peuples du continent sur une histoire partagée, à instaurer la paix et la compréhension mutuelle. Il propose des documents sur des thèmes communs de l'histoire européenne, les ressources et démarches pédagogiques qu'il recense dans son guide de l'enseignant constituent un matériel intéressant, notamment dans les sections européennes et orientales.

Le séminaire européen de Blois[1], s'est restreint aux représentants des quinze pays membres de l'Union européenne dans la perspective de son élargissement. Ses recommandations finales reconnaissent la difficulté de la construction épistémologique et méthodologique d'une histoire de l'Europe tout en soulignant qu'elle ne saurait être « ni téléologique ni identitaire ni idéaliste » et concluent à l'intérêt d'une « histoire comparative qui noue des fils, tisse des intrigues, décrit des hommes

1. - *Vingtième siècle*, n° 71, septembre 2001.

et des activités... et fait lire aux jeunes des récits construits, authentifiés sur preuves documentaires, vivants et convaincants », qui soit aussi « une histoire pleinement culturelle car l'Europe historique fut une culture plus qu'un espace ».

Dans le cadre d'un de ses thèmes annuels d'étude, l'inspection générale d'histoire et de géographie[2] s'est interrogée sur la place de l'Europe dans nos programmes mais aussi sur la façon dont elle est enseignée. Les actes du colloque de la Sorbonne ne sont pas encore publiés; l'état des lieux dressé dans les quinze pays de l'Union européenne à cette occasion constate la très grande hétérogénéité des contenus et des approches, une poussée inégale et dans l'ensemble modeste de la dimension européenne dans des programmes dont l'histoire nationale reste le centre de gravité et fait état de la faible réciprocité des efforts d'enseignement de l'histoire des autres ainsi que d'un problème général d'articulation entre enseignement primaire et secondaire.

La dimension européenne a pris une place croissante dans les programmes d'histoire et de géographie. On peut toutefois s'interroger sur différents points: s'agissant de la cohérence de l'ensemble du cursus d'enseignement de l'école élémentaire au baccalauréat (notamment de l'enseignement primaire à l'enseignement secondaire), convient-il de procéder à une répétition des sujets traités, à un élargissement de la perspective ou à un renouvellement complet des questions et des espaces abordés? On peut également s'interroger sur ses lacunes: nos programmes n'accordent qu'une faible place à l'Europe orientale, scandinave ou balkanique, et l'information sur d'autres États-nations européens est le plus souvent limitée à un moment de leur histoire. On peut enfin questionner la façon d'enseigner ces programmes dans le cadre des contraintes horaires et examiner notamment le profit que l'on peut tirer de l'articulation des disciplines.

## Quelle Europe enseigner? Quelle extension donner à l'Europe, et à quelle définition de l'identité européenne renvoie-t-elle?

La définition variable des contours de l'Europe choisie pour objet d'enseignement renvoie à une double logique, politique ou scientifique. Il convient donc de s'interroger sur ce qui, dans cette définition et la perception de l'Europe comme un ensemble, relève de la dimension scientifique et ce qui relève de la volonté politique.

On peut noter la contraction entre l'ancrage temporel et spatial de l'histoire et la géographie, alors que l'Europe est un objet difficilement identifiable, tant par les hommes politiques que par les scientifiques. Quelle Europe enseigner? La France et ses voisins? L'Union européenne? L'Europe et ses marges (CEI, Turquie)? Quelle

2. - *L'Europe dans l'enseignement de l'histoire, de la géographie et de l'éducation civique*, septembre 2000.

doit être la place des Dom-Tom ? L'Europe est encore pour l'instant un paradigme scientifiquement faible, ce qui entraîne des difficultés quant à son enseignement. Michel Foucher[3] précise que l'Europe est un « objet géographique peu estimé des géographes universitaires », au moins jusqu'aux ruptures de 1989-1992 où de nombreux ouvrages ont été publiés. Le rapport de l'inspection générale signale que « cette découverte récente surprend une communauté scientifique traditionnellement encline à étudier les territoires bien bornés des États-nations dont elle ne s'était détachée que pour privilégier l'échelle planétaire, armée des nouveaux concepts de l'analyse spatiale ou des outils de la géopolitique. »

Depuis quelques années, les géographes commencent à nourrir sérieusement le concept d'Europe, notamment en étudiant sa dimension culturelle[4]. Cette géographie culturelle dépasse la traditionnelle approche économiste dominante depuis Pierre George et son *Europe des marchands*, dans les années soixante.

En histoire, on note une absence de vraies références européennes indiscutables : il n'y a pas de temporalité européenne, alors qu'il existe des temporalités nationales. De même n'y a-t-il pas de dates ou de lieux de mémoire pertinents pour tous les Européens. Les historiens plaquent un sens européen sur des événements hétérogènes (le Printemps des peuples en 1848), les programmes charrient des confusions (en cinquième, « Occident » est synonyme d'Europe). Il faut abandonner le volontarisme de l'époque de Jacques Delors pour redonner à l'idée d'Europe sa substance interrogative : l'Européen, c'est celui qui doute, à l'opposé des dogmatismes.

## Europe perçue, Europe pensée

Il est donc illusoire de vouloir enseigner une histoire et une géographie de l'Europe comme un tout. Pourtant, l'espace des élèves est de plus en plus européen : voyages scolaires, familles d'accueil, programme Erasmus, Comenius, etc., multiplient les rencontres. La libre circulation dans l'espace Schengen et dans l'Union européenne, globalise les problèmes, engendre de nouvelles pratiques, notamment en matière de mobilité scolaire et professionnelle.

Ces rencontres construisent une expérience vécue, du moins pour ceux qui en bénéficient, car le risque d'une distinction sociale entre les établissements scolaires de centre-ville et ceux des quartiers populaires existe. Pour ces quartiers, il est impératif de préserver un discours politique et scolaire d'intégration à l'échelle d'abord française. Un rapport de Pierre Milza montre que l'identité des enfants de deuxième et troisième génération de migrants trouve son ancrage dans les pays d'immigration, pas dans l'Europe. Il importe de tenir compte d'un horaire imparti

**3.** - FOUCHER M., *La République européenne entre histoires et géographies*, Belin, 1998.

**4.** - LÉVY J., *L'Europe, géographie d'un devenir*, Hachette, 1997.

qui ne s'élève pas, au contraire; il faut investir les IDD en collège ou les enseignements bilingues dans les sections européennes. Il faut montrer comment s'articulent les différentes échelles de l'Europe: l'Union européenne; l'Europe « de l'Atlantique à l'Oural »; l'Union européenne de football (UEFA) qui intègre la Turquie et Israël, l'Eurovision télévisée. L'Algérie a même fait administrativement partie de l'Europe pendant cent cinquante ans. Il faut se garder de perpétuer des chimères européennes, créées par la Commission européenne elle-même *via* ses programmes de financement de la recherche publique. Les régions transfrontalières sont en débat: sont-elles le type même d'une chimère européenne ou bien l'un des support d'une analyse des flux et circulations, par exemple en Lorraine? La mise en cause des mythes peut aussi s'appliquer à la problématique de l'aménagement du territoire où l'État-nation continue d'avoir un rôle déterminant selon les discours électoraux, mais avec des financements européens (FEDER) et selon des directives européennes.

L'enseignement doit s'adresser aux élèves tels qu'ils sont, plus ou moins confrontés aux réalités européennes, pour en faire des acteurs des enjeux de leur continent. L'enjeu européen est aussi un enjeu civique, d'où la légitimité de l'association histoire - géographie - éducation civique, juridique et sociale. Plutôt qu'un enseignement européocentré chimérique négligeant les nations, il faut promouvoir un enseignement des projets d'unification en Europe certes, mais aussi des réalisations effectives.

Il est souhaitable que s'établisse dans les différents pays d'Europe une harmonie dans les façons d'enseigner les mêmes faits, que s'amorce une réflexion sur les dates fondamentales constitutives de l'identité européenne. Le même souci d'harmonie doit guider la quête d'une cohérence de l'enseignement de l'histoire et géographie de l'Europe entre collège et lycée en France même.

Plutôt qu'une histoire fusionnelle de l'Europe, il faudrait envisager une histoire comparatiste, centrée sur des lieux de l'identité européenne: foires de Champagne, batailles de Mohacs ou de la Montagne Blanche, émigration des huguenots vers l'Europe du Nord, expositions universelles, les projets de fédération européenne entre les deux guerres au lieu des articles du traité de Versailles. Plutôt qu'une géographie globale de l'Europe, il faudrait confronter des types de gestion des territoires, des systèmes politiques.

Les multiples contacts des élèves avec l'Europe enjoignent aux enseignants d'histoire-géographie de donner du sens à l'entité Europe (démocratie, droit, individu, liberté de circulation, etc.). En partant des représentations des élèves, il est possible de définir l'identité européenne, malgré une certaine prudence des hommes politiques: l'Acropole ouvre sur la démocratie; Rome sur le droit romain; l'étude de la Bible comme source historique, sur la notion d'individu; le Moyen-Âge sur le pèlerinage et la liberté de circulation; l'époque moderne sur la création des bourgeoisies. Au terme de ce cheminement tout au long d'un cursus scolaire, l'Europe apparaît comme le continent de la liberté des individus. Cette identité commune n'écrase pas les identités nationales, elle les enveloppe.

Dans le cadre des programmes et pour gagner du temps dans des horaires serrés, il semble pertinent d'utiliser des entrées thématiques ou des études de cas (exemple : l'action de l'État et de l'Union européenne dans l'aménagement du territoire) pour articuler les trois approches (histoire, géographie, éducation civique, juridique et sociale).

# Un exemple d'espace en mutation : la Russie

**Roger Brunet,**
directeur de recherche au CNRS
**Michel Piffault,**
inspecteur d'académie - inspecteur pédagogique régional
**Nicolas Werth,**
chargé de recherche au CNRS

## Un changement de paradigme

Quelles sont les conséquences d'un « changement de paradigme » pour l'enseignement de l'histoire et de la géographie de l'URSS et de la Russie ? On rencontre cette expression notamment chez Martin Malia[1], qui précise que les historiens « révisionnistes » des années soixante-dix lisaient « l'histoire soviétique comme une lutte permanente de l'État ouvrier pour vaincre l'arriération de la Russie paysanne en édifiant une base industrielle moderne sous les pieds du parti prolétarien... Cette conviction mérite d'être baptisée le *grand paradigme*... » Roger Brunet préfère parler de changement de « forme » et de « contenu ».

En fait, on peut se demander comment les études historiques et géographiques de l'URSS puis de la Russie ont accompagné et accompagnent cet événement considérable que fut la fin de l'URSS et le retour de la Russie - dans d'autres limites, certes, que celles de son empire d'avant 1917. Les historiens doivent faire face à une véritable « révolution documentaire » consécutive à ce bouleversement, qui nous appelle à « changer d'optique », à nous situer dorénavant dans la longue durée de l'histoire de la Russie. La Révolution et l'URSS de Lénine à Gorbatchev sont bien « un objet historique » que l'on peut examiner à travers quelques grandes directions de recherche, et bien des questions essentielles avaient déjà été abordées. Beaucoup d'autres se posent aujourd'hui.

Roger Brunet constate suffisamment de changements (forme, contenu, représentations) « pour qu'il soit inutile de gloser sur des paradigmes ». Il faut s'habituer à voir le pays autrement, « il faut se faire à l'idée » de tout ce qui a changé.

1. - MALIA M., *La Tragédie soviétique*, coll. « L'univers historique », Le Seuil, 1997.

## Rupture et continuité historique

L'éclatement récent de cet espace en mutation marque une double rupture historique[2]. Premièrement, il met un terme à l'expansion continue du peuple russe depuis la seconde moitié du XVe siècle. Deuxièmement, il met un terme à un État centralisé. Cependant, aujourd'hui encore, la volonté est grande de maintenir un contrôle sur l'ensemble du territoire. Cet État continental immense, le plus vaste du monde avec une superficie de 17 millions de km$^2$, s'étend sur onze fuseaux horaires qui recouvrent le jour et la nuit. Ainsi lorsque le soleil se lève sur le détroit de Béring, il se couche à 10 000 km de là, sur les rives de la Baltique.

Malgré les ruptures historiques récentes, des constantes demeurent. Sur le plan politique, on remarque que la succession des différents régimes demeure marquée par un fort caractère autoritaire sous la poigne de fortes personnalités. L'autre constante majeure de la Russie demeure le contraste entre l'immensité de son potentiel et l'état de ses réalisations qui souffrent en permanence d'une sous-exploitation endémique de ses importantes ressources naturelles et humaines.

Peu de secteurs en histoire contemporaine ont connu au cours des dix dernières années un renouvellement documentaire aussi important que celui dont a profité, avec l'ouverture des archives de l'ex-URSS, l'histoire de la Russie. Cette situation pose aux historiens travaillant dans ce domaine de nombreux défis. Pour les uns, cette « révolution documentaire » rend obsolètes les analyses antérieures du système communiste. Pour les autres, de tels gisements d'information ne peuvent être dépouillés et analysés qu'en repensant de manière urgente - que ce soit pour les contester, les amender ou les renouveler - certains concepts qui ont structuré le champ de recherche en question, tels que « totalitarisme », « société civile », « modèle soviétique », comparaison du stalinisme et du nazisme.

On assiste à l'émergence d'une question méthodologique centrale : une révolution documentaire induit-elle immédiatement et nécessairement une révolution historiographique ? Cette question peut prendre la forme d'une série d'interrogations convergentes : comment reconstituer l'historiographie d'un champ donné lorsque se produisent à la fois un changement d'optique et un bouleversement des instruments de travail ? Le changement d'optique tient à ce que, commencée en 1917, achevée en 1991, l'histoire de l'URSS - désormais « période soviétique de l'histoire russe » - réintègre la longue durée de l'histoire russe, avec ses spécificités longtemps effacées par la « rupture absolue » de 1917, « année zéro ». Et les instruments de travail sont bouleversés car, contemporanéiste travaillant dans les conditions de ses collègues d'histoire ancienne, sur des indices et des traces, voici l'historien de l'URSS projeté dans les immenses masses documentaires d'une « civilisation du rapport », passant d'un « trop peu » à un « trop-plein » de sources.

2. - KURUNERI-MILLET A. « Pour comprendre la Russie », in *Agir*, n° 11-12, octobre 2002.

Quelles questions - nouvelles et anciennes - posent les sources aujourd'hui accessibles aux chercheurs? Quels champs d'investigation renouvellent-elles? Sur quelles problématiques débouchent-elles? Comment, sans tomber dans le fétichisme de l'archive ni revenir aux vaines abstractions théoriques qui ont longtemps dominé la « soviétologie », reformuler des concepts historiques aptes à permettre un examen raisonné et rigoureux des sources nouvelles?

L'accès à une documentation profondément renouvelée a d'ores et déjà permis de vérifier et d'approfondir un certain nombre d'hypothèses formulées par la riche historiographie, très conflictuelle et réactive, qui s'était constituée depuis les années soixante - soixante-dix dans un contexte très particulier marqué par de forts enjeux politico-idéologiques et par une inaccessibilité quasi absolue à toute documentation archivistique. Cette révolution documentaire a ouvert de nombreux champs de recherche, tant en histoire politique qu'en histoire sociale. A-t-elle permis de dépasser les clivages entre l'école « totalitariste » et l'école « révisionniste »? N'assiste-t-on pas aujourd'hui à une déconstruction des modèles existants plus qu'à l'élaboration d'un nouveau modèle interprétatif?

## Une récente recomposition de l'espace

Au lendemain de la dissolution de l'URSS, la fédération de Russie perd les trois États baltes (Lituanie, Lettonie, Estonie), la Biélorussie, l'Ukraine, la Géorgie, l'Arménie, l'Azerbaïdjan, le Turkménistan, l'Ouzbékistan et le Kazakhstan. Conjointement à la dissolution de l'URSS le 8 décembre 1991 et afin de conserver les synergies anciennes, l'Ukraine, la Biélorussie et la fédération de Russie décident, par l'accord de Minsk, de fonder la Communauté des États indépendants (CEI). Le 21 décembre 1991, par le traité d'Alma-Ata, les autres États non slaves, à l'exception de la Géorgie et des trois États baltes qui regardaient déjà vers l'Union européenne et l'Otan[3], adhèrent à la CEI. Le 25 décembre 1991, le drapeau russe remplace sur le Kremlin le drapeau soviétique.

En 1993, les membres de la CEI décident de désigner la fédération de Russie comme successeur de l'URSS auprès des instances internationales. La fédération de Russie a une population de l'ordre de 145 millions d'habitants; elle est peuplée de dizaines d'ethnies non russes réparties sur l'ensemble du territoire.

Le passage de l'URSS à la Russie change *une forme et un contenu*: les contours d'un pays, son système social et ses modes de gestion du territoire. Cela change aussi les représentations que l'on s'en fait, voire notre rapport à l'information. C'est beaucoup, assez pour qu'il soit inutile de gloser sur des paradigmes. Le pays a pris un contour qu'il n'avait jamais eu auparavant: il a perdu des républiques pourtant

3. - On pourra se référer à l'atlas du *Monde diplomatique*, qui comporte de nombreuses cartes, hors-série, janvier 2003.

russes depuis fort longtemps et conservé bien des territoires asiatiques de conquête relativement récente. Toutefois, ces limites étaient déjà connues sur toutes les cartes et ne surprennent pas vraiment le géographe. Plus intéressantes sont les conséquences pratiques: une « Russie en lambeaux » si l'on tient compte des nouvelles autonomies (républiques et districts), la division de certaines unités géographiques (Donbass), voire la coupure (au moins théorique) de certaines liaisons (avec Kaliningrad, ou le Transsibérien au Kazakhstan, etc.), le nombre de Russes devenus brusquement étrangers en leur pays (dans les deux sens). Il faut donc s'habituer à voir le pays autrement, et même sous d'autres angles (forme de la carte). Il faut également s'habituer aux nouveaux noms, ce qui n'est pas bien difficile (sauf incohérences et anglicisme des translittérations).

Au sein même de la Russie, la Constitution de 1993 organise son espace sous la forme fédérale et le découpe en 89 « sujets » répondant aux appellations de républiques, régions, territoires autonomes, arrondissements autonomes et cités autonomes. Il faut se faire à l'idée (jadis saugrenue mais parfois à tort) d'un pouvoir central très contesté par les autorités locales élues (et qui lèvent l'impôt au profit de l'État fédéral), surtout si elles sont à base ethnique (même hors Tchétchénie, comme les Tatars), ou quand la nomenklatura locale joue aux potentats dans des régions éloignées de Moscou et signe des accords avec l'étranger par exemple.

Cette évolution politique a eu des conséquences importantes sur la société russe. Ainsi, le pouvoir économique appartient désormais largement à de grandes sociétés et groupes privés, qui se sont attribués les principales ressources et industries et sont souvent liés aux gangs. Sur le plan social, l'effondrement d'une grande part des protections sociales d'un côté, la possibilité de fortunes rapides de l'autre, entraîne un accroissement des inégalités sociales. La société russe demeure profondément inégalitaire. Les évolutions économiques de ces dernières années ont entraîné une scission de la société en deux groupes. Le premier se compose de privilégiés qui se sont enrichis au cours des années quatre-vingt-dix. Face à ces « nouveaux Russes », on trouve une population qui a du mal à faire face aux évolutions; on estime que 40 % de la population vit au-dessous du seuil de pauvreté. Entre ces deux extrêmes, il n'y a pas vraiment de classe moyenne. Alors que les écarts étaient relativement réduits à l'époque soviétique, ils ont tendance à exploser depuis la fin de l'URSS. Selon les données officielles russes, ils sont passés, entre les 10 % les plus pauvres et les 10 % les plus riches, d'un écart de 1 à 8 en 1992 à un écart de 1 à 14 en 2000. Dans le domaine agricole, la décollectivisation de l'agriculture n'a presque rien changé dans les faits.

Toutes ces évolutions montrent que le pays n'est nullement ruiné, mais présente tous les caractères contrastés d'un pays pionnier en pleine restructuration.

Par rapport au temps de l'URSS, ces changements amènent bien des révisions: premièrement, sur le caractère « socialiste » du régime soviétique et sa place historique réelle dans le développement du pays; deuxièmement, sur la puissance et la richesse réelles du pays (mais on savait déjà avant 1990 que son PNB était largement gonflé, y compris par la CIA) ; troisièmement, sur l'information et la désinformation, notamment par nombre de géographes spécialistes de la Russie. L'information s'est très largement libérée : quantité de sites Internet d'entreprises, de villes et de régions, d'ONG et de centres de recherche sont accessibles, très souvent en anglais, et changent fondamentalement la nature et le contenu de l'information (*cf.* le récent dictionnaire de la Russie, de nouveaux atlas, des cartes topographiques, etc.).

Ce n'est pas une raison pour faire comme s'il n'y avait plus de problème et pour publier sans le moindre esprit critique des livres bourrés de chiffres. Il faut patiemment contrôler et recouper les données - et les cartographier, ce qui est un excellent moyen de validation (*cf.* pour le Goulag même en 1980). Bref, on devrait se garder de passer d'une caricature, optimiste ou hostile, à une autre, pessimiste ou flatteuse, tout autant que d'une béatitude constante et donc fluctuante dans ses assertions. Et se faire à l'idée d'un vaste pays qui re-devient pionnier, dur, pénible, mais qui a de la ressource et des ressources, et un bon niveau de formation.

Au regard de la recherche actuelle, la Russie est un pays difficile à cerner, ressemblant à certains égards aux pays en voie de développement. Quand un étranger voyageait en URSS sous Gorbatchev, il était souvent bien accueilli, ne voyant que ce que l'on voulait bien lui montrer. À partir des années quatre-vingt-dix, ce même voyageur pouvait aller partout et découvrir alors des villes complètement abîmées, des universités manquant d'argent... L'opinion est donc partagée : la Russie, bien que souffrant de la fuite des cerveaux depuis quelques années, est un grand pays techniquement très avancé dans certains secteurs. Par ailleurs, ce pays vend plutôt des matières brutes que des produits élaborés. Il est la proie de sociétés étrangères qui s'y implantent en raison de la faiblesse des salaires. Certes, la ligne Nord-Sud traverse la Russie mais elle est moins d'ordre spatial que social. Les valeurs de l'indice de développement humain se rapprochent de celles des pays du Tiers Monde. Cependant il est difficile de cerner la société.

On ne vit pas bien en Russie aujourd'hui, mais vivait-on mieux en URSS ? Lorsqu'il visita l'Ukraine alors en pleine famine, Herriot revint en France avec l'idée d'un pays de cocagne ! Il existait alors un minimum vital pour tout le monde, un système de gratuité (logement, crèche...), peu de choses à acheter (en dehors des magasins cachés réservés à la nomenklatura), pas de tentations, pas de possibilités de voyages... La plupart des gens dépensaient moins que leur salaire. Aujourd'hui, cette sorte de sécurité n'existe plus. C'est pourquoi 20 % de la population, surtout des personnes âgées, regrette la période soviétique. Les jeunes se sont mieux adaptés à la compétition... et aux trafics.

Qu'en est-il aujourd'hui de la puissance militaire ? Les dirigeants militaires disposent, dans l'Oural, de deux lieux de refuge dotés d'armes de très haut niveau. Parallèlement, une part de l'armement actuel est sans objet ; ainsi des sous-marins nucléaires alimentent certaines villes en électricité, d'autres sont employés par des sociétés privées afin de circuler sous la banquise et éviter l'emploi de brise-glace. Par ailleurs l'ancien complexe d'armes bactériologiques situé au nord du Kazakhstan est devenu un complexe pharmaceutique grâce à des capitaux étrangers, y compris américains.

## Comment notre enseignement accompagne-t-il ces changements ?

Les programmes montrent que l'on n'a pas attendu 1991 pour infléchir la lecture de l'histoire de l'URSS. En histoire, l'interrogation sur le totalitarisme court dans tous les programmes d'histoire de collège et de lycée dès les années quatre-vingt ; elle énonce, certes, diverses précautions qui veulent surtout prévenir l'assimilation du stalinisme et du nazisme. Un interdit a longtemps pesé sur le concept de totalitarisme[4]. Dans les années soixante et soixante-dix, la comparaison entre l'URSS et l'Allemagne nazie était taboue. Le *Livre noir du communisme*[5] était considéré comme un instrument de la guerre froide. La recherche historique a avancé lorsque est apparue l'idée de « poches de liberté » à l'intérieur d'un régime totalitaire. Le totalitarisme est ainsi un concept opératoire à partir du moment où concept ne signifie pas équation.

Les chiffres sont-ils actuellement fiables ? En ce qui concerne la répression, sans doute n'y a-t-il pas eu de falsification à grande échelle, car les ordres de grandeur semblent cohérents sur une trentaine d'années. Ils sont donc considérés comme assez fiables. Cependant aujourd'hui, si l'historiographie a apporté des éléments nouveaux à la réflexion sur l'autoritarisme, les professeurs tardent à l'intégrer dans leurs cours. Il faut montrer que la violence politique relève aussi de la dynamique d'une grande frustration. Ceci peut être abordé par l'étude de documents.

En géographie, on passe clairement de l'idée de « grande puissance » à celle d'un espace en recomposition. Les programmes, y compris celui de 1988, présentaient l'URSS comme une « super-puissance ». Le choc n'en a été que plus rude au moment de l'effondrement. Il a fallu changer les représentations que l'on avait de l'URSS : était-elle en fait une non-puissance ? Qu'en était-il réellement ?

Le début des années quatre-vingt-dix fut marqué par un net recul de l'étude de l'URSS et de la Russie. Divers aménagements, en 1993, conduisent à l'effacement partiel des parties des programmes qui leur sont consacrées dans les épreuves du baccalauréat et du brevet. On constate que les programmes les plus récents n'ont pas redonné à la Russie toute la place qui était consacrée à l'URSS en géographie.

---

4. - Bruneteau B., *Les Totalitarismes*, A. Colin, 1999.

5. - Courtois S., Werth N. *et alii*, *Le Livre noir du communisme. Crimes, terreur, répression*, Robert Laffont, 1997.

En quatrième, elle est l'un des pays au choix qui peuvent être étudiés; en terminale, après avoir constitué un thème tournant, elle sera étudiée seulement par les élèves des séries L et ES dans les futurs programmes qui entreront en application au cours de l'année scolaire 2004-2005[6].

La comparaison entre le contenu des manuels des années soixante et ceux d'aujourd'hui montre le chemin parcouru. À l'époque, on se situait dans une perspective véritablement prométhéenne de développement, de construction d'un modèle à vocation aussi universelle que les idées issues des Lumières. C'est de la postérité des idées de Marx que l'on parlait alors, et non du stalinisme, encore moins d'un totalitarisme. Plus près de nous, tous les manuels d'histoire articulent leur discours autour des thèmes du « totalitarisme stalinien », de la « dictature », de la « terreur », sans trop s'engager sur leurs origines cependant: Lénine ou Staline?

En géographie, l'immensité est depuis longtemps une première entrée dans le sujet, avec la difficile maîtrise de ce territoire. Les idées les plus présentes aujourd'hui sont celles de l'« héritage », du « poids du passé », de la « redéfinition », de la « réorganisation », des « défis », des « enjeux », d'une interrogation sur cette « nouvelle » Russie. Enfin, un bon indicateur de cette évolution peut être trouvé dans le contenu des dossiers de *La Documentation photographique*, outil de référence pour notre enseignement. Ainsi, à la perspective de la construction du socialisme, qui marque le premier dossier d'histoire, en 1971, succèdent le constat des difficultés en 1985, puis une approche sans fard du stalinisme dans le dossier de 1998.

La même observation peut être faite en géographie, depuis les dossiers de 1967 et de 1972, et même celui de 1980 qui affirme encore: « La Russie, c'est le Sphinx... Le présent dossier ne prétend pas résoudre son énigme, ce qui supposerait que l'on puisse réaliser un consensus sur une expérience historique que chacun juge en fonction de ses conceptions du socialisme ». En 1994, Roger Brunet se situe dans une toute autre perspective.

S'agissant de la façon dont on enseigne l'histoire de l'URSS et de la Russie, on est passé côté russe d'une vulgate triomphaliste à la construction d'une nouvelle image assez réservée. Cependant, les ouvrages russes récents font encore preuve d'un grand conservatisme: ils ne présentent pas de rupture mais une évolution; les questions gênantes ne sont toujours pas abordées (le Goulag par exemple); les cartes sont identiques; même l'affiche de l'exposition de 2001 reprend la statue représentant l'Ouvrier et la Kolkhozienne conçue pour couronner le pavillon soviétique lors de l'exposition universelle de Paris en 1937!

Du côté français, pendant longtemps les événements de 1905 et 1917 étaient présentés aux élèves lors de deux années d'études différentes, alors que ce sont les

6. - Cf. *Boen* n° 7 du 3 octobre 2002.

mêmes acteurs qui agissent. De plus, 1917 était souvent lu à travers le prisme de la Révolution française (1789 et surtout 1793). La Révolution de 1917, à la fois messianique et universaliste, était ainsi présentée de façon sympathique. La même vision se retrouve chez les historiens italiens, tant le rôle de la Révolution française a été important chez les garibaldistes et à cause du communisme fortement implanté en Italie.

# Mondialisation, globalisation, de nouvelles notions pour cerner un monde nouveau

**Jean-Louis Carnat,**
inspecteur d'académie - inspecteur pédagogique régional
**Laurent Carroué,**
professeur à l'université Paris-VIII
**Pierre Grosser,**
maître de conférences à l'Institut d'études politiques de Paris

Depuis les années quatre-vingt-dix, les mots *globalisation et mondialisation* envahissent les discours des médias, les analyses des chercheurs, surtout des économistes et des sociologues, moins des géographes. Un « brouillard conceptuel » entoure ces termes qui présentent pourtant un phénomène dont la dimension à l'échelle mondiale semble apparaître comme une fatalité; il témoigne d'un véritable désarroi devant la complexité du monde. Peut-être l'histoire pourrait-elle dire quand et comment ces termes sont apparus et comment ils ont évolué; peut-être peut-elle ainsi participer à démêler l'écheveau des significations. De nombreuses questions se posent: les deux termes de « mondialisation » et « globalisation » ouvrent-ils sur une seule réalité ou plusieurs? Les acteurs se diversifiant, le phénomène de « mondialisation-globalisation » crée-t-il un ordre ou entraîne-t-il un désordre du monde? L'interaction des termes entraîne t elle la désarticulation du monde, posant ainsi le problème de l'existence même de la géographie? L'État-nation sort-il affaibli ou non de sa confrontation avec la mondialisation?

## L'approche historique

L'histoire aide à comprendre dans quels milieux et à travers quels contextes la mondialisation et la globalisation sont nées et se sont développées. Jusqu'en 1970, les relations entre États ne sont guère pensées, et l'on prend assez peu conscience de l'international (ni chez Duroselle ni chez Aron). Ce n'est qu'à partir de cette date que l'on peut presque parler de « révolution conceptuelle ». L'interdépendance, le transnational font leur apparition: Jimmy Carter reconnaît ainsi que si la guerre froide est un problème important, d'autres guerres sont en train de s'inscrire à travers l'interdépendance de certains États, si bien que cette interdépendance est bonne lorsqu'elle aide l'Amérique, mauvaise lorsque c'est le contraire !

Cette nouvelle approche, en termes de *soft power* est due à de nouveaux acteurs (comme les ONG ou les Églises); on touche là la sociologie des relations internationales (Marcel Merle, 1988). D'autres analyses (Samir Amin) examinent ce que représente la logique de la mondialisation et des interdépendances.

À la fin des années soixante-dix, le discours s'affaiblit. La France revient à la géopolitique par ses aspects stratégiques. L'idée d'une mondialisation est sous-entendue dans l'expression cartographique des atlas stratégiques à l'échelle du globe, elle apparaît aussi dans les mouvements antinucléaires. Du milieu à la fin des années quatre-vingt, on assiste à un tournant (l'ère Gorbatchev) qui met en scène le déclin des États-Unis, la montée de la puissance japonaise qui joue alors sur les interdépendances.

À partir de 1988-1989, avec la fin des blocs, se généralise l'idée de la démocratie, de l'économie de marché (l'espace euro-atlantique est en extension avec l'OTAN, la CEE puis l'Union européenne). On commence à développer des théories sur la mondialisation. Les événements marquent cette évolution; en 1989, la chute du mur de Berlin prend une véritable dimension mondiale. L'évolution technologique accroît la densité des interactions. Il semblerait que l'URSS serait morte de ne pas s'être ouverte. Certains pensent même que la géographie pourrait en souffrir et même disparaître...

Les organisations internationales ressurgissent; l'ONU présente l'agenda de ce qui devra se passer. Les défis globaux, les enjeux mondiaux sont des termes qui appartiennent dorénavant au discours. La mondialisation est enserrée dans un cadre encore étroit, les sécurités nationales étant intégrées aux sécurités mondiale et environnementale, par exemple.

La globalisation est marquée par les formes « globales » des marchés; on y entre par l'économie et la question importante réside dans les relations que l'État entretient avec le marché (les négociations deviennent incontournables). Cela implique peut-être le problème de la fin de l'État. La globalisation a un aspect idéologique car elle est le produit d'une volonté. Le tout est de savoir de qui elle est la volonté. La mondialisation est-elle américaine? Les réflexions mettent en exergue les classes capitalistes internationales (ou transnationales) avec l'hégémonie du capital mobile. Les enjeux politiques sont alors très forts vers le milieu des années quatre-vingt-dix, on parle même de « globaphobie ». La globalisation est également saisie par la sociologie et l'anthropologie à travers la recomposition identitaire qui entremêle le local avec le global comme niveau revalorisant certaines identités.

Les termes de « mondialisation » et de « globalisation » existent mais paraissent interchangeables en France contrairement à l'Angleterre, où seul le terme de « globalisation » est reconnu. Il semblerait qu'il y ait un aspect volontariste en France avec l'idée que l'on peut résister à la mondialisation et que les États peuvent employer la régulation, sinon l'imposer. D'ailleurs ces termes prennent souvent une signification négative (et l'on croit à une mafia globale !). Mais il existe aussi une prise de conscience du fait que l'on appartient à l'humanité tout entière (les ONG donnent une légitimité à cette idée).

## L'apport de la géographie

La confusion est importante sur les termes et les enjeux qui en découlent (il faut fréquenter les travaux réalisés dans les années quatre-vingt-dix sur la déterritorialisation, ceux par exemple d'Immanuel Wallenstein). Peut-être pouvons-nous à présent parler de tournant ; pour J. Lévy, la mondialisation est une notion géographique car il s'agit de l'émergence d'un espace de niveau mondial. Ce sont aussi des phénomènes d'ordres divers qui tentent de revêtir des aspects d'ordre planétaire. Enfin, la mondialisation ne met-elle pas en avant le sens des réseaux ?

Les logiques de la mondialisation se traduisent dans la valorisation différenciée des singularités du monde et l'interconnexion des espaces. La mondialisation produit elle-même des singularités. Les nouveautés technologiques, les facteurs logistiques, les acteurs privés et étatiques depuis longtemps ont des impacts internationaux. Depuis 1950, les entreprises internationales comme la banque mondiale ou le FMI jouent un rôle mondial à travers le processus de globalisation et l'accumulation financière.

Sur les grilles d'analyse, la mondialisation est, premièrement, hiérarchisée, car elle est totale, sinon totalisante et aliénante (car la logique est marchande), asymétrique (même s'il y a interaction). Deuxièmement, les déséquilibres financiers la rendent instable et conflictuelle (d'où les débats sur les problèmes de régulation). Les marchés sont « territorialisés » puis mondialisés (gestion de l'espace-temps et des monnaies dans un cadre local puis global). Troisièmement, elle est créatrice d'inégalités, de fragmentation. Elle ne supprime pas les singularités ; il n'y a ni abolition du temps ni celle de l'espace mais une maîtrise différenciée du temps et de l'espace par des acteurs. En même temps, les réseaux sont extrêmement fragiles (comme le montre la géopolitique du canal de Suez). Quatrièmement, la mondialisation est une construction systémique avec des logiques de proximité géographique qui restent fortes. Les proximités fonctionnelles (comme la Triade) sont plus liées aux distances systémiques plus ou moins lointaines.

Il n'y a pas de télescopage du local au global car les catégories classiques de l'emboîtement d'échelles sont maintenues. La mondialisation produit donc plus de fractionnements que de régularités, plus de dualisme même : les firmes internationales maîtrisent les enjeux spatiaux et s'adaptent aux différents niveaux scalaires ; il n'y a pas de modèle, d'ailleurs, de mode de production de la part des firmes internationales aujourd'hui. La question des États et des États-nations reste un problème-clé (un État doit répondre aux besoins de sa population, à sa défense, il est État de droit). Il n'existe pas réellement d'économie mondiale; elle est interconnectée mais de manière incomplète, car les différents modèles de capitalismes nationaux restent forts (maintien des structures territoriales).

## Mondialisation, globalisation et enseignement

Peut-on conserver ces deux termes dans l'enseignement? La question de la disparition de la géographie ne se pose pas réellement mais y a-t-il plutôt une nouvelle demande d'État? Ou bien s'agit-il d'une demande de re-régulation alors que les États ont lancé la globalisation? Que dire alors des pays néocoloniaux, de l'État fantôme en Afrique? L'idée de reconstruire l'État serait un échec? Ne faudrait-il pas penser à une autre forme d'État?

Le nouveau programme de l'école primaire pour le cycle III est en application depuis la rentrée 2002 en CE2. Les questions de mondialisation sont repoussées en CM2 sous l'intitulé « La France à l'heure de la mondialisation », qui se compose de quatre items dont l'un sur les mouvements anti-mondialisation. Pas une seule fois le terme de globalisation n'apparaît dans le programme de troisième de 1999; il n'y a pas d'allusion directe à ces questions. Le terme de « puissance » a modifié l'étude des pays. Dans le programme de terminale était abordé le « système monde »; en 2004, le programme s'intitule en géographie « l'espace mondial » en L et en Es; il s'agit de l'espace mondialisé, du processus de mondialisation... et l'énumération des sujets d'étude multiplie le vocabulaire touchant la mondialisation. En histoire, le programme affronte les notions d'ordre et de désordre et a donc une approche restrictive de la mondialisation. Quelle finalité pour les élèves? La géographie en tant que science sociale et objet d'enseignement a un peu plus d'audace sur le sujet.

À travers trois manières de concevoir mondialisation et globalisation, comment les insère-t-on dans le temps? Il existe plusieurs approches. La vision des « hyper-globalistes » est une nouveauté absolue avec un vrai changement d'échelles dans un monde sous pression (néofordisme); on est dans une hyper-modernité, comme le montrent ces grandes firmes qui pèsent sur le sort du monde (global compact). La vision nouvelle d'un monde à plusieurs identités montre que la globalisation démocratique permet de contourner les États, l'internationalité devenant un intérêt commun en même temps qu'un espace de liberté.

L'approche sceptique est la suivante; avant 1914, en examinant le système financier impérial britannique, on constate l'existence de l'interdépendance avec l'Inde et même la Chine. Le télégraphe, la langue « universelle » qu'est l'esperanto, les migrations traduisent cette interdépendance. On était confronté à une forte extraversion. À cette époque, l'évolution allait donc vers l'interdépendance; elle a disparu au cours du XXe siècle pour revenir aujourd'hui : cela ne serait finalement qu'un retour à la normale. La focalisation cible principalement l'Occident ! Les relations sont étatiques et interétatiques (la Croix-Rouge, par exemple). Cependant, l'histoire franco-française était pertinente dans les programmes alors que l'histoire américaine y était vue de manière globale de même que l'histoire anglaise, à travers l'espace atlantique.

L'approche évolutionniste permet de relever trois formes de globalisation : au XVIIIe siècle, la protoglobalisation (les empires musulmans, par exemple), puis la globalisation impériale et la globalisation post-impériale (à travers l'économie comme le marché de l'opium) ; on y ajoute la globalisation des modèles politiques et militaires, des pratiques diplomatiques et religieuses.

Les mises en relation du monde sont décrites et analysées dans la géographie universelle (mais parcellisées par région ou par État). Dans la géographie anticoloniale des années cinquante, les géographes ont traité de la mondialisation sans forcément le savoir ou le dire. Le réveil date des années quatre-vingt - quatre-vingt-dix et ces questions sont clairement à l'ordre du jour. Trois façons de voir sont à relever : premièrement, celle de la géographie régionale (Afrique, Amérique latine dont le Brésil avec le système du Nordeste, des fronts pionniers, etc.) ; deuxièmement, celle de la géographie industrielle et économique qui intègre la dimension de la mondialisation (avec la division internationale du travail) ; troisièmement, celle qui est liée à l'expression des structures spatiales (R. Brunet et les chorèmes) et qui participe d'une conceptualisation des phénomènes spatiaux.

Cela a entraîné des conflits et des débats internes à la géographie. Les Allemands ont copié la géographie universelle et on assiste souvent dans l'enseignement, en Espagne ou en Angleterre, à un cloisonnement disciplinaire et régional. La mondialisation est un processus d'extension du capitalisme et du système de marché à l'échelle mondiale. Il faut bien cerner le concept car plus un concept est large plus il est sujet à confusion. La globalisation est le fonctionnement de l'espace terrestre dans ses interactions à travers l'espace et le milieu. L'ensemble est lié à l'universel.

# Histoire et mémoire

**Jean-Pierre Rioux,**
inspecteur général de l'Éducation nationale
**Annette Wievorka,**
directrice de recherche au CNRS

L'ancienne confrontation entre « histoire » et « mémoire », naguère dominée par l'opposition entre Lavisse et Péguy, a resurgi dans le débat historiographique et civique depuis vingt ans. La mémoire est devenue un objet d'histoire; il n'appartient donc pas à l'Assemblée nationale de décider si le massacre des Arméniens est un génocide. Cette tâche incombe aux historiens. Il existe donc un devoir d'histoire qui respecte les règles du métier d'historien et qui se distingue du devoir de mémoire. La présence de cette mémoire a des effets induits en classe, elle fait partie de nos sociétés, c'est un fait d'histoire, un fait réel mais elle soulève aussi la question des commémorations. N'y a t-il pas danger à multiplier les commémorations?

## Histoire et mémoire

Comme le précise Krzysztof Pomian[1], « le droit à l'histoire est en train de devenir dans nos sociétés démocratiques l'un des droits du citoyen. Cela se voit surtout, pour des raisons évidentes, dans l'histoire du temps présent ».

En effet, on constate un temps de remémorations massives, largement médiatisées, issues de pressions diverses, qui ne favorisent pas le travail de deuil, dévalorisent l'oubli et le pardon, contribuent à l'inverse à la promotion de communautarismes « identitaires », sociaux ou géographiques, dont l'affirmation et la promotion mémorielles peuvent contribuer à distendre le lien social. Ces commémorations à répétition, ce « devoir de mémoire » vont donc à l'encontre du but recherché, que nous croyions si utile naguère d'exposer en classe. Sur ce sujet, Paul Ricœur écrit: « Je reste troublé par l'inquiétant spectacle que donnent le trop de mémoire ici, le trop d'oubli ailleurs, pour ne rien dire de l'influence des commémorations et des abus de mémoire et d'oubli. »[2]

---

**1.** - POMIAN K., *Sur l'histoire*, coll. « Folio Histoire », Gallimard, 1999.

**2.** - RICŒUR P., *La Mémoire, l'Histoire, l'Oubli*, Le Seuil, 2000.

Krzysztof Pomian écrit que « rien n'interdit, en effet, d'admettre que la mémoire est devenue l'une des provinces de l'histoire, tout en reconnaissant qu'elle ne saurait aucunement être enfermée dans ces limites ». En effet, l'histoire « n'a pas pour but de célébrer telle ou telle mémoire particulière ni de ressusciter ce qui s'est passé, mais de faire comprendre, dans toute leur complexité, les rapports qui unissent ou divisent... »

Ces commémorations obligatoires représentent un vrai danger car « elles ont envahi le travail de l'historien jusqu'à l'asservir tout entier »[3] et par ricochet le travail du professeur d'histoire et géographie. Le danger est celui d'une histoire à pilotage mémoriel, la pression de la mémoire pouvant contribuer à rompre la chaîne argumentative et paradoxalement à disloquer un peu plus la temporalité.

Il faudra donc faire demain une histoire de la mémoire, en suivant les règles élémentaires du métier d'historien et proposer en classe une historisation pas à pas de la mémoire. D'où la difficulté de fond qui nous assaille aujourd'hui: comment intégrer mémoire et commémorations au corpus historique à transmettre aux élèves? En attendant, il importe de mieux maîtriser le rapport entre « un devoir de mémoire » socialement et culturellement acquis en ce début du XXIe siècle et un « devoir d'intelligence » qui est au cœur de nos enseignements et de toute éducation[4].

Deux pistes de réflexion s'ouvrent à nous. D'une part, réfléchir à la notion d'événement, qui devient beaucoup trop aujourd'hui une sorte de valeur refuge outrageusement médiatisée et sur laquelle l'analyse des suites inlassablement réactualisées (voir le premier anniversaire du 11 septembre 2001) l'emporte sur celles des causes et des effets historiques; d'autre part, mener une réflexion sur l'usage pédagogique plein du document patrimonial: quelle doit être sa place dans l'argumentaire? Comment rendre disciplinaire, donner une dimension historique nouvelle à ce qui n'est encore le plus souvent, en classe, qu'un apport pédagogique?

## Les commémorations: devoir civique ou devoir de mémoire?

Il y a toujours eu des commémorations, mais les choses ont changé de nature avec la seconde guerre mondiale, car elle a d'emblée été tenue pour porteuse de leçons de morale et de civisme. Un appareil de commémorations a été mis en place dès la fin de la guerre: loi instituant la journée de la Déportation, organisation du concours national de la Résistance devenu concours national de la Résistance et de la Déportation, création et diffusion du film *Nuit et Brouillard*. En France, il y a donc aujourd'hui quatre journées nationales commémoratives pour la seule seconde guerre mondiale: la journée de la Déportation; le 8 mai; le 16 juillet; le 27 janvier

**3.** - NORA P., in *Le Débat*, n° 122, novembre-décembre 2002.

**4.** - Voir sur ce thème l'article de RIOUX J.-P. in *Vingtième siècle. Revue d'histoire*, janvier-mars 2002.

(ouverture du camp d'Auschwitz), journée européenne créée récemment par le Conseil de l'Europe pour commémorer la Shoah.

Il convient également de réfléchir au rôle joué par les centres de la mémoire, Caen, Oradour-sur-Glane, Péronne, Saint-Omer, demain le Mémorial d'outre-mer à Marseille. Ce sont des lieux financés par les collectivités locales qui ont aussi une fonction touristique. Aussi la mémoire envahit-elle l'histoire puisque, sous l'influence de groupes de pression divers, l'appareil commémoratif a été mis en place avant l'écriture de l'histoire de la guerre.

Celle-ci se heurte par ailleurs à de nombreuses difficultés: premièrement, le poids des « témoins » qui pèse sur l'écriture, d'abord les résistants, puis les déportés, avec le danger de la fascination pour ce que racontent les témoins, en sachant bien aussi que tous les témoins ne sont pas interchangeables. En classe, les témoins peuvent créer de magnifiques moments d'émotion, mais cela nécessite un important travail de préparation non seulement en amont mais aussi en aval. Deuxièmement, l'impératif de comprendre, comme nous l'enseigne Marc Bloch, doit suivre les règles de notre métier consignées dans son *Apologie pour l'Histoire ou le métier d'historien* et dans *L'Étrange défaite*: « L'histoire doit nous permettre de penser le neuf et le surprenant. » Troisièmement, la difficulté à gérer le conflit entre l'impératif du travail de compréhension et le discours sur l'interdit de la compréhension, imposé notamment par Claude Lanzmann dans son film *Shoah* selon lequel Auschwitz serait hors de l'histoire, hors du temps, hors de la pensée. Enfin, quatrièmement, le surgissement de la mémoire régionale, dans les Dom-Tom par exemple à propos de la question de l'esclavage, mais aussi en métropole (par exemple en Ardèche). C'est un enjeu à moyen terme pour les collectivités territoriales et la question va rebondir avec la montée de l'enseignement du fait religieux et des langues régionales.

# Les enjeux épistémologiques de l'enseignement du temps présent

**Henry Rousso,**
directeur de l'Institut d'histoire du temps présent
**Dominique Varinois,**
inspectrice d'académie - inspectrice pédagogique régionale

Les rapports entre l'histoire et la géographie et le temps présent ont toujours été complexes. Alors qu'au début des années trente, l'histoire était cantonnée à établir la succession des événements, la géographie en revanche à travers *Les Annales de géographie* faisait preuve d'un grand dynamisme[1]. En utilisant des documents inexplorés, la géographie permettait de s'initier aux problèmes économiques et sociaux du monde contemporain. La géographie semblait faire l'histoire du temps présent. L'enseignement du temps présent se heurte à trois questions majeures : peut-on penser, périodiser et enseigner le temps présent ?

## Les rôles assignés au temps en géographie

Selon certains géographes, la géographie est une tentative de compréhension et d'explication des rapports complexes entre les hommes et leur environnement ; c'est un discours anthropologique qui utilise le temps comme facteur explicatif ou prospectif. Le temps présent qui, en géographie, se distingue mal du temps immédiat est un prérequis. Les géographes sont souvent confrontés au temps dans leur discipline. Il existe trois types de temps en géographie.

Le premier est le temps de l'observation (temps actuel ou immédiat) qui englobe une période plus ou moins vaste (de quelques années à quelques dizaines d'années) ; il correspond souvent à une périodisation des données statistiques. Il est particulièrement peu questionné, notamment dans les cours du secondaire. Ainsi par exemple, si un paysage est soumis à des variations saisonnières, les enseignants ne s'étonnent guère que les savanes soient toujours vertes dans les manuels, ni en quelle saison une image a été prise.

Le deuxième est le temps comme facteur explicatif. Il englobe à la fois un passé plus ou moins long et lointain jusqu'à la période actuelle. Parfois on remonte

1. - GRACQ J., *Carnets du grand chemin*, José Corti, 1992.

largement dans le temps, jusqu'aux voies romaines, quand ce n'est pas jusqu'à l'ère quaternaire et aux glaciations, et cela sans même parler du temps des morphologues. Le temps présent au sens strict (les dix, vingt, trente dernières années) est abordé lors de l'observation mais aussi comme facteur d'explication lorsqu'on étudie les impacts de décisions ou d'actions politiques: la décision de Ceausescu de raser certains quartiers centraux de Bucarest, les conséquences du génocide cambodgien sur la pyramide des âges, les politiques d'aménagement du territoire, etc.

Le troisième est le temps prospectif, celui des conséquences. Là encore les échelles de temps sont très variables, elles peuvent varier de quelques jours (pour les catastrophes dites naturelles) à quelques années ou quelques décennies (pour la géographie des impacts, de l'environnement), voire quelques siècles ou millénaires pour certains phénomènes comme par exemple les changements climatiques.

Ces trois fonctions se mêlent souvent; on passe de l'une à l'autre dans un même cours, une même étude de cas. Ces différentes temporalités s'accompagnent aussi souvent d'études à différentes échelles spatiales. En géographie, on part généralement d'un constat, plus ou moins étalé dans le temps selon les données statistiques qu'il nécessite, mais on part de l'actuel. Ainsi le temps présent est le temps immédiat et proche. Au-delà, on fait de la géographie historique ou de la géographie appliquée à l'histoire; on cherche par exemple à savoir si certains concepts ou modèles de géographie peuvent rendre compte de réalités historiques non factuelles[2] - mais nous sommes loin du temps présent.

## Temps, temps présent et paysage

Le paysage, le perçu sont des objets majeurs d'étude en géographie. Au moins deux lectures coexistent quand nous abordons les rapports entre le temps et le paysage. On ne regarde pas un paysage de la façon dont nos ancêtres le regardaient. Nous n'avons pas devant les yeux les paysages qu'ils ont connus. Nous ne parvenons pas réellement, malgré quelques essais historiques, à reconstituer, à imaginer l'aspect physique concret des espaces de jadis, qu'ils soient ruraux, « naturels » ou urbains. Certes, à partir de la Renaissance, les peintres représentent l'espace, mais ce sont toujours là des espaces plus ou moins choisis, imaginaires et recomposés. Comment, dans la Lisbonne de 2002, retrouver celle du temps de Voltaire? Parfois, par bribes, quelques pans de murs nous aident à l'imaginer, mais pour le reste de la ville, les autres quartiers, pour l'animation, les rythmes de vie des différents espaces urbains, le paysage sensible ancien est perdu ou très parcellaire.

Comme celui de l'historien, le regard du géographe est inscrit dans le temps présent. Les questions qu'il pose aux objets géographiques et les objets géogra-

**2.** - *Cf.* les travaux de Lepetit B. et l'ouvrage de Ferras J. sur l'application du modèle « centre-périphérie » à la Chine des royaumes combattants.

phiques qu'il choisit répondent aux interrogations du temps, le temps immédiat de l'observateur, de celui qui pose son regard, son intérêt, sur un objet géographique. Ainsi en France les études de géographie rurale triomphent dans les années trente à soixante, période de grandes mutations des sociétés rurales ; la ville puis ses quartiers règne dans celles des années soixante-dix à quatre-vingt-dix, c'est-à-dire au moment des crises urbaines ; depuis les années quatre-vingt et quatre-vingt-dix, les flux et la mondialisation sont progressivement devenus des centres d'intérêt et des sujets privilégiés.

## L'histoire du temps présent se heurte à quatre handicaps majeurs

L'histoire du temps présent naît dans le contexte particulier des années soixante-dix avec une crise économique et de civilisation, la contestation d'un système de pensée (émiettement, remise en cause des cadres d'interprétation), l'émergence d'un discours qui valorise la mémoire et le patrimoine et surtout le déclin relatif de la question de l'histoire nationale au profit d'une histoire envisagée à d'autres échelles (locale, européenne, mondiale), les revendications d'une histoire plus « individualiste » qui prenne en compte les groupes ou les entités régionales face à une histoire contemporaine qui s'intéresserait avant tout aux grands chocs du XX^e^ siècle.

C'est dans ce contexte particulier qu'en 1978 est crée sur décision du Premier ministre et du CNRS un laboratoire propre au sein du CNRS, l'Institut d'histoire du temps présent (IHTP) qui prend le relais du comité d'histoire de la seconde guerre mondiale (intégré à l'IHTP en 1980) et qui a pour vocation de développer les études sur l'histoire récente de la France et des pays étrangers. François Bédarida en fut le premier directeur jusqu'en 1991.

Selon Robert Frank[3], l'histoire du temps présent se heurte à quatre handicaps majeurs. Le premier est celui de la *proximité*. Ce handicap correspond au manque de recul et de distance pour trier et hiérarchiser. Benedetto Croce écrivait : « Il n'y a d'histoire que contemporaine. » C'est donc à partir du présent que l'on pose des questions au passé même si ce passé est extrêmement proche et que dans le futur ce ne seront pas forcément les mêmes questions qui seront posées. Dans ce rapport à la proximité, l'historien du temps présent est aussi confronté à la notion d'« historique ». Il est amené à faire le tri entre l'important et l'éphémère, s'intéressant à l'important tout en sachant que l'éphémère peut plus tard devenir un objet d'histoire.

Le deuxième handicap lié au premier est que l'historien du temps présent ne connaît pas la suite de l'histoire. Ce temps proche est donc *un temps tronqué de*

---

**3.** - FRANK R., « Actes de l'université d'été de Blois », juillet 1994.

*son futur*. En effet, comme la suite de l'histoire est inconnue, il est difficile de trier et de hiérarchiser. Paul Ricœur[4], à propos de l'histoire du temps présent, opère une distinction entre le temps clos et le temps inachevé. Ainsi, l'histoire de la seconde guerre mondiale appartient au temps clos ainsi que celle de l'histoire du communisme car, même si l'on ne connaît pas toutes les suites de l'histoire, les parenthèses se sont fermées.

Le troisième handicap est lié au *manque d'archives*. Peut-on faire l'histoire des trente dernières années alors que la loi sur les archives limite leur accessibilité à trente ans, soixante ans pour certaines d'entre elles ?

Le quatrième handicap est le *manque de distance critique*. L'historien est impliqué et englué dans son temps. Peut-il avoir un regard suffisamment critique pour être objectif? Ne va t-il pas faire passer, sous le couvert d'un discours scientifique, ses propres fantasmes, ses propres agressivités ? Sur ce thème, R. Frank signale que « l'historien de la Révolution n'est pas à l'abri non plus de ces dérapages et l'historien du temps présent n'a pas à avoir plus de complexes que les autres historiens ».

Sur les questions des archives et de l'objectivité, René Rémond a montré les limites de ces objections en appelant à un dépassement : « Pour fortes qu'elles soient, ces deux objections ne sont pas discriminantes. Pour l'histoire proche, il existe toutes sortes d'autres sources documentaires que les archives publiques, et qui ne sont pas astreintes aux mêmes règles : archives privées, de partis, de syndicats, les témoignages écrits et oraux... Quant à l'objectivité, l'éloignement ne la garantit point nécessairement[5]. » Ainsi l'histoire du temps présent va se trouver progressivement légitimée et ses historiens interpellés, notamment au cours des grands procès médiatisés, car, comme le précise R. Frank, l'historien du temps présent a affaire à de la mémoire vive et à une demande sociale, celle de ses contemporains, dont les « enjeux brûlants pèsent de tout leur poids sur son travail » car il écrit sur des sujets « touchant à la légitimité de la société dans laquelle nous vivons ».

La question des bornes chronologiques se pose aussi : faut-il comme le pense Jean-Pierre Azéma retenir un « événement matrice » comme la seconde guerre mondiale pour ouvrir le temps présent ? Ou bien faut-il comme date initiale retenir 1917 avec la révolution russe ? Depuis les événements de l'année 1989 se pose d'autre part la question de la borne terminale. Dans quelle mesure les années 1989-1991 qui marquent la fin du monde bipolaire ouvrent-elles un nouveau présent ou repoussent-elles plus loin dans le passé les dates initiales du temps présent ?

---

4. - RICŒUR P., *op. cit.*

5. - RÉMOND R., « L'histoire contemporaine », *in* BÉDARIDA F. *(ss dir.)*, *L'Histoire et le Métier d'historien en France*, 1945-1995, la Maison des sciences de l'homme, 1995, p. 250.

## Une histoire du temps présent est-elle possible ?

Le temps présent est la période de vie du témoin de l'événement. Dans l'histoire du temps présent, le témoin fait histoire. L'histoire du temps présent est donc une observation « de nature historique » qui porte sur un temps dont l'observateur est contemporain.

Les méthodes de mise à distance, de vérifications des faits énoncés et décrits propres à l'histoire sont utilisées. Mais il y a des inter-réactions entre l'historien (l'observateur) et l'acteur (le témoin) qui ont obligé cette « discipline » à élaborer et à mettre en œuvre de nouvelles méthodes, de nouvelles approches de travail sur le témoignage, le document. Cela pose la question de qui porte témoignage, pourquoi et quand ce témoignage est reçu ; quelle est sa véracité, sa partialité, etc. Cette approche impose une réflexion sur ce qu'est un événement : comment distinguer ce qui est de l'ordre du témoignage, du vécu personnel et de l'histoire ? Qui fait cette « mise en histoire » et de quel droit ou sous quelle pression ? L'histoire du temps présent nécessite de « refroidir notre vie, notre histoire », de rendre inactuel ce que l'on a vécu. On fait sortir du présent un fait historique ce qui s'oppose à la mémoire qui prétend maintenir le passé dans le présent : « La mémoire est le présent du passé. »

Progressivement, l'histoire contemporaine a conquis sa place dans le domaine universitaire et une place dominante (40 % des étudiants d'histoire en maîtrise sont inscrits en histoire contemporaine) ; le centre de gravité de l'enseignement de l'histoire dans le supérieur n'est plus l'époque moderne et le Moyen-Âge. Pourquoi ce souci de l'histoire contemporaine ? Il y a un besoin d'histoire qui se focalise sur l'histoire contemporaine et en particulier sur les grandes crises du xxe siècle. Depuis 1983, la revue *Les Annales* accueille une rubrique Temps présent.

Malgré certaines objections, Robert Frank pense qu'une histoire du temps présent est possible car le métier d'historien doit permettre de mettre en perspective un événement, même proche, ce qui signifie la création d'une épaisseur historique et donc une mise à distance que l'historien doit parvenir à construire intellectuellement. L'histoire du temps présent n'est pas une étude du présent comme dans les autres sciences humaines, car nous avons clairement affaire à une démarche historique et scientifique.

Et l'un des handicaps déjà énoncés peut finalement s'avérer être un avantage. Ne connaissant pas la suite de l'histoire, l'historien du temps présent n'est pas tenté de la fataliser. L'historien du temps présent, du fait même de la proximité, entretient par ailleurs un rapport particulier avec les sources orales. Jacques Le Goff[6], mais aussi de nombreux historiens modernistes, même s'ils n'ont pas, bien évidemment, interrogés les acteurs de l'époque, se sont intéressés à cette histoire de la mémoire et ont

**6.** - Le Goff J., *Saint Louis*, Gallimard, 1996.

essayé de reconstituer tous les fils de la tradition orale. Ainsi l'Institut d'histoire du temps présent s'est fixé parmi ses premières tâches de tenter de mettre en œuvre une réflexion sur l'histoire orale.

La source orale est en effet une source sur un temps passé et non pas, comme de nombreuses sources écrites, une source contemporaine de l'événement. Cependant, la source écrite peut également être sujette à caution, comme le montre René Rémond : « La source orale est une source comme les autres, à considérer comme les autres parce que, s'il est vrai qu'elle a sa spécificité, il faut savoir également la critiquer. » Ainsi les sources orales doivent être étudiées comme telles, même si elles véhiculent des choses fausses ou des stéréotypes. Ces subjectivités font d'elles des objets d'étude, elles permettent de s'intéresser à l'histoire de la mémoire.

## L'approche pédagogique

Comment enseigner l'histoire du temps présent ? En second cycle, l'histoire et la géographie ont pour ambition de donner aux élèves des clefs pour comprendre le monde contemporain. Ainsi les programmes de la classe de troisième et de terminale comportent une partie consacrée à l'étude du monde actuel. On retrouve face à face les termes de « contemporain » et de « temps présent ». Le terme « contemporain » pose un problème de définition. Que met-on sous les vocables de « actuel, présent, contemporain, histoire immédiate » ? L'histoire est l'apprentissage de la temporalité et de l'altérité. La finalité de l'histoire doit-elle buter sur la compréhension de l'actuel ?

L'histoire immédiate se distingue de l'histoire contemporaine, même si elle est bien à proprement parler « une histoire contemporaine dont les acteurs sont vivants ». La masse des processus nouveaux, des faits à prendre en considération s'accroît constamment et cela dans des délais de plus en plus courts. L'histoire du temps présent, c'est l'histoire contemporaine des acteurs, des témoins.

Dans le système scolaire secondaire, les mêmes personnes ont en charge l'apprentissage de l'histoire et de la géographie ; la formation initiale reçue par la grande majorité des enseignants ne leur permet pas toujours d'aborder facilement les questions impliquées par l'enseignement du monde contemporain et du temps présent. Aussi un certain nombre de questions se posent-elles.

Premièrement, qu'est-ce qui revient (ou paraît revenir) à chacune des disciplines dans les deux programmes scolaires concernés (troisième et terminale) ? Ceci pose la question des limites et des chevauchements entre les deux disciplines, des spécificités de l'une et de l'autre, mais aussi de leurs interrelations. Soit par exemple, la mondialisation : la décrire avec ses flux, ses lieux privilégiés, ses conséquences sur les inégalités régionales, les quartiers créés, etc., c'est faire de la géographie ; envisager ses antécédents historiques, expliquer la mise en place de ce système géo-économique, c'est faire de l'histoire, et de l'histoire du temps présent. Dans quelle discipline sommes-nous ?

Deuxièmement, il faut poser la question de l'information, de sa source, de sa validité. D'où les enseignants tirent-ils leurs affirmations pour ce qui concerne le présent ? On observe un recours important à l'utilisation des articles de journaux : mais quelle est la pertinence de l'article et des données qu'il contient ? Les cours de géographie s'appuient très souvent sur la presse écrite, ce qui laisse les phénomènes de médiatisation, de mode, de discours ambiants faire irruption dans la perception et le traitement des questions.

Troisièmement, quand un simple fait devient-il un événement ? Qu'en dire, comment l'aborder dans nos cours, en histoire comme en géographie, en respectant les démarches spécifiques de l'une ou de l'autre discipline ? Prenons l'exemple du 11 septembre 2001 ; en historien, on peut en rechercher les filiations dans l'histoire des rapports entre l'Occident et le monde arabo-musulman, dans l'histoire des frères musulmans, etc. Mais on peut aussi travailler en géographe sur les lieux et espaces des islamistes (lieux de leur origine, de formation, etc.), sur les flux monétaires, etc.

Enfin, quatrièmement, il faut aborder la question de l'objet scolaire : à titre d'exemple, la ville de Berlin, ville très présente dans l'histoire enseignée, est curieusement une ville absente de la grande majorité des cours de géographie sur les villes. Pourquoi cette ville intéresse-t-elle moins la géographie ? Ne permet-elle pas de poser de nombreuses questions de géographie urbaine, dont celle de la centralité dans les espaces urbains et dans leur devenir ? Pourquoi est-elle cantonnée à histoire du temps présent ?

# L'environnement, un savoir partagé

**Gérard Bonhoure,**
inspecteur général de l'Éducation nationale
**Robert Delort,**
professeur émérite à l'université Paris-VIII
**Yvette Veyret,**
professeure à l'université Paris-X, membre du Conseil national des programmes

L'environnement est un savoir partagé par différentes disciplines du système éducatif, la géographie et l'histoire, les sciences de la vie et de la Terre, la physique et la chimie, l'économie, l'éducation civique... Il s'agit de préciser ici ce que les trois disciplines (histoire, géographie et sciences de la vie et de la Terre) entendent par « environnement ». La connaissance des points de convergence et des complémentarités de nos approches doit en effet permettre de construire des démarches communes et de mieux afficher les objectifs d'un enseignement transdisciplinaire. Ce dernier, qui croise « sciences dures » et sciences humaines autour du thème de l'environnement, constitue une approche nouvelle insuffisamment exploitée dans l'enseignement à l'école, au collège et au lycée.

## La notion d'environnement en géographie

La géographie définit l'environnement comme un milieu biophysique aménagé, transformé par les sociétés, comme le soulignait déjà le géographe Elisée Reclus à la fin du XIX^e^ siècle, puis André Demangeon en 1942 et Pierre George en 1970. La géographie, bien qu'elle place la société au centre de sa problématique, doit aussi prendre en compte les données biophysiques. L'environnement pour le géographe implique ainsi trois aspects: premièrement, c'est un *donné* dont témoignent le relief, les roches, l'atmosphère, l'eau. Deuxièmement, ce donné est en même temps *construit*, puisque les milieux sont modifiés, transformés par les sociétés, et qu'aux échelles où travaille le géographe il n'y a plus de milieu « naturel », de milieu non anthropisé ou « vierge ». Troisièmement enfin, c'est un ensemble d'éléments *vécus et perçus* par le groupe social en fonction de son degré de développement économique et technique, de sa culture, de sa religion et de son éthique.

Pour la société qui l'occupe et l'aménage, le milieu est fournisseur de ressources (sol, eau, ressources minières et énergies fossiles, bois...) ; il est également source de contraintes pour les aménagements; il est responsable de risques pour les populations; il est enfin, en tant que paysage, un élément du cadre de vie et du patrimoine.

L'analyse que requiert la notion d'environnement est donc globale, car elle doit être réalisée dans le cadre du géosystème envisagé à différentes échelles spatiales et temporelles. Le géosystème se définit en terme de réservoir (de ressources), de transferts de matières, de flux (de ressources, de matériaux d'érosion). Les différentes composantes du géosystème sont en perpétuelle évolution selon des rythmes et des temporalités spécifiques. L'analyse des milieux anthropisés rend par ailleurs caduque la définition d'un milieu non transformé, non modifié par les sociétés. S'il n'y a plus de milieux « naturels » au sens strict, subsistent des phénomènes de nature qu'il est indispensable de prendre en considération.

Envisager l'environnement revient donc pour le géographe à traiter d'aménagement des territoires à différentes échelles, puisque gérer l'environnement implique d'analyser à un moment donné les logiques de gestion, logiques économiques, politiques, culturelles, et leurs coûts. Il s'agit naturellement de définir les « limites » et les seuils d'utilisation des milieux en intégrant les notions de réversibilité et d'irréversibilité ou, si l'on veut, celles plus larges et très en vogue de développement durable.

En géographie, les *ressources* sont envisagées en termes quantitatifs, en fonction de la demande du groupe social, en termes d'accessibilité et de coût. Leur qualité est également un élément majeur quand il s'agit de l'eau ou de l'air. L'analyse, qui peut être conduite à différentes échelles spatiales, inclut les acteurs qui les utilisent, souvent les conflits qu'elles font naître et suscitent ainsi une réflexion géopolitique. Traiter des ressources implique d'envisager leur durabilité et donc de définir au moment de l'étude des seuils d'exploitation possible qui dépendent des capacités scientifiques, techniques, financières, etc.

Les *risques* constituent un autre volet de l'analyse en géographie de l'environnement: le risque ne se conçoit que par rapport à un groupe social qu'affecte un danger. L'étude du risque prend donc en compte l'aléa, le processus physique (séisme, mouvement de terrain, risques hydroclimatologiques), la vulnérabilité incluant pertes humaines, effets sur le milieu et sur les aménagements. Le risque est vécu, perçu différemment selon le groupe social, selon la période considérée. Ce qui est perçu aujourd'hui comme un risque ne l'était pas forcément il y a quelques décennies; or de cette perception dépendent les choix de gestion. Le risque doit être géré, ce qui implique d'aménager le territoire par le biais notamment de la maîtrise de l'urbanisation. Les acteurs concernés sont évidemment fondamentaux à connaître. Les risques présentent enfin des spécificités selon qu'ils sont étudiés dans les pays riches ou dans les pays pauvres. Ils sont des révélateurs des inégalités sociales et des ruptures spatiales.

Le *paysage* est par définition l'un des plus anciens objets géographiques. C'est un objet intégrateur qui requiert que l'on envisage à la fois les éléments naturels, les traces des sociétés et les aspects des aménagements. Le paysage est perçu au travers d'un filtre culturel et peut être envisagé en termes patrimoniaux. Néanmoins, le paysage ne dit pas tout et il est parfois en décalage par rapport aux mutations socio-économiques du groupe social, aux changements qui peuvent affecter les composantes du milieu biophysique ; il ne conserve pas non plus toutes les traces des aménagements successifs.

La géographie permet d'intégrer à l'analyse de l'*agriculture* et des espaces ruraux les questions environnementales en s'appuyant sur une double approche : celle des contraintes éventuelles exercées par la nature sur la production agricole (excès ou manque d'eau, nature des sols, rôle de la pente, etc.), et celle des choix de cultures, de la prise en compte de l'érosion accélérée des sols ou de la pollution des sols et des eaux. Il s'agit aussi d'envisager l'espace rural parfois perçu comme espace purement et simplement « naturel », de réfléchir à sa gestion, à sa protection et aux objectifs de celle-ci.

La *ville* constitue un autre objet d'étude en environnement, et cela précisément malgré son caractère « artificiel ». La ville s'inscrit dans un cadre physique, elle crée son propre climat, différent du climat régional, elle utilise des ressources en eau et rejette des eaux usées, elle dispose d'espaces de « nature », parcs, jardins, bois qui abritent des animaux. Elle enregistre aussi des risques.

Au-delà de la description des milieux aménagés et de l'étude des paysages effectuée à l'école élémentaire et lors les premières années du collège, la géographie accorde une large place à l'aménagement des territoires. Pour cela, elle doit disposer d'une connaissance suffisante des données biophysiques, connaissance qui gagnerait à être clairement précisée dans les programmes. En effet, la connaissance des composantes du géosystème est indispensable pour envisager avec profit les rapports qu'entretiennent la nature et la société et la plupart des questions d'environnement.

## Histoire de l'environnement

Les historiens acceptent globalement la définition de l'environnement qui a été indiquée.

Certains s'intéressent à l'histoire même de l'idée d'environnement, de l'idée et de la connaissance de la nature que l'on peut retrouver dès les premières attitudes spontanées ou intellectuelles de l'homme face à ce qui l'entoure : cosmologies, mythologies, symboliques, religions, philosophies, sciences de la nature, etc. De nombreux détails apportés par l'archéologie, des représentations figées, l'étude des langues et de leurs lexiques peuvent conforter les premières formulations écrites qui, en Occident par exemple, sont le fait des présocratiques et surtout de Platon,

Hésiode, Hippocrate et Aristote. Ce courant d'idée s'est épanoui dans le monde judéo-chrétien, la littérature du sentiment de la nature, les philosophies de la nature, les économies de la nature et également la science conquérante qu'est l'écologie, définie dès 1866, mais qui a émergé après la seconde guerre mondiale en autorisant le succès des mouvements de pensée « écologistes » et des actions politiques qui prétendent s'y rattacher.

Mais l'histoire de l'écologie - qui ressortit principalement au monde de l'esprit - est nettement distincte d'une histoire de l'environnement lui-même - qui concerne le monde de l'action, ce combat suggéré par Michelet dès 1831 : « Avec le monde a commencé une guerre qui doit finir avec le monde, et pas avant : celle de l'homme contre la nature. »

L'histoire de l'environnement se fonde en effet essentiellement sur la variabilité et l'évolution de ses différents facteurs en liaison intime et indissociable avec les actions et les réactions de l'homme - influences et conséquences des variations du Soleil, de sa luminosité et de ses taches, de celles de la Lune, de la position sur l'écliptique, du climat, des tectoniques, reliefs, mouvements de sol (volcans, séismes), des mers, des glaciers, des fleuves, et aussi l'histoire de la vie, des variations de la biomasse, de la végétation, des animaux, des micro-organismes, des maladies, de la démographie humaine, etc.

Mais, et c'est peut-être là l'essentiel, l'homme n'a pas seulement subi ces facteurs naturels et conçu certains de leurs effets comme des catastrophes (éruptions volcaniques, crues, raz- de-marées, destructions de forêts par le feu, de végétaux par des parasites, invasions de sauterelles, meutes de loup) ou observé l'importance d'événements ponctuels riches de conséquences (par exemple, le Rhin gelé en 406 a permis le passage des Barbares). L'homme a également agi, nuancé, aménagé, surmonté la plupart des contraintes de l'environnement, de l'élevage, des techniques, des transports, des industries, du développement économique et de la suprématie des villes, des exigences d'un confort effréné et de l'ampleur des pollutions, de la création du paysage, de l'aménagement de l'espace et de la gestion des ressources.

La plupart des disciplines apportent leur aide à l'histoire de l'environnement dès lors qu'avec leurs techniques actuelles elles œuvrent à la recherche du passé : l'archéologie bien sûr, en rapport avec les activités des hommes, mais aussi l'étude des variations du biotope, ayant recours à la palynologie, la dendro-chronologie, l'ostéologie, la climatologie, la paléoécologie, la sédimentologie, la glaciologie, etc. On peut néanmoins reconnaître et déplorer avec G. Bertrand (2002) que les historiens français, malgré le cursus pluridisciplinaire de leurs études secondaires, l'obligation d'études géographiques dans l'enseignement supérieur et l'enseignement conjoint des deux disciplines, semblent encore peu intéressés par une collaboration poussée avec les sciences et préfèrent œuvrer dans des domaines plus spécialement consacrés à l'histoire politique, à celle des sociétés ou des mentalités.

L'interaction entre la démarche géographique et la démarche historique en environnement est donc patente. Pour nombre de questions qui touchent à la nature, le géographe a besoin de la démarche historique : lorsqu'il étudie les aléas et les risques et qu'il doit les définir en termes de fréquence et d'intensité pour proposer des modes de gestion, ou lorsqu'il tente de comprendre les changements dans les rapports des sociétés à la nature. L'approche géographique étant arrimée à un recours au passé et aux temps longs de la société et l'approche historique étant forcément ancrée dans l'espace, les relations de la nature et de société sont conçues au travers d'un éclairage sociétal qui, en rupture avec certaines analyses passées, exclut tout fixisme et tout déterminisme.

## Les sciences de la vie et de la Terre et l'environnement

Avant que l'étude de l'environnement n'apparaisse clairement dans les programmes d'enseignement, les sciences du vivant se sont attachées à l'étude de l'animal dans son milieu et les sciences de la Terre à celle des facteurs du milieu agissant sur les processus géologiques. À l'échelle d'un organisme par exemple, on peut analyser les différences d'organisation et de fonctionnement des branchies et des poumons à la lumière des paramètres physico-chimiques de l'air ou l'eau, plus ou moins riches en dioxygène, plus ou moins visqueux. En géologie externe, l'altération des roches et l'érosion s'accompagnent depuis longtemps de l'étude des facteurs de ces phénomènes, et de leurs modulations selon les climats. Mais le terme d'environnement ne s'applique bien sûr pas à ces cas.

Cette approche explicative ou analytique des phénomènes reste présente en SVT, mais s'est trouvée complétée ou modifiée progressivement par des approches plus « environnementales ». L'analyse des phénomènes d'érosion part depuis longtemps de l'étude du paysage et vise à participer à son explication dès la quatrième. Dans les années soixante-dix, les programmes de lycée proposaient un enseignement d'écologie qualifiable de « fondamentale » : l'analyse de l'écosystème constituait une rupture avec l'analyse linéaire de l'espèce et du milieu, centrée sur le fonctionnement de l'individu ou sur le mécanisme.

Les relations entre êtres vivants se schématisent sous forme de réseaux complexes. Un niveau de conceptualisation plus élevé amène à définir des réservoirs (par exemple des réservoirs de carbone organique de la biosphère, de l'atmosphère, de l'hydrosphère ou de la lithosphère avec calcaires et roches carbonées) permettant de tracer des cycles du carbone et de l'eau. L'identification des processus de transfert d'éléments entre ces réservoirs (par exemple par la photosynthèse ou la respiration dans le cas du carbone) permet une quantification, par l'estimation du contenu des différents réservoirs et des flux correspondant aux fonctions de transfert : ainsi se constituent des modèles, véritables outils à valeur prédictive, indispensables à toute gestion. Dès lors la forêt amazonienne, en équilibre, consommant autant de dioxygène par sa respiration qu'elle en produit par la photosynthèse, ne peut plus être interprétée comme « le poumon de la planète ».

La présence de l'homme reste longtemps discrète. Pourtant, tous les outils mis en place dans ces modèles généraux permettent d'en analyser l'action : fonctions de transfert spécifiques, liées à des activités orientées par des finalités, agissant avec intensité sur des points spécifiques des systèmes et dont l'effet se fait sentir à court terme. On possède tous les moyens d'analyser l'influence de l'homme dans le cadre de ces systèmes écologiques. Mais face aux paradigmes qui associent systématiquement la notion d'environnement à l'émergence de problèmes, de menaces environnementales, de défense ou de protection de l'environnement - et qui donnent à l'homme le rôle d'un destructeur systém(at)ique -, l'écologie au lycée des années soixante-dix à quatre-vingt esquive, reculant probablement devant le risque d'être moralisatrice ou politique, et de rompre ainsi avec son principe de laïcité.

Dans l'enseignement tel qu'il est actuellement pratiqué, l'approche a nettement évolué et l'homme trouve résolument sa place, mais sans militantisme. L'environnement est bien présent dans la discipline. En sixième, son étude constitue le fil directeur essentiel du programme, de la cour du collège à l'étude d'un élevage. On le trouve en quatrième dans l'analyse des paysages, des ressources et de leur gestion, en troisième en liaison avec la santé. Dès la seconde, la connaissance des enveloppes fluides ou de la circulation des pollutions sont, selon les termes du programme, nécessaires à la compréhension de l'environnement, de son évolution et à la perception de sa fragilité ; on change aussi d'échelle d'espaces en passant du local à la planète, selon une transition amorcée en troisième. En terminale scientifique, les paléoclimats introduisent une dimension temporelle plus vaste, permettant de discuter les possibilités d'évolution des climats actuels. Ainsi, de la sixième à la terminale se construit, du moins dans l'idéal, une connaissance de l'environnement adaptée à chaque niveau, aux possibilités de compréhension et d'abstraction des élèves. Les sciences de la vie et de la Terre cherchent à apporter leur contribution à la responsabilisation et à l'éducation des élèves par la compréhension de l'intérêt des petits gestes de proximité (déchets, énergie) et la construction progressive de la conscience d'une solidarité planétaire.

Les textes des programmes appellent à l'interdisciplinarité, au partage par des références précises aux programmes de géographie, de physique ou d'instruction civique. La dimension culturelle des programmes de première L ou ES renforce la nécessité de travailler avec les autres disciplines. Ces appels restent le plus souvent sans suite dans les établissements. Des enseignants de SVT s'engagent, avec des collègues d'autres disciplines, dans des projets ciblés sur l'environnement, anciennement dans le cadre du projet d'action éducative, d'ateliers scientifiques ; il s'agit souvent d'équipes relativement rares bien que très motivées, possédant une très grande maîtrise pédagogique et prêtes à investir beaucoup de temps et d'énergie.

Aussi ces pratiques ne se généralisent-elles pas. Les travaux personnels encadrés et les itinéraires de découverte ne peuvent avoir dans ce cadre qu'un modeste impact. Et pourtant, il faut dire que cette démarche de projet constitue probablement l'avenir de l'éducation au développement durable parce qu'elle motive les élèves, qu'elle induit des comportements responsables, qu'elle amène chacun à construire, et surtout apprendre à construire sa culture de l'environnement, tout en s'inscrivant dans des objectifs de développement durable.

## Un savoir partagé ?

Quelques exemples suffisent à montrer l'intérêt du croisement des disciplines pour construire le savoir transdisciplinaire portant sur l'environnement. L'étude des risques fournit matière à de nombreuses complémentarités. En rupture avec la genèse théologique des catastrophes, Jean-Jacques Rousseau montrait qu'un séisme survenant au cœur d'un désert ne pouvait être perçu comme dangereux. Lorsqu'il survient dans un secteur densément habité, le processus peut devenir catastrophique pour la société affectée - c'est alors que le risque existe.

Par exemple, le risque sismique suppose une connaissance géologique, historique et un travail géographique. La connaissance géographique prend en compte l'aléa sismique, la tectonique des plaques, le mode de fonctionnement de la faille ou du groupe de failles, la magnitude, la prévision de l'aléa (mesure, suivi, diagnostic) dans ses méthodes et ses limites. L'analyse historique tient compte des manifestations passées, de l'historique du fonctionnement du secteur sismique et de ses effets, de la fréquence et de l'intensité du processus, de l'échelle d'intensité dans le passé, des conséquences sur les groupes sociaux affectés dans le passé, de la connaissance des événements qui constituent la base de travail du géologue et qui lui permettent de localiser les secteurs actifs au fil du temps. L'analyse géographique, enfin, se concentre sur l'indispensable compréhension du secteur affecté, sur l'intensité et la fréquence du processus, sur la vulnérabilité du secteur affecté (densité de population, organisation de l'espace, équipements), sur la perception du risque, sur la définition des zones inconstructibles et, parfois, sur la fixation de normes de construction adaptées à l'aléa (travail sur le bâti), sur la nécessité d'envisager les acteurs (qui décide ? qui applique ? qui vérifie que les normes de construction antisismiques sont appliquées ?), sur la gestion de la crise lorsque survient le séisme, sur les plans d'action et les coûts, sur le rôle des assurances, sur la reconstruction, le changement social, le « nouveau départ » pour la ville ayant subi une catastrophe, sur un nouvel urbanisme (comme à Lisbonne en 1755), sur le risque sismique, le lien qui unit la notion de catastrophe à celle de dynamique urbaine, etc.

Dans de nombreux cas, ces regards croisés doivent conduire à discuter la pertinence des informations diffusées par les médias, qui trop souvent sont considérées par nos élèves comme des sources quasi indiscutables. Il revient par exemple au spécialiste des SVT de faire la part des sources naturelles et des sources anthropiques responsables de la radioactivité terrestre pour discuter des impacts parfois exagérés de certaines activités ou, au contraire, souligner la sous-estimation systématique d'autres impacts. Le spécialiste des SVT est le seul qualifié pour montrer que les marées noires ne sont pas toujours des catastrophes aussi graves pour le milieu qu'on le souligne parfois; le géographe montrera en revanche qu'elles sont des catastrophes économiques, sociales et spatiales. L'historien pourra souligner que la qualité de l'eau de bien des cours d'eau était beaucoup plus mauvaise au XIXe siècle qu'elle ne l'est aujourd'hui et qu'il en était de même de l'atmosphère de certaines villes, bien plus polluées qu'actuellement.

Les itinéraires de découverte et les travaux personnels encadrés en classe de première peuvent être mis à profit pour développer des thématiques environnementales; on regrettera néanmoins que les programmes n'aient pas été conçus en parallèle pour favoriser les passerelles indispensables entre les disciplines. Au lycée, le cœur des questions sur l'environnement se situe en classe de seconde en géographie, en première et en terminale pour les SVT.

L'environnement n'est pas l'écologie. Ce savoir plus large englobe écosystèmes et géosystèmes, leur longue anthropisation, les acteurs et les choix de gestion. L'analyse ne peut être un simple constat des actions négatives des sociétés sur le milieu. L'objectif d'une éducation à l'environnement est d'aider l'homme et les sociétés à mieux vivre grâce à une gestion « raisonnée » de la nature et à des choix de développement durable.

# Le fait religieux dans l'enseignement de l'histoire et de la géographie

**Ghislaine Desbuissons,**
inspectrice d'académie - inspectrice pédagogique régionale
**Bernard Hourcade,**
directeur de recherche au CNRS

Élément essentiel des civilisations, la religion permet de les appréhender et de les comprendre mieux. Depuis plusieurs années, de nombreux intellectuels ont ainsi insisté sur la nécessité d'enseigner le fait religieux à l'école. En 1989, le recteur Joutard préconisait que les programmes scolaires puissent aborder la dimension religieuse, en particulier dans l'enseignement de l'histoire et de la géographic. À la suite du rapport Joutard, l'histoire du fait religieux fut introduite dans les programmes du collège, des lycées généraux et professionnels. Comme le précise Dominique Borne à propos des programmes en classe de collège : « Ces programmes expriment aussi la volonté d'ouvrir l'enseignement à des champs qui étaient jusque-là peu abordés, par exemple la dimension religieuse de l'histoire[1]. » Cet enseignement ne se confond évidemment pas avec une forme nouvelle de catéchèse.

Comment se recomposent aujourd'hui des phénomènes religieux anciens qui relèvent de l'enseignement de l'histoire et de la géographie ? Comment trouver l'équilibre entre le temps long et l'histoire immédiate ? Dimension essentielle de l'histoire des idées, l'étude du fait religieux permet d'analyser non seulement les échanges entre cultures, mais également les modes d'occupation de l'espace, l'influence des partages et conflits de pouvoirs sur l'espace.

## Les religions sont des objets d'étude

Étymologiquement, la religion relie les hommes entre eux et les hommes à la terre, ce qui présuppose une organisation sociospatiale[2]. Elle est une composante essentielle de l'identité culturelle des populations et des paysages. En effet, tout paysage est religieux, culturel ou idéologique, car il est rempli de symboles qui régissent la

1. - Borne D., in *Le Débat*, n° 110, mai-août 2000.
2. - Chamussy H., « Religions dans le monde », in *Encyclopédie de géographie*, Economica, 1995, p. 859-873.

vie quotidienne des sociétés. L'analyse géographique du religieux repose ainsi sur les modes de gestion de l'espace : centres, directions, hauts lieux, hiérarchies, marges, mobilité spatiale, diffusion, flux financiers, géopolitique... On fait une géographie de la diffusion des grandes religions mais il serait utile d'intégrer cet objet, plus ou moins négligé jusqu'à présent, dans le tableau géographique des peuples et des espaces, comme on le fait de l'économie, de la nature ou de la politique.

Comme le dit Dominique Borne, « le fait religieux est, c'est une évidence, une composante naturelle de l'histoire ».[3] La diffusion, les migrations et les recompositions des religions dans l'histoire constituent un processus très ancien. L'une des originalités des religions est en effet de se diffuser et de se déplacer, d'être mobiles : prosélytisme chrétien, recherche de sécurité face aux persécutions des protestants ou des juifs, déportation (partition des Indes en 1947). Cette diffusion peut être individuelle, pacifique (bouddhisme, manichéisme) ou liée à une force politique expansionniste (islam, colonisation). Les processus de recomposition et de conflit ne sont pas nouveaux. Mais nous enseignons les guerres de religions ou le ghetto, et non pas le système ottoman du *millet* qui organisait la coexistence des religions. La gestion collective des religions est une question récurrente (*cujus regio ejus religio*), comme l'instrumentalisation par les pouvoirs (*Gott mit uns*) mais elle est également un facteur de stabilité. Aujourd'hui les progrès de la laïcité, de la multiplicité religieuse de type américain, de l'individualisme (depuis la Réforme) induisent de nouveaux types de comportements religieux et requièrent de ce fait une nouvelle approche géographique.

Les villes sont par ailleurs le nouveau territoire de la géographie des religions. De manière générale, le développement des villes constitue le principal fait géographique contemporain. Qu'elles soient individuelles ou se fassent par petits groupes, les migrations ne sont certes pas religieuses mais s'assimilent à une quête du bonheur individuel. Il n'en reste pas moins que le système territorial traditionnel des religions a été bouleversé et qu'il leur est nécessaire de trouver de nouvelles formes d'organisation. Se pose également la question de la nouvelle proximité géographique de religions jusqu'ici séparées par la distance. Cela entraîne-t-il un syncrétisme unificateur de la ville ou l'exacerbation des différences, voire des conflits ? Dans le territoire d'accueil, une nouvelle identité est reconstruite, une identité où la religion - recomposée - tient une fonction nouvelle, néo-communautaire. De manière paradoxale, c'est au moment où le contenu proprement religieux décline que la dimension identitaire de la religion se renforce. Les migrations internationales, la mondialisation de la communication offrent ainsi des vecteurs nouveaux et provoquent des contacts inédits. Les religions ne sont plus instrumentalisées par les États qui ne les contrôlent plus, mais elles sont réinterprétées par des groupes de pression, des

3. - « L'enseignement du fait religieux à l'école », in *L'Enseignement du fait religieux*, coll. « Actes de la Desco », CRDP de l'académie de Versailles, 2003, p. 141.

communautés ou des idéologies politiques. Il y a changement d'échelle. D'où la nécessité de repenser la place des religions dans les recompositions géographiques actuelles.

En géopolitique, la question des religions n'est pas nouvelle (croisades, Shoah...), mais certaines configurations prennent de l'importance (islam/chrétienté avec la question des islams européens), de nouvelles configurations religieuses apparaissent (en Afrique, par exemple), le mélange ou la co-existence des communautés posent aujourd'hui problème. De nouvelles formes d'instrumentalisation du fait religieux existent (rôle de la médiatisation), de nouvelles échelles géographiques : les Droits de l'homme, le statut individuel (femmes, parias), l'utilisation de l'espace public, l'articulation des espaces privés ou sacrés et publics, les quartiers, le communautarisme, etc.

L'étude des manifestations des faits religieux ne saurait néanmoins éluder le débat portant sur le contenu proprement théologique et philosophique des religions, l'histoire des idées, la construction de nouveaux systèmes de pensée et leur impact (ou non) sur l'organisation de l'espace ou des sociétés.

## Fait religieux et laïcité

L'enseignement du fait religieux se situe dans le cadre d'une école laïque et, comme l'écrit Jean Delumeau, l'un des premiers intellectuels à avoir apporté sa contribution à cet enseignement par la réalisation de quarante-six émissions intitulées *Les religions et les hommes* : « Une laïcité éclairée ne peut pas être fondée sur l'ignorance religieuse globale. »[4] De même, selon Régis Debray, « une laïcité qui s'interdirait ce champ de savoir se condamnerait à une frilosité certaine».[5]

La laïcité est l'un des fondements de notre République et elle est inscrite dans le préambule de la Constitution ; elle est également l'un des piliers de l'École publique mise en place par les républicains à partir des années mille huit cent quatre-vingt. Elle signifie neutralité et objectivité scientifique mais non pas indifférence. Elle doit permettre de susciter la réflexion des élèves. La question qui se pose alors est la suivante : comment parvenir à faire travailler les élèves sur cette question ? Est-il nécessaire de rappeler aux élèves les différentes étapes de la sécularisation des sociétés européennes au XIXe siècle ?[6]

Il convient de faire une distinction entre « savoir » et « croyance » et de placer l'enseignement du fait religieux au sein des différentes disciplines. Il doit être abordé

---

**4.** - DELUMEAU J., « L'école et le fait religieux », *op. cit.*, p. 36.

**5.** - DEBRAY R., « Le fait religieux : définitions et problèmes », *ibidem*, p. 18.

**6.** - RÉMOND R., *Religion et société en Europe. La Sécularisation aux XIXe et XXe siècles. 1780-2000*, Le Seuil, 2001.

par des maîtres compétents et capables de saisir ou de créer les conditions pour expliquer la laïcité. Il ne s'agit d'enseigner ni une « histoire religieuse », ni une « histoire des religions », ni non plus un « enseignement religieux » ou même une « culture religieuse » : selon Régis Debray, la connaissance du religieux fait partie de la culture tout court. L'expression « fait religieux » qui s'est imposée depuis quelques années dissipe plusieurs confusions : le fait se constate, s'impose à tous (patrimoine, fêtes religieuses, calendrier...). Il est englobant, pluraliste et ne privilégie aucune religion particulière. Le but de l'étude n'est donc pas de valoriser ou de dévaloriser le religieux mais d'éclairer ses incidences sur l'évolution de l'humanité. Il ne s'agit pas d'enseigner le « vrai » ou le « faux », le « bon » ou le « mauvais ». Le fait religieux ne fait donc pas l'objet d'une discipline particulière, il est une dimension qui affecte nombre de phénomènes.

Le fait religieux est associé à des croyances et à des manifestations qu'il s'agit de repérer et auxquelles il faut apporter des éléments de connaissance scientifique. Mais comment aborder de façon rationnelle ce qui échappe à une certaine rationalité, puisque foi et savoir ne relèvent pas du même domaine ? Dominique Borne estime qu'il faut identifier deux éléments majeurs : connaître les structures essentielles des trois grands monothéismes (limitation due aux contraintes horaires) et savoir reconnaître les signes du religieux parmi d'autres éléments dans un texte, une œuvre iconographique, musicale, architecturale...

L'approche pédagogique doit s'appuyer sur des matériaux. La notion de « fait » nous oriente vers la vie concrète des hommes, les traces laissées, c'est-à-dire toujours un donné. Il peut s'agir de textes, d'œuvres, de monuments, de bâtiments, etc. L'historien-géographe entre dans la question religieuse à travers les événements et les territoires ; il est légitimement amené à se poser les questions suivantes : où trouver les documents utiles, doit-on estimer que les manuels sont suffisants ? Comment les aborder ? Existe-t-il une méthodologie particulière ? On ne peut appliquer aux textes « sacrés » la démarche critique habituelle aux historiens, puisqu'il ne s'agit ni d'exégèse ni de textes à valeur historique. Comme l'écrit Dominique Borne, « chercher les lieux sur une carte pour identifier les étapes d'Ulysse n'a pas de sens, pas plus que de chercher la date du Déluge ». Les textes sont à prendre « comme ils sont et comme ils disent ». Mais on doit montrer aux élèves le processus d'élaboration de la version canonique (ou l'une des versions) du texte étudié. S'interroger sur la formation de l'orthodoxie, aboutissement et non origine, ne peut qu'être formateur. D'autres matériaux sont encore nécessaires (architecture, iconographie, film...), mais ils exigent de solides connaissances scientifiques des professeurs et donc une formation pour les acquérir.

Y aurait-il une pédagogie spécifique s'agissant d'un domaine à la fois très concret – car imprégnant la vie quotidienne – et très abstrait et donc difficile à saisir pour les élèves ? Il faut également tenir compte de l'âge des élèves. Si l'ensemble des programmes de collège et de lycée permettent d'aborder le fait religieux, c'est surtout en sixième et cinquième que sont explicitement étudiés les trois grands monothéismes. Se pose alors la question des progressions, tout au long du collège et du collège au lycée. Se pose aussi la question de l'indispensable association avec les autres disciplines.

Comment concilier enfin une démarche scientifique de connaissance, une approche résolument laïque et tolérante avec les intolérances passionnelles suscitées par tel ou tel événement ? Comment faire face à la mise en cause du professeur comme détenteur d'un savoir aussi objectif que possible à qui l'on dénie la légitimité de parler du fait religieux ? La question n'est plus celle que se posaient certains professeurs à l'intérieur de l'institution elle-même : « Doit-on enseigner dans l'école laïque le fait religieux ? » mais bien celle qui est posée, à l'intérieur et à l'extérieur de l'institution, par des élèves, des parents ou des associations : « Le professeur qui est un laïc est il fondé à parler de religion ? » Le fait religieux est objet de connaissance et, en tant que tel, doit être abordé à l'École.

# L'histoire et la géographie saisies par le genre

**Chantal Février,**
inspectrice d'académie - inspectrice pédagogique régionale
**Michèle Zancarini-Fournel,**
professeure à l'IUFM de l'académie de Lyon

L'histoire des femmes a longtemps été le terme générique employé en France pour désigner le champ historique qui met en œuvre une analyse sexuée des phénomènes historiques. La tendance aujourd'hui est de parler plutôt de « l'histoire du genre » ou de « l'histoire des rapports sociaux de sexe » que de « l'histoire des femmes », expression qui paraît trop réductrice. Toutefois, certaines historiennes comme Anne-Marie Sohn demeurent attachées à l'ancienne dénomination; avec Françoise Thébaud, elle note que l'histoire ouvrière ne s'est pas appelée « histoire de la classe ».

L'histoire du genre a longtemps été le parent pauvre de l'historiographie française. Les pionnières de cette histoire des femmes ont souvent été soit volontairement ignorées - car jugées comme des ancêtres peu présentables (elles n'étaient pas forcément féministes alors que l'histoire des femmes contemporaines est motivée par le féminisme; on trouvait parmi elles de nombreuses autodidactes[1]) –, soit involontairement occultées comme femmes - parce que leur mémoire s'est perdue.

La prise en compte de l'histoire du genre date véritablement du dernier quart du XXe siècle et demeure confrontée à des incompréhensions et à des résistances. L'histoire du genre témoigne néanmoins de l'ampleur des enjeux contemporains du renouvellement de l'histoire sociale. Malgré cette évolution, on remarque encore la faible visibilité des femmes dans l'histoire et la géographie enseignées.

## Le poids du silence

Dans l'historiographie française, on constate qu'il existe de nombreux oublis: l'histoire des pauvres, des sans-familles, des peuples vaincus, etc. Cependant, l'oubli des femmes est spécifique car il est l'expression de leur place en ce monde et révèle la considération qu'on leur accorde. Cet oubli s'explique pour différentes raisons.

1. - THÉBAUD F., *Écrire l'Histoire des femmes*, ENS éditions, 1998.

Premièrement, on remarque non seulement l'invisibilité des femmes dans l'espace public, mais aussi la faiblesse des traces laissées par les femmes, notamment au niveau des archives publiques. À titre d'exemple, les statistiques sont la plupart du temps des agrégats dont le neutre contribue à dissimuler les femmes : le « ils » cache le « elles », la vie des femmes étant souvent perçue à travers un prisme masculin.

Deuxièmement, on note les silences d'un récit qui a longtemps privilégié l'espace public en mettant en avant les événements politiques, militaires, religieux, l'histoire des « grands hommes ». Dans la culture occidentale, les femmes ont longtemps été mises hors jeu, rejetées hors de la cité et de l'histoire, la construction de l'image de la femme se faisant à travers une dichotomie homme/femme qui assimile les femmes à la nature, à la sensibilité et à la passivité et les hommes à la culture, à l'action et à la création. Ainsi rejetées vers la reproduction, les femmes sont hors de la création, du changement et de l'histoire : la femme devient anhistorique et n'est donc pas susceptible d'événement ou de récit.

Au XVIIIe siècle, les femmes écrivains avaient insisté sur le fait qu'elles étaient le produit d'une éducation imparfaite : leurs facultés de raisonnement et leurs réalisations historiques ne pouvaient être comparées à celles des hommes car elles avaient été privées d'instruction et conditionnées pour tenir un rôle secondaire et subordonné - en un mot, elles avaient été rendues insignifiantes[2]. Au XIXe siècle, alors que l'histoire se constitue comme science, le courant méthodique est fondé sur l'exclusion des femmes. Les historiens manifestent une grande méfiance à l'égard des femmes ; à l'image de Lavisse, ils les jugent indignes de partager leurs préoccupations intellectuelles et, s'intéressant à la nation, les laissent à l'écart de l'histoire qu'ils écrivent. Cette méfiance fut néanmoins moins grande du côté des Annales : aussi Lucien Febvre et Marc Bloch ont-ils recouru aux services de collaboratrices[3] et se sont-ils intéressés à des sujets féminins.[4]

## L'avènement d'une histoire des femmes

Trois ordres de raisons président à ces évolutions récentes.

Premièrement, des facteurs théoriques : la crise des grands paradigmes explicatifs (marxisme, structuralisme) a contribué au cours des années soixante-dix à favoriser un renouvellement théorique. On assiste à une diversification des objets d'étude de l'histoire, notamment avec Michel Foucault qui étudie la folie, la prison, la sexualité, ou encore avec Georges Duby qui écrit *Le Chevalier, la Femme et le Prêtre* en 1980 et *Dames du XIIe siècle* en 1996. Dans le sillage de Jacques Le Goff, la « nouvelle

2. - HUFTON O., « Femmes, hommes : une question subversive » in *Passés composés. Champs et chantiers de l'histoire*, Autrement, 1995.

3. - ZEMON DAVIES N., « Women and the world of Annales ».

4. - FEBVRE L., *Autour de l'Heptameron. Amour sacré, amour profane*, Gallimard, 1944.

histoire » entend réhabiliter les questions concernant la vie quotidienne et veut aborder la question des sensibilités - en témoignent par exemple les travaux d'Alain Corbin. L'histoire des femmes trouve donc toute sa place dans un contexte de renouvellement des approches historiques.

Deuxièmement, des facteurs sociologiques: l'évolution de la société française entraîne une présence plus importante des femmes à l'université comme enseignantes et étudiantes, puisqu'elles représentent aujourd'hui 56 % des effectifs des universités françaises. Cependant leur représentation dans le corps professoral de l'université est encore relativement faible: on compte 33 % d'enseignantes et seulement 13 % de professeurs femmes.

Troisièmement, des facteurs politiques: le mouvement de libération des femmes a exercé une influence importante tout au long des années soixante-dix. En effet, la quête des traces, dans le désir de trouver des ancêtres ou d'établir la généalogie des luttes des femmes en les faisant sortir de l'invisibilité, a entraîné de nouvelles réflexions sur la place des femmes dans l'histoire. L'historiographie anglo-saxonne a eu notamment une influence très importante en s'attachant à démontrer que la différence des sexes est liée non pas à la nature mais construite par la culture et l'histoire qu'il convient de déconstruire. En 1995, la création de la revue *Clio, Histoire, femmes et société* se donne ainsi comme objectif de diffuser les nouvelles recherches et les discussions en cours en France et à l'étranger.

## Une prise en compte institutionnelle

Cette évolution de la recherche historique et l'évolution de la société française ont eu pour corollaire une certaine prise en compte institutionnelle. Le 25 février 2000[5], la Convention pour la promotion de l'égalité des chances entre les filles et les garçons, les femmes et les hommes dans le système éducatif a été signée par les ministre de l'Emploi et de la Solidarité, de l'Éducation nationale et de la Recherche, de l'Agriculture et de la Pêche et par le ministre délégué chargé de l'Enseignement scolaire. Elle rappelle que la loi d'orientation du 10 juillet 1989 stipule que le service public de l'Éducation doit contribuer à favoriser l'égalité entre les hommes et les femmes.

Les signataires de la convention insistent sur la nécessité de mettre un terme à une orientation stéréotypée et déclarent que l'éducation doit favoriser un meilleur équilibre entre les filles et les garçons dans le choix des filières et des métiers. Elle rappelle à ce titre la nécessité de « relancer la réflexion et mener une campagne d'information sur *les femmes et les sciences,* afin de développer l'accès des filles aux filières scientifiques (classes préparatoires, écoles d'ingénieur, études doctorales...) ».

5. - Cf. *Boen* n° 10 du 9 mars 2000.

Elle incite également à privilégier les approches pédagogiques dès le primaire sur le rôle des femmes et à « rappeler l'apport des femmes dans tous les champs du savoir et dans les matières enseignées et introduire des contenus relatifs à la construction des rôles sociaux ». Les chefs d'établissement sont invités à modifier le règlement intérieur des établissements afin de rappeler que les attitudes sexistes sont prohibées au sein de la vie scolaire.

Troisième partie

# Enseigner les territoires

# Territoire… D'un mot, de son usage et de son histoire

**Alain Miossec,**
professeur à l'université de Nantes, président du Comité national français de géographie (Union géographique internationale)

Le mot *territoire*, qui désigne selon *Le Robert* une étendue de la surface terrestre sur laquelle vit un groupe humain (et spécialement une collectivité politique nationale ou encore une étendue de pays sur laquelle s'exerce une autorité, une juridiction), est en fait le type même de concept dont l'usage a changé au cours des dernières décennies. À l'origine, le mot *territoire* désigne une étendue de terrain sur laquelle est établie une collectivité qui relève de l'autorité de l'État (*Dictionnaire historique Robert*, 1758). On le voit, le territoire est, selon une certaine approche, inséparable de la notion de pouvoir, d'autorité exercée sur un espace. Dans sa version zoologique, le mot désigne la zone qu'un animal se réserve et dont il interdit ou limite l'accès : le territoire est un espace défendu… La défense peut être permanente ou périodique, s'exercer contre tous les congénères ou seulement certains d'entre eux. On peut distinguer plusieurs types de territorialités selon la fonction (alimentation, appariement, accouplement, élevage des jeunes, repos), la durée (territoire permanent, saisonnier ou temporaire), la nature et la quantité des occupants (mâle, femelle, couple ou groupe).

Autrement dit, « territoire » admet plusieurs acceptions. La plus classique relève de la géographie politique et de la géopolitique et bien entendu de l'histoire. Elle fonde les États dans leurs limites (les frontières) et dans les moyens mis en œuvre pour les défendre comme pour les justifier (le cadre réglementaire mais aussi les représentations et les différents appareils qui ont en charge l'État garant de l'intégrité du territoire). Elle fonde également l'aménagement du territoire, concept que les géographes utilisèrent avant même que les territoires n'envahissent leur manière de penser l'espace. Au fond, une saine lecture de l'histoire de nos deux disciplines montre en quoi le concept est plus rassembleur qu'il ne paraît… À la fin des années soixante, les seuls territoires dont on parlait relevaient soit de conséquences guerrières (les « territoires occupés »), soit de la manière qu'avait un État fortement centralisé dans son appareil et sa tradition d'aménager l'espace pour en dynamiser les forces et pour les répartir d'une manière que l'on dirait aujourd'hui plus « équitable ».

Une seconde acception englobe les territoires de la science et illustre parfaitement le caractère d'appartenance d'une discipline. En inscrivant sur la couverture d'un livre le titre en apparence provocant : *Le Territoire de l'historien*[1], Emmanuel Le Roy Ladurie montre que c'est seulement à ses frontières que peut progresser une discipline et que ses frontières valent de ne pas être gardées par des cerbères à front bas. Son territoire est celui des confrontations mais également celui des associations avec d'autres disciplines. Des frontières cependant, il en est qui s'inscrivent quelque part dans le désert des Tartares, et l'on sait les épuisements et les vieillissements prématurés qui les guettent. Esprit d'ouverture donc et non pas mentalité de garde-barrière !

Quant au territoire des géographes, il est singulièrement large. Pour les uns (tous ceux qui ont fait progresser la connaissance des littoraux et des mers), c'est *Le Territoire du vide* d'Alain Corbin, un espace plus plein qu'on ne l'a dit ou du moins plus riche de faits géographiques que l'historien ne reconnaît pas nécessairement ; pour d'autres, c'est la géographie sociale (Di Méo, *Géographie sociale et territoires*) ; pour d'autres encore et de manière plus classique, c'est la géographie humaine distinguée de la géographie physique. Avec celle-ci se pose la question d'une frontière avec les sciences de la nature et même celles de la vie - peut-on s'intéresser à l'oiseau quand on est géographe ? La montée des préoccupations environnementales a refondé une certaine manière de penser les « territoires » de la nature et cela d'autant plus que l'environnement suppose une bonne connaissance de la nature anthropisée.

Que de territoires et de querelles patriotiques ou supposées telles ! Que de temps passé et parfois perdu ! Peut-on souhaiter que l'éducation au territoire, l'une des tâches exaltantes de nos disciplines, se fasse de manière concrète et vivante, attentive à mesurer le poids du passé comme les pesanteurs et les richesses des milieux, attentive également à exposer la charge culturelle que recèle chaque territoire, construit par les hommes et - en théorie du moins - pour eux ? Peut-on souhaiter que ce concept polysémique ne soit pas utilisé de manière trop réductrice, excluant des pans entiers de nos disciplines au titre qu'ils ne relèveraient plus (depuis quand ?) des contenus acceptables ? Peut-on prétendre enseigner les questions environnementales, celles du développement durable, en prétendant que ce qui relève de la nature, de ses mécanismes et de la représentation que les sociétés si idéologiquement diverses en seraient exclues ?

Il y a une petite quinzaine d'années, dans d'improbables officines, c'est pourtant le marchandage territorial qui eut pour effet de rompre par décret une certaine unité de la géographie dont on mesure encore, ici ou là, les effets. Si cette assemblée prétend refonder l'approche disciplinaire et esquisser les horizons du XXI^e^ siècle, qu'elle veille à le faire avec intelligence et esprit d'ouverture, de façon patrimoniale

1. - Le Roy Ladurie E., *Le Territoire de l'historien*, Gallimard, 2 vol., 1973 et 1978.

et sans exclusive. Qu'elle le fasse de manière claire, pour ceux qui à la base enseignent des territoires parfois si modélisés qu'ils ne les comprennent plus (et en négligent la richesse) et surtout pour ceux que l'on entend former, dans une langue compréhensible par tous et non dans le bas latin des chapelles agonisantes.

# La question des échelles en géographie

**Yves Lacoste,**
professeur émérite à l'université Paris-VIII

La notion d'échelle renvoie à un problème difficile. L'expression « à grande échelle » est en effet souvent utilisée dans le langage courant, notamment au sujet de la mondialisation, mais dans une signification inverse de sa définition réelle. Il s'agit donc dans un premier temps de clarifier ce contresens, car la question des échelles est majeure dans la compréhension du raisonnement géographique.

## Échelle ou ordre de grandeur

Le mot *échelle* (*scala* en latin) désigne un objet formé de deux montants de bois agrémentés de barreaux qui constituent autant de marches. Sur le papier, cette barre munie de graduations 0-1-2-3-4 kilomètres ou 0-10-20-30 kilomètres ou 0-100-200-300 kilomètres, figure depuis plusieurs siècles dans la marge des cartes. Cette graduation métrique se double sur certaines cartes d'une fraction (1/20 000, 1/150 000, etc.). Le numérateur (1) correspond à la distance réelle sur la carte (1 cm), tandis que le dénominateur (20 000, 150 000...) renvoie aux dimensions géographiques de l'espace représenté. Il résulte de cette division qu'une carte au 1/150 000 permet de représenter un territoire plus vaste qu'une carte au 1/20 000. Une carte à grande échelle correspond ainsi à un territoire réduit, local - et réciproquement.

Les médias, tout comme certains géographes, utilisent donc à tort l'expression « opération à grande échelle », lorsqu'ils font référence à de vastes territoires et à des moyens mis en œuvre considérables - même si ce contresens découle en fait d'un raisonnement de bon sens. Afin d'éviter de complexifier le discours des intellectuels ou des décideurs, les géographes gagneraient à préférer à la notion d'échelle celle d'ordre de grandeur d'un territoire ou d'un ensemble spatial. Plutôt que de prendre en compte des superficies, en millions ou en milliers de kilomètres carrés, il est plus simple et plus évocateur d'envisager la plus grande des dimensions (la longueur) des territoires et de les classer en quelques ordres de grandeur. Les territoires ou ensembles dont la plus grande dimension se mesure en dizaines de milliers de kilomètres (continents, océans) relèvent du premier ordre. Les ensembles qui se mesurent en milliers de kilomètres (la Méditerranée, l'Union européenne) relèvent du second ordre. Les territoires qui se mesurent en centaines de kilomètres (la France par exemple) relèvent du troisième ordre. Les ensembles (régions ou Länder) dont la principale dimension se mesure en dizaines de kilomètres relèvent du quatrième ordre de grandeur.

Les commentateurs ou les décideurs ont ainsi à leur disposition six ou sept ordres de grandeur qui leur permettent de qualifier un territoire, qu'il s'agisse d'un continent ou d'un quartier, sans pâtir de l'effet trompeur de la formule de grande et petite échelle. Les enseignants gagneraient également à utiliser ce système pour donner à comprendre à leurs élèves les dimensions relatives des territoires qu'ils étudient.

Ce raisonnement simple au niveau conceptuel est d'autant plus utile que tout raisonnement géographique nécessite de combiner plusieurs niveaux d'analyse à travers différentes mesures du temps et de l'espace. Une carte en effet n'offre jamais une visibilité totale et entière sur un territoire. Un changement d'ordre de grandeur permet ainsi d'affiner le niveau d'analyse en évaluant la manière dont le territoire s'intègre dans un espace plus vaste ou en décelant des facteurs d'exception au niveau d'une portion plus réduite du territoire. Ce jeu d'échelles, appelé parfois démarche multiscalaire, qui peut être mené de façon ludique avec les élèves, constitue un apport important pour les géographes en ce qu'il les conduit à s'écarter d'études monographiques trop limitées et cloisonnées.

## Quelques exemples

L'appréhension d'une montagne, dont la définition ne saurait être réduite à une « élévation du relief terrestre » passe tout d'abord par l'évaluation de l'ordre de grandeur qui la caractérise. Les Andes, qui appartiennent au deuxième ordre de grandeur, se distinguent ainsi de petites montagnes appartenant au quatrième ou au cinquième ordre. Le raisonnement géographique relatif à ces montagnes implique en outre de les replacer dans le plus vaste ensemble territorial que constituent les plaques géologiques (premier ordre de grandeur) et de repérer les sous-ensembles de la chaîne que sont les sillons comme le sillon alpin (quatrième ou cinquième ordre de grandeur), les versants, les torrents et les bassins de réception (cinquième ou sixième ordre) ou même les rochers (sixième ou septième ordre), dont l'étude est susceptible de compléter l'appréhension d'un problème géographique particulier. Un territoire comme une montagne ne peut cependant être compris comme un emboîtement d'ordres de grandeur, mais doit être saisi comme une combinaison de formes, de reliefs et d'organisations humaines.

La mondialisation pose de manière caractéristique des problèmes d'articulation entre le niveau local et le niveau mondial. Un phénomène climatique comme la mousson, par exemple, qui s'inscrit au niveau planétaire et relève donc du premier ordre, pose aujourd'hui des problèmes non pas tant à cause de l'effet de serre que du fait d'un nuage de pollution du second ordre qui stagne en permanence au-dessus de l'Inde et de la Chine et qui conduit au décalage de l'arrivée des pluies dans le temps. Pour comprendre les effets que produit ce changement climatique sur un pays, il convient de changer de niveau d'analyse et de se placer au deuxième ou au troisième ordre. L'impact sur un village dépendra en outre de sa situation topographique, c'est-à-dire d'ensembles des reliefs de quatrième ou cinquième ordre dans lequel il s'inscrit.

De même qu'un phénomène planétaire peut avoir des effets différenciés selon les territoires, un phénomène local ayant une résonance planétaire peut avoir des causes plus larges. Les attentats du 11 septembre 2001 à New York sont ainsi le résultat de problèmes largement planétaires et ils se sont manifestés dans un quartier, dans une très grande ville et dans toute une nation.

D'une manière générale, les questions liées à la mondialisation doivent conduire les géographes à raisonner à différents niveaux d'analyse spatiale. Le choix de l'échelle de chaque carte doit ainsi être effectué de manière pertinente en fonction de la taille objective du territoire étudié et des problèmes qui se posent. Il arrive cependant que l'on doive se contenter des cartes disponibles, certaines étant mises sous le boisseau par des régimes peu enclins à donner une visibilité large de leur territoire.

# Le jeu des échelles : un biais utile à l'historien

**Jean-Pierre Rioux,**
inspecteur général de l'Éducation nationale

Par précaution liminaire, il faut dire une certaine réticence devant tout usage abusif du terme, ou du concept de « territoire » en histoire, et d'abord chez les historiens. Après tout, un seul grand parmi ceux-ci, Emmanuel Le Roy Ladurie, l'a utilisé en 1973 puis en 1978 pour titrer un vaste recueil d'articles qui tous référaient peu ou prou - la révolution quantitative, la nouvelle histoire rurale, la démographie historique, le climat, le corps, les champs, les systèmes sociaux, pour ne reprendre que la titulature de ce regroupement - au concept aujourd'hui si daté d'« histoire immobile » et qui ne recouvrait, de fait, que « l'économie-société » et « l'écodémographie » d'un monde mort lentement, entre le XIVe et le XVIIIe siècle, avec son historien curieusement posté parfois « à l'arrière-garde de l'avant-garde » des sciences sociales, c'est-à-dire nulle part à usage des classes[1]. Surtout, le mot même de « territoire » n'a jamais eu historiquement la vertu géographique ou, éventuellement, ethnographique que nous lui prêtons trop généreusement aujourd'hui. Rappelons le bon sens, via *Le Grand Robert* : du latin classique *territorium*, seul le latin chrétien a pu tirer une connotation accolée à un pays ou un paysage, mais à condition que ceux-ci fussent déjà sous souveraineté ecclésiastique, c'est-à-dire spirituelle et administrative à la fois. Au vrai, le mot « territoire », inventé au XIVe siècle, fut d'usage bien rare avant les XVIIe et XVIIIe siècles et il fut dès lors toujours prioritairement appliqué à « une étendue de terrain sur laquelle s'établit une collectivité », avec une prédilection constante pour lui faire désigner d'abord une juridiction ou un bornage de l'autorité d'un État.

Ainsi s'est-il dit du droit pour un évêque d'exercer une charge épiscopale (1660), ou d'un terroir sécularisé soumis à imposition (1661). Ne disons rien, pour ne chagriner personne, de ses dérives viticoles et patoisantes du côté du « terroir », ou de son uniforme jadis si modestement guerrier du côté de la « territoriale ». N'ajoutons pas même que l'éthologie, qui l'a acclimaté au XXe siècle autrement plus que la géographie et l'histoire, l'assimile carrément au chien qui lève la cuisse autour

1. - LE ROY LADURIE E., *op. cit.*

d'un espace approprié pour en interdire l'accès à ses congénères, ce qui n'incite guère, convenons-en, à la pluridisciplinarité. Cet ultime avatar sémantique n'est pas une boutade gratuite : l'argument fut asséné, y compris en colloque, par des artistes, des créateurs, des décideurs tout droit issus de la société civile et qui se réjouissaient beaucoup de nous voir rechercher des concepts Viagra.

## Le refus du déterminisme spatial

Tant et si bien que l'histoire des hommes, telle que la construisent et la récitent les historiens, ne reconnaît aucun a priori à un « jeu des échelles » qui serait entendu en un sens exclusivement géographique. Les philosophies de l'histoire, qu'elles soient lestées ou non de théologie du Salut ou, à l'inverse, d'idéologie du Progrès, qu'elles soient hégélienne ou augustinienne, qu'elles acceptent l'éternel retour des Anciens, le choix électif de la Bible, le triomphe marxiste de l'homme sur l'homme ou le scepticisme à la Burckhardt et à la Toynbee, disent toutes une vérité d'évidence, un *nec plus ultra* épistémologique et méthodologique : c'est l'Humanité tout entière et l'Homme, corps et âmes, avec les grands « H » d'un destin temporel mais sans espaces prédestinés, qui seront gibiers d'historien. Les pratiques professionnelles de l'histoire, qu'elles soient induites ou non des philosophies précédentes, confirment l'affirmation : l'historicité d'un groupe humain se confond, comme l'a bien dit Michel de Certeau, avec son existence sociale, laquelle réemploie incessamment, pour survivre, « à d'autres fins et pour des usages nouveaux les moyens dont il dispose », et entre autres du milieu physique et humain ; l'histoire n'est ainsi que l'appropriation de contraintes sociales et mentales à transformer en liberté du sujet, la projection d'une immanence terrestre sur un avenir ou un au-delà, une chaîne sans cesse réactualisée de représentations du monde où la contrainte physique et spatiale n'est qu'un matériau de réemploi pour l'activité de l'esprit humain. Et l'historien, lui, vole aux morts muets et déjà « passés » hors espace commun des mots et des faits incompris, pour tenter de construire, d'abord, un récit du temps, entre science et fiction[2].

Disserter sur des emboîtements spatiaux ou des étalonnages du local au mondial n'a donc pas de sens en histoire, pour peu qu'on admette que cette discipline de chroniqueurs devenue aujourd'hui science sociale majeure n'étudie pas le passé de la planète mais cette longue marche du temps que l'homme a toujours voulu mettre en cohérence entre les vivants et les morts, entre sol et sang, en mêlant, autant que faire se peut, l'intelligence du présent, le poids des héritages et l'entêtement des fins dernières.

De cette aspatialité primitive de la démarche historique on pourrait se convaincre un peu mieux, *a contrario*, en relisant en bon exemple les tableaux célèbres de la

2. - DOSSE F., *Michel de Certeau. Le marcheur blessé*, La Découverte, 2002.

France, de Michelet à Frémont en passant par Vidal de la Blache: tous considèrent au mieux, à l'instar de Michelet, que la forme géographique n'est qu'un « berceau » dont le bébé doit sortir pour marcher et Vidal lui-même n'aura de cesse d'opposer à un certain passéisme du local le volontarisme des constructions étatiques et les vertus du politique, sans craindre d'annoncer ainsi André Siegfried et même, d'une certaine manière, Roger Dion. Posons donc que toute histoire est non seulement un refus du déterminisme spatial mais surtout une revanche de l'acquis sur l'inné. Si l'espace, selon elle, « est alternativement, ou à la fois, le contenant et le contenu », le territoire, lui, refuse cette élasticité: il n'est que droit et exercice d'une souveraineté, « effet du pouvoir », clôture par des lois, des règles et des ambitions[3]. Colbert avait donc raison de pointer son doigt sur une carte, depuis son bureau de Versailles, pour dire au nom de son roi que l'île découverte par Mascarenhas deviendrait une authentique île Bourbon. Aucun trait spatial ne peut faire comprendre pourquoi, au fond périgourdin des choses, l'homme imagina de disposer ses morts d'une certaine façon, ni pourquoi la main du chasseur a surgi sur les parois de cavernes. Braudel lui-même n'aurait jamais pu inventer sa Méditerranée sans Philippe II. Et aujourd'hui, les identités les plus souffrantes se nourrissent d'abord d'un imaginaire territorial[4].

Le jeu des échelles inscrit à l'ordre des territoires en histoire a donc été d'abord agencé par décret politique, économique ou culturel. Il suit toujours trois invariants, à peu près repérables chez tous les peuples et toutes les civilisations qui ont maîtrisé peu ou prou des espaces, et quelles qu'aient été les formes politiques de leur emprise sur les territoires, cités, empires, républiques, colonies, etc.: le pouvoir, le capital et la culture. Le *pouvoir* oscille toujours, en noir et blanc, entre guerre-désordre-mal et paix-ordre-bien, la priorité hélas si humaine étant donnée à son visage belliciste, aux razzias ratissant large, aux frontières-limes, aux villes passées au sel, aux plats pays abandonnés à leurs tristes sorts de zones fiscales, au droit du sang qui subvertit le droit du sol. Le *capital* ensuite fluidifie et libère l'inventivité en opposant l'échange monnayable en ville à la rente foncière; il provoque la découverte d'espaces nouveaux pour le profit, la circulation et la migration du travail humain; il superpose l'inégalité sociale à tous les reliefs physiques. La *culture* enfin, sous toutes ses formes religieuses et artistiques, ses œuvres et ses élans de communication, lie intimement le même à l'autre et ne vit que de l'échange de représentations, de langages croisés, d'influences, de modèles et de réseaux bousculant joyeusement les frontières physiques, politiques et mentales. N'affinons pas ce crayonnage, qui valorise il est vrai une histoire trop occidentale, trop européenne et en quelque sorte trop progressiste ou, à tout le moins, supposée toujours en mouvement, linéaire ou brownien;

---

**3.** - NORDMAN D. et REVEL J., « La formation de l'espace français » *in* BURGUIÈRE A. et REVEL J. *(ss dir.), L'Espace français, Histoire de la France*, Le Seuil, 1989, p. 31, on trouve une analyse du même ordre à propos du paysage dans PITTE J.-R., *Histoire du paysage français*, Tallandier, 2 vol., 1983.

**4.** - SAEZ J.-P. *(ss dir.), Identités, cultures et territoires*, Desclée de Brouwer, 1995.

qui oublie ces sociétés à combustion et histoire plus lentes dont raffolent les ethnologues et les archéologues. Mais même à propos de ces dernières, aucun Levi-Strauss, aucun Dumézil et aucun Halbwachs n'a pu nous vendre un très farouche déterminisme spatial et même territorial.

## La nouvelle donne

Venons-en maintenant aux dispositions territoriales les plus communes et au jeu concret des échelles d'analyse, d'argumentation et de construction des savoirs et des enseignements d'histoire. Quatre découpages se sont imposés, au moins en France, par commodité oratoire et impératif de programmes d'enseignement plus que par prédestination méthodologique : le local devenu passablement régional, le national, l'européen et le mondial, dont l'observation pratique en classe fut un beau thème de travail de l'inspection générale en 1997-1998[5].

Aux deux extrêmes, on ne voit guère surgir de difficultés majeures dans les années qui viennent. Au choc de la « mondialisation » en cours, qui dénie si souvent aux espaces antérieurement découpés tout rôle moteur et par laquelle le capital financier, économique et culturel a pris le rythme de circulation que l'on sait, nous pourrons opposer victorieusement, avec le secours de la géographie et des autres sciences sociales, tantôt le bon vieil universalisme des valeurs que l'urgence d'une éducation civique a contraint d'inscrire plus attentivement dans les enseignements d'histoire, tantôt ce mixte de marché, de sciences et techniques, de communication dont l'observation attentive est honorablement inscrite dans les nouveaux programmes. De même, à l'autre extrémité de l'échelle, le local new look devrait être assez aisément majoré et même réhabilité à tous les degrés d'enseignement, pour peu qu'on prenne davantage en compte ses nouvelles dimensions affectives ou identitaires, ses décrochages du vieux « milieu » sous l'effet de la communication de masse et des stratégies de globalisation. Il y a même fort à parier que l'histoire locale et régionale sera vraisemblablement le premier domaine d'expérimentation conceptuelle et pratique du nouveau jeu d'échelles que le XXI^e^ siècle nous impose et où la prise de conscience patrimoniale et mémorielle a pris l'essor que l'on sait pour lester ou densifier quelque peu la nouveauté du présent.

La situation est autrement complexe et indécise en revanche pour les espaces-territoires inscrits entre le local et l'universel. Ne disons que quelques mots des domaines en proie aux incertitudes et aux difficultés ambiantes des États-nations. Ici, les scientifiques, les programmeurs et les pédagogues travaillent à main nue, privés qu'ils sont d'indications claires formulées par une puissance publique inquiète et une société largement défaite. Leur tâche est du coup à la fois mal cernée et mal signalée,

---

5. - *Rapport de l'inspection générale de l'Éducation nationale 1999*, la Documentation française, 1999, p. 299-312.

leur action s'aveugle à proportion des incertitudes de l'air du temps. D'où la prolifération des mimétismes rétro ou des sauts dans l'inconnu multiforme de l'ex-politiquement correct. Il est toutefois quelques pistes à explorer attentivement et que nous tenterons les uns et les autres de baliser à peu près honorablement. Deux points pourraient être de bons ancrages pour une réflexion renouvelée: l'exception française en la matière, avec il est vrai une exceptionnelle longévité et une vivacité inouïe du récit des origines fabriquée au temps de Lavisse et de Vidal de La Blache, n'est qu'une variante d'un vaste mouvement discursif européen qui a fait de la langue et de l'histoire les institutrices des nations. Partout en Europe et dans le monde que l'Europe a touché, les paroles sont diverses mais la musique est commune, le creuset commun et l'art du récit invariant. Autrement dit, il devrait être possible de refonder de l'histoire nationale au creuset du comparatisme à feu vif[6]. Dans le même esprit, et spécialement dans le cas de la France, le récit des origines a toujours été plus décliné qu'on pense par les pédagogies, les petites patries et les horizons lointains ont toujours pris leurs aises dans des programmes qui n'exaltaient pourtant que la grande patrie. Enfin, il convient de rappeler qu'aucune saga nationale n'a pu être correctement contée qu'avec le seul secours de l'histoire et que, bien au contraire, son récitatif fut toujours de lecture, d'écriture et d'argumentaire courants convoquant un nombre impressionnant de disciplines scolaires: nous aurons donc à faire vivre aussi le bel enjeu qui nous attend: construire - sans faire table rase - un récit historique renouvelé sinon ragaillardi et, à coup sûr, autrement plus multidisciplinaire qu'auparavant, pour peu que cette ambition reçoive quelque encouragement de la collectivité.

L'incertitude est plus grande encore dès que l'on touche à l'apport éducatif et civique si mal cerné encore mais qu'on porte si volontiers et de manière très incantatoire au crédit d'une l'histoire de l'Europe désormais « incontournable » en paroles mais si peu mise en pratique en classe. Sur ce point, les avancées dans les programmes sont évidentes et les derniers programmes du lycée en apportent la preuve. Mais cette européanisation potentielle des enseignements d'histoire pèche encore, non pas par une absence de réflexion sur le dosage de la potion prescrite, mais sur sa composition même, ou sa philosophie générale. Du séminaire de Blois d'octobre 2000, la France a sorti des propositions concrètes dont l'adoption dans l'Europe élargie permettrait sans doute de préciser le cadrage[7]. Mais l'enregistrement de ces observations historiennes - grossièrement: cette histoire qui ne peut et ne doit être ni téléologique, ni identitaire, ni idéaliste - piétine et souffre ô combien des pannes de transmission intra-européennes en la matière. Toutes circonstances aggravées en

---

**6.** - Rioux J.-P., « Vivacité du récit français des origines », in *Vingtième siècle. Revue d'histoire*, n° 76, octobre-décembre 2002.

**7.** - Ministère de l'Éducation nationale et Commission européenne, *Apprendre l'histoire de l'Europe. Séminaire européen de Blois, 13 - 14 octobre 2000*, Mission Europe et histoire, 2001, repris de *Vingtième siècle. Revue d'histoire*, n° 71, juillet-septembre 2001.

version française par l'affaire des racines a-religieuses de l'Europe et, en vision plus stratégique, par celle de l'entrée de la Turquie et peut-être un jour du Maghreb. C'est donc à cette heure, n'en doutons pas, la version diplomatique et politique du propos, ou plutôt son indécision, qui nous posent question. Ce qui suffit à bloquer net les chantiers communautaires ouverts ou à tuer dans l'œuf les propositions post-incantatoires faites par les historiens.

Je m'en voudrais de conclure sur ce propos trop désabusé. Soyons persuadés au contraire que le jeu des échelles en histoire, si singulièrement territorialisées soient-elles, est à la fois un biais utile - mais non exclusif - et un domaine d'expérimentation grâce auxquels nous pourrons sans doute, demain, redistribuer la donne et préciser mieux encore les règles du jeu.

## Échanges avec la salle

***Yves Lacoste:*** Les échelles de temps en histoire sont incontournables dans le raisonnement du géographe. L'apport de Fernand Braudel, qui distingue temps longs et temps courts, est à cet égard considérable - même si les historiens actuels tendent à s'écarter de ses enseignements. Le temps ne dépend pas, en effet, uniquement de l'action des hommes. Le temps géologique peut ainsi avoir des conséquences importantes sur le présent lorsque deux plaques, qui se déplacent sur des millions d'années, entrent, par exemple, en friction. Certains phénomènes se mesurent en millénaires, d'autres en siècles, en décennies, en années et même en saisons. Les ordres de grandeur de l'espace se combinent avec des ordres de grandeur du temps. La croissance démographique, par exemple, a évolué selon des rythmes très lents pendant des millénaires et s'est accélérée brusquement de manière très forte à partir du XXe siècle, et plus particulièrement à partir de la seconde guerre mondiale.

***Jean-Pierre Rioux:*** Il est vrai que les évolutions historiographiques ont rendu obsolètes les échelles de temporalité conçues par Fernand Braudel. En outre, le temps est considéré, dans le raisonnement de l'historien, comme une invention - qu'elle soit humaine ou divine. Alain Corbin a ainsi appliqué au temps géologique du rivage le désir temporel de rivage.

***Alain Miossec:*** Il faut noter que cet historien a intitulé son ouvrage *Le Territoire du vide* et a donc utilisé la notion de territoire pour décrire une situation temporelle. Ceci amène à penser que le territoire n'est sans doute pas plus réductible au temps qu'à l'analyse géographique. Fernand Braudel regrettait en son temps que les disciplines d'histoire et de géographie soient séparées. Aujourd'hui, le rejet des thèses braudeliennes conduit sans doute à considérer leur association avec pessimisme.

***De la salle :*** La pensée de Braudel a surtout été remise en cause par la découverte que le temps long était principalement le temps de l'autre - c'est-à-dire le temps du moderniste par rapport au médiéviste ou au contemporanéiste, etc. La longue durée se limite donc à une histoire difficile à observer, à la crête des évolutions qui, si elles étaient étudiées de près, se révéleraient aussi brutales que celles d'aujourd'hui. L'analyse braudelienne est cependant valorisée par l'historiographie britannique actuelle. Les historiens Orden et Purcell ont ainsi étudié la Méditerranée antique et médiévale selon une nouvelle temporalité, à partir d'isolats écologiques, sur lesquels s'observent des collectivités permanentes. Cette approche s'insère bien dans le jeu des échelles et témoigne du retour - critique - de la temporalité braudelienne.

***Alain Miossec :*** Il est un domaine où la combinaison de l'analyse temporelle et de l'analyse spatiale s'impose avec intérêt : la biodiversité.

# Quels territoires enseigner ?

**Gérard Dorel,**
inspecteur général de l'Éducation nationale
**Jacques Gras,**
professeur en classe préparatoire aux grandes écoles

## Une approche conceptuelle récente

Si le territoire fait partie de ces concepts qui sont largement utilisés dans les programmes scolaires, il n'en a pas toujours été ainsi. Le terme ne faisait d'ailleurs pas débat et restait plus ou moins confondu avec celui de région, voire plus tard avec celui d'espace géographique, deux notions liées très fortement à deux grands temps de l'histoire de la pensée géographique, celui de la géographie vidalienne et celui de la « nouvelle géographie ».

Ce que proposait la géographie scolaire était bien loin de la vision de Vidal de la Blache et de ses successeurs, pour qui la géographie régionale était « l'accomplissement dernier », le « couronnement synthétique » de la géographie. Dans la géographie scolaire, l'étude des territoires se réduisait pour l'essentiel à une succession de monographies d'États, seule la France et quelques très grands États bénéficiant d'une approche régionale plus détaillée, tout aussi monographique et longtemps exclusivement inspirée par un découpage défini par le milieu physique.

C'est ainsi que jusqu'à une période très récente, cinq années du parcours scolaire sur sept étaient strictement consacrées à cette géographie « régionale » abâtardie, c'est-à-dire pour l'essentiel celle de quelques États-nations visités à deux reprises, en collège puis en lycée. Ce choix répétitif a figé durablement la géographie scolaire. Elle a souvent provoqué l'ennui des élèves, condamnés aux monographies de régions et d'États, apprises par cœur, sans réflexion conceptuelle, pas même d'ailleurs sur le concept de région.

Les choses ont commencé à évoluer avec l'irruption dans la géographie scolaire des concepts introduits par l'analyse spatiale. Le mot de « territoire » appartient à la fois à l'histoire et à la géographie entre lesquelles il établit un carrefour dont a joué symboliquement Emmanuel Le Roy Ladurie en un titre fameux, *Le Territoire de l'historien*[1]. La géographie aujourd'hui se définit très nettement comme la science

1. - Le Roy Ladurie E., *op. cit.*

étudiant l'organisation et le fonctionnement du ou des territoires. Cette définition se révèle dominante dans les années quatre-vingt-dix, ce dont toute une production universitaire témoigne. Le texte de la quatrième de couverture du manuel de Jacques Scheibling, *Qu'est-ce que la géographie ?*[2], a ainsi valeur de manifeste. Les définitions des dictionnaires de géographie le confirment à leur tour : le mot de « territoire » ne s'est véritablement imposé dans le lexique de la discipline qu'au cours du dernier tiers du XXe siècle. Le recentrage actuel de la géographie sur la notion de territoire apparaît donc comme résultant de nouvelles relations et de nouveaux échanges avec l'histoire et les autres sciences sociales.

Le territoire n'y apparaît plus comme une simple portion d'espace administré, découpé en fonction d'une dominante d'occupation ou d'usage mais il apparaît comme forme d'organisation de l'espace. Il ne s'agit donc plus de privilégier la description d'un État ou d'une région, mais de montrer comment un État ou un espace géographique quelconque, borné ou non, fonctionne comme objet géographique. On peut donc s'abstraire de la monographie régionale classique et utiliser divers exemples, tirés de n'importe quel lieu de la planète, pour appuyer un exemple ou une étude de cas, une démonstration de géographie générale. Mais cela suppose de se familiariser avec les nouveaux concepts qui appuient cette démarche systémique, comme ceux de territoires aréolaires (les aires) ou réticulaires (les réseaux), de distance, de gradients, de centre et de périphérie.

## La notion de territoire dans les nouveaux programmes

Peu à peu, les programmes ont abandonné leur caractère empilatoire et adopté une approche plus conceptualisée du terme de territoire, les professeurs étant par ailleurs invités à aller chercher des cas partout où ils apparaissent pertinents pour leur démonstration. Les auteurs des programmes de géographie de ces dernières années sont partis d'une définition simple du terme, assez opératoire sur le plan didactique : le territoire est une portion d'espace géographique bornée, appropriée, administrée, aménagée. C'est donc une notion à la fois juridique, sociale et culturelle, voire affective, comme le souligne Roger Brunet dans son dictionnaire critique : « Le territoire tient à la *projection* sur un espace donné des structures spécifiques d'un groupe humain, qui incluent le mode de découpage et de gestion de cet espace. Il contribue en retour à fonder cette spécificité, à conforter le sentiment d'appartenance, il aide à la cristallisation des représentations collectives, des symboles qui s'incarnent dans les hauts lieux[3]. »

2. - SCHEIBLING J., coll. « Carré-Géographie », Hachette, 1994.

3. - BRUNET R. (*ss dir.*), *Les Mots de la géographie, Dictionnaire critique*, Reclus, la Documentation française, 1992, p. 436.

Au collège, les programmes de 1995 ont ainsi privilégié les grands ensembles continentaux plutôt que les États. On ne fait plus d'étude exhaustive des pays, mais le regard se porte sur quelques États clefs du monde contemporain, au travers du prisme de grandes problématiques géographiques contemporaines : le développement, l'urbanisation, les rapports Nord/Sud, etc. C'est ainsi qu'est désormais abordée la présentation de grandes nations comme l'Union indienne, la Chine et le Brésil en cinquième. L'étude de quelques États africains a fait place à celle du Maghreb envisagé dans son ensemble et non pas État par État, alors qu'étaient jusque-là étudiées - origines multiples de nombreux élèves obligent - l'Algérie et la Côte-d'Ivoire. En quatrième, on étudie la France (étude qui se poursuit en troisième), l'Allemagne, la Russie et l'un des États méditerranéens de l'Union européenne. En troisième enfin, on passe aux grandes puissances ; si les États-Unis et le Japon sont traités individuellement, c'est l'entité européenne dans son ensemble communautaire qui est inscrite au programme.

Au lycée, les élèves doivent reprendre l'étude de quelques-uns de ces États, mais désormais dans une perspective nouvelle ; les changements ont été considérables. Ce n'est plus une simple « redite » du collège ; on privilégie en effet une approche conceptualisée des territoires des États, à travers des entrées spécifiques. En première, le terme de « territoire » est omniprésent dans les nouveaux programmes de 2002. En histoire, il l'est dans la première partie du chapitre sur la France (1850-1914), avec la présentation de l'évolution du territoire national et sa structuration par les grands réseaux routiers et ferroviaires. L'analyse des cartes politiques de l'Europe (1850-1914) dégage les territoires des États-nations. En géographie, « l'étude de l'Europe et de la France est l'occasion de faire réfléchir les élèves sur la notion de territoire », dont les différents niveaux sont précisés : État, région, agglomération, « pays », quatre niveaux de territoire sur lesquels s'exercent « les interventions des nombreux acteurs spatiaux, publics ou privés ». Le programme de première invite ainsi les professeurs à aborder l'aménagement d'un niveau de territoire puis l'étude d'une région à partir de deux études de cas librement choisies.

Cette dimension est désormais au cœur même des enseignements professionnels dont les programmes rénovés font une part notable, pour ne pas dire clef, à cette « géographie citoyenne » (ainsi le point 5 des programmes de baccalauréat professionnel : « Les citoyens et leurs territoires »).

En terminale, la clef d'entrée reste celle, traditionnelle, de l'étude des puissances (les États-Unis, l'Union européenne et l'Asie orientale). Il ne s'agit plus d'ailleurs, États-Unis exceptés, d'États-nations, mais d'entités beaucoup plus larges. On traite de la puissance économique de l'Union européenne, mais en appuyant la démonstration sur le cas non pas de l'Allemagne comme on le faisait traditionnellement, mais sur un ensemble régional plus complexe, l'Europe rhénane. On n'étudie plus le Japon mais la mégalopole japonaise dans le cadre de « l'Asie orientale, une aire de puissance en expansion ». Cette introduction d'études de cas régionales permet le retour en terminale d'une géographie régionale classique, mais fortement problématisée autour d'une dominante clairement identifiée, qui permet notamment d'introduire, dans des cadres régionaux ou nationaux précis, des grandes questions géographiques.

Il y a bien ici une rupture en cours ; on ne cherche pas à tout faire, et surtout on ne présente plus des monographies d'État. L'objectif est de replacer les nations retenues ou laissées au choix des professeurs dans une perspective continentale, voire mondiale. On remarque aussi le souci de faire réfléchir les élèves sur des problèmes géographiques généraux, en partant du cas de certains États, comme le Brésil ou l'espace méditerranéen pour les questions de développement, la Russie pour celles posées par la recomposition territoriale d'un territoire issu d'un plus grand ensemble, l'Union soviétique. Ces nouveaux programmes de première et terminale se nourrissent, il est vrai, des compétences géographiques acquises par les élèves en classe de seconde où, depuis 1998, le concept de territoire est résolument intégré dans les cursus scolaires en géographie.

Les préambules des programmes de seconde sont explicites et n'ont pas été remis en cause par les modifications apportées par l'arrêté du 1er juillet 2002 : « Les programmes d'histoire et de géographie permettent la compréhension du monde contemporain par l'étude des moments historiques qui ont participé à sa construction et par celle de l'action actuelle des sociétés sur leurs territoires (au pluriel). » S'approprier et gérer l'espace suppose donc une familiarité avec des notions géographiques précises, dont celle de territoire (qui fait partie des onze notions de base que les concepteurs du programme de seconde déclinent dans leur préambule). L'idée est bien de comprendre que l'objet fondamental de la géographie est l'étude des territoires aux différents degrés de l'échelle, le monde apparaissant même comme « le territoire de l'humanité ». Implicitement, c'est dire que lorsque les hommes occupent et aménagent l'espace, ils fabriquent des territoires. Ainsi, avec la question portant sur « l'eau, entre abondance et rareté », la maîtrise de l'eau est présentée comme l'un des moteurs de l'organisation des territoires puisqu'elle contribue à fixer habitat et activités.

Les nouveaux programmes de lycée s'efforcent donc de tenir à la fois la notion de territoire sans pour autant sacrifier totalement les concepts classiques de région géographique et d'État-nation qui restent parfaitement opérationnels selon l'objectif premier de l'enseignement de la géographie, qui est de faire connaître le monde. Il est désormais établi que le territoire a envahi la géographie scolaire, et cette conception s'est imposée pour plusieurs raisons : il permet une approche pluridisciplinaire, il prend en compte la société et ses acteurs à différents niveaux d'échelle, il est enfin un espace borné et reconnu. Mais quels territoires convient-il d'enseigner ?

## Une géographie des territoires: pourquoi? Pour qui?

Si l'on part de la définition opératoire de la notion de territoire évoquée plus haut (un espace borné, approprié, administré, aménagé), peut-on répondre à la question posée: faut-il enseigner tous les territoires en géographie? La question est simple si l'on donne au terme le sens qui longtemps a été implicite dans la géographie scolaire: les États-nations. La question est alors: quels sont les États-nations que les élèves doivent fréquenter au cours de leur scolarité? à quel moment? sous quelle forme? La question a depuis longtemps été tranchée puisque le nombre des États aux programmes a été réduit. Tout le monde s'accorde d'ailleurs pour que l'on ne tombe pas dans un vain encyclopédisme. En revanche, si l'on considère que la géographie des territoires s'appuie sur une conception notionnelle plus riche que celle du « pré-carré » borné des États, il convient de réfléchir sur un certain nombre d'objectifs. On peut en imaginer au moins trois.

Premièrement, *former des citoyens français et européens*. La connaissance du territoire national demeure une tâche première des enseignements de géographie dans notre pays. Personne ne la remet en cause car cela participe à l'évidence d'une certaine forme de « catéchisme patrimonial et patriotique ».[4] Les programmes s'adaptent donc aux nouveaux patriotismes, ou du moins à ceux que l'on voudrait créer dans l'esprit des élèves avec le passage de l'étude de la France à un programme très fortement teinté d'européanisme (« La France en Europe »). Il s'agit bien de contribuer à créer une conscience européenne chez les élèves. Ce n'est pas facile car les inerties sont fortes, d'autant que l'esprit européen est un peu court dans notre pays, encore très imprégné des valeurs du « pré-carré » français[5]. Au-delà, il s'agit bien d'aider les élèves à prendre en compte le double mouvement contradictoire de l'évolution des États qui, d'un côté, s'inscrivent peu à peu dans de vastes ensembles plus ou moins intégrés qui sont naturellement pour nos élèves de grands ensembles comme l'Union européenne ou l'ALENA et, de l'autre, découpent ou re-découpent leurs pré-carrés en entités plus ou moins autonomes auxquelles ils octroient des compétences plus ou moins larges. Autant donc de nouveaux territoires que la géographie scolaire doit prendre en compte en privilégiant le multiscalaire.

D'où l'intérêt, deuxièmement, de *familiariser les élèves à la connaissance et à la gestion citoyenne de leurs territoires de proximité*. Cela signifie qu'il faut leur permettre de connaître leur communauté, leur ville ou leur village, leur quartier. Il convient d'en faire des hommes et des femmes qui puissent apprécier les enjeux collectifs de l'aménagement des différents territoires de la cité, des hommes et des femmes qui connaissent les autres, et donc les reconnaissent. Le problème n'est pas ici de définir une liste des territoires mais de mettre en œuvre une typologie et une

---

4. - Bavoux J.-J., La *Géographie, objet, méthodes, débats*, A. Colin, 2002.

5. - Inspection générale de l'Éducation nationale (groupe Histoire-géographie), « Rapports sur l'Europe dans l'enseignement de l'histoire, de la géographie et de l'éducation civique », MEN, septembre 2000.

méthode d'approche pour chacun des types de territoires retenus. Nous sommes naturellement ici dans une démarche opérationnelle qui rapproche la géographie de la formation politique de citoyens actifs, une démarche qui les fait réfléchir sur les emboîtements spatiaux, sur les solidarités inter-scalaires, sur les singularités et les altérités. C'est la condition pour que l'enseignement de la géographie prenne en marche le train de la régionalisation et de l'inter-communalisation, même si celui-ci est loin d'être arrivé à son terme.

Troisièmement enfin, faire connaître le monde et les territoires qui l'organisent et le structurent. Cela implique de faire une géographie des régions ou des territoires qui comptent, de ceux aussi qui sont délaissés, dominés ou exploités. Au-delà des territoires continentaux et des États-nations, on peut étudier les territoires à des échelles encore plus fines, en mettant l'accent sur le rôle des acteurs. La double approche, aréolaire et réticulaire, débouche sur une carte du monde territorialisé avec son maillage d'États, de mégapoles, d'aires, etc., sur lequel s'inscrivent toute une série de phénomènes de relations.

Nous sommes bien ici dans une forme d'enseignement qui permet d'interpréter le monde, une démarche d'autant plus indispensable que les mutations rapides de la planète désorientent les hommes.

# Enseigner les territoires de la proximité : quelle place pour l'enseignement du « local » ?

**Danielle Champigny,**
inspectrice d'académie - inspectrice pédagogique régionale
**Bénédicte Durand,**
maître de conférences à l'IUFM des Pays-de-la-Loire

## Comment définir le « local » ?

L'adjectif « local » renvoie au nom commun « lieu », cette unité élémentaire de l'espace telle que les géographes la désignent et qui implique en l'occurrence la restriction topographique et une certaine annulation des distances. Lorsqu'on parle d'espace local, on évoque en effet un cadre géographique restreint. Les distances sont réduites ; « local » qualifie donc un fait historique ou un phénomène géographique de grande échelle, considéré dans ses dimensions les plus étroites. Communément, ce sont des limites administratives ou celles de l'agglomération qui sont choisies pour désigner ce lieu de la proximité (la ville, le quartier...) ; elles ne sont pas toujours satisfaisantes, car souvent floues. Sans doute cela s'explique-t-il par l'insuffisance de la référence au cadre topographique pour définir l'espace local. Le local recouvre également un lieu d'exercice de relations sociales fortes, nourries par l'interaction des acteurs sociaux dans le domaine de la sociabilité, mais aussi de la vie culturelle, politique et économique. Pour que le local existe, il faut enfin que l'unité en question soit vécue mais aussi perçue, nommée, voire comprise par un regard géographique spontané ou scolaire porté sur lui.

Il semble que dans le contexte scolaire on puisse évoquer implicitement ou explicitement un territoire connu de l'élève ou en tout cas qu'il est censé connaître, un espace aux limites sans doute floues et variables, mais pratiqué régulièrement, vécu sinon perçu ou compris (c'est le cas lorsque les programmes nous invitent à faire de l'histoire ou de la géographie locale). La familiarité du lieu peut être un axe pédagogique fort de l'enseignement de l'histoire et de la géographie locales. Ce qui est en question, ici peut-être plus qu'ailleurs, c'est l'élève, car il est dans ce contexte au centre de l'objet d'étude. Dans ce cas, le professeur et ses élèves sont les acteurs principaux de l'espace étudié. Dans une certaine mesure, nous nous trouvons placés dans une pratique réflexive de nos disciplines, ce qui peut en simplifier la mise en œuvre par la motivation plus grande des élèves, par la possibilité d'approche concrète des choses, par la sortie facilitée, par la proximité des traces du passé, des lieux de mémoire et des phénomènes géographiques. Mais cela peut aussi la compliquer par le manque de dépaysement : lorsque le vécu local est une souffrance quotidienne (violence dans le bus, état du bâti urbain, des équipements collectifs), son explicitation historique ou géographique dans la classe peut être délicate.

Dans le système scolaire français, le local a longtemps été connoté en fonction des finalités patriotiques de l'enseignement de l'histoire et de la géographie. L'École de la IIIe République organisait l'articulation de l'enseignement de l'histoire et de la géographie des petites patries au service de la connaissance et de l'amour de la grande. On observe une résurgence du projet avec le décret du 19 juin 1937 qui décide de la « création des ateliers-écoles, près des établissements scolaires [...] qui devraient éveiller les aptitudes et la curiosité des élèves, ouvrir plus largement à la vie le travail scolaire, leur faire connaître l'histoire et la géographie locales ». À quoi s'ajoute la circulaire du 9 octobre 1940 qui réhabilite l'histoire et la géographie locales, en même temps que les dialectes provinciaux et la littérature de terroir, dans un contexte nationaliste évident. En 1943, l'histoire locale et provinciale fait obligatoirement l'objet d'une question au certificat d'études. Après guerre, la finalité patriotique s'efface et le local devient porteur d'une nouvelle valeur, pédagogique cette fois : le concret, valeur dont il semble toujours être porteur aujourd'hui.

## Le « local » a-t-il aujourd'hui sa place dans les programmes ?

À l'école primaire, il a une place privilégiée. On peut le percevoir au cycle II, dans le cadre du champ Découverte du monde, par réduction d'échelle progressive de la classe à l'école, au quartier, puis de la ville à la région. Au cycle III, à partir de la classe de CE2, l'histoire et la géographie émergent comme disciplines. On est loin de l'enseignement des « petites patries » devant préparer à l'amour de la grande, mais la démarche du proche au lointain, du familier au moins familier donne la possibilité de faire de la « vraie géographie » par la méthode comparative (des villages d'ici et d'ailleurs par exemple). Ce local familier n'est pas si familier que cela aux élèves et ouvre la possibilité d'une découverte et d'une lecture plus scientifiques. Enfin, le local permet d'articuler les notions d'espace et de temps.

Au collège, il n'y a pas d'engagement explicite à l'enseignement de l'histoire et de la géographie locales. Le local est très peu présent dans un programme d'histoire à dimension essentiellement européenne et nationale ou dans un programme de géographie qui privilégie trois entrées : le monde, l'Europe et la France. C'est au professeur d'utiliser l'exemple local, s'il le désire et lorsque c'est possible. Le local peut s'immiscer dans le programme selon la volonté de l'enseignant, en position de « zoom », dans le cadre d'une étude historique ou géographique à l'échelle nationale, sauf en sixième où des paysages locaux peuvent être choisis comme grands types de paysages.

Au lycée, en classe de seconde, l'étude de cas est l'occasion de proposer de la géographie locale aux élèves, avec un positionnement didactique original. Encore faut-il que l'étude de cas locale soit suffisamment représentative des enjeux géographiques que contient le thème général. Les nouveaux programmes de première renforcent quelque peu la place explicite du local, notamment dans la partie du programme consacrée à la France, comme exemple de la « diversité des milieux » (III, 1) ou comme étude de cas dans « Disparités spatiales et aménagement des territoires » (IV, 3).

Le local aujourd'hui se trouve à la marge des programmes, dans les espaces de motivation et d'investissement où l'on attend que soient les itinéraires de découverte et les travaux personnels encadrés. La position didactique doit être claire ; il ne s'agit pas d'étudier le local pour lui-même. Dans la mesure où les programmes ne donnent explicitement que peu de place au local, tout est affaire de contexte (local...) en termes de niveaux de classe, de richesses locales et de personnalité des enseignants. Les objets étudiés sont davantage le passé - et donc l'histoire - que la géographie, davantage le monument que l'espace urbain, davantage le musée que les archives, davantage la ville que la campagne. L'industrie reste la parente pauvre. Les raisons du choix du local sont très diverses : passion, exemplarité, proximité affective, volonté d'initiation au métier d'historien, civisme et très souvent la mise en œuvre d'études locales s'effectue en interdisciplinarité.

Il semble néanmoins important de se garder des risques de dérive inhérents à ce type d'enseignement : le « localisme » peut devenir un outil de revendications politiques ou culturelles. Dans certains départements ou certaines régions, le repli identitaire est une dérive réelle ; un manuel d'histoire régionale a par exemple été distribué à tous les collégiens de Bretagne et il est en cours de traduction en breton, il en va de même dans le Lot-et-Garonne. Quant à la Corse, elle a un manuel d'éducation civique spécifique. Il ne faut pas non plus perdre de vue que les événements locaux ne prennent sens que couplés à l'histoire nationale et que l'étude du local en histoire et géographie doit avant tout servir à construire des concepts et des raisonnements propres à nos disciplines. Il semble donc nécessaire de réinventer une approche du local en histoire et géographie qui tienne compte du cadre, avant tout national, des programmes (histoire nationale, étude de la France) et qui s'appuie sur l'idée qu'il se constitue une identité, une appartenance à une communauté pas nécessairement et uniquement « locale ». Il conviendrait par ailleurs de construire des offres documentaires adaptées aux exigences de l'enseignement du local et de mieux y préparer les enseignants.

Face à ce triple objectif, face à cette triple utilité sociale, le défi auquel l'enseignement de la géographie est confronté est de mettre en phase les réalités évolutives des territoires d'aujourd'hui, quelle que soit leur échelle, avec les programmes de géographie consacrés à l'étude des territoires. C'est la tâche prioritaire de la géographie d'aujourd'hui, tâche qui en fait « une science politique au sens fort du terme puisqu'elle s'interroge sur la vie de la cité et souhaite y intervenir ».[1] Si la géographie générale enseigne le monde géographique et ses grands enjeux humains, environnementaux, économiques, la géographie régionale - qu'il convient d'intituler effectivement géographie des territoires - la géographie d'aujourd'hui a pour objectif premier d'éduquer pleinement à la citoyenneté contemporaine dans sa quadruple dimension mondiale, européenne, nationale et locale. Elle contribue à l'évidence à donner aux élèves une vision globale, cohérente et intelligible du monde. Ainsi, le territoire, espace à protéger ou à conquérir, est devenu un espace de projet(s) autorisant plus facilement le rapprochement de nos deux disciplines car la construction de l'avenir passe par une mobilisation de la mémoire. Cette mutation a également permis d'instaurer de nouveaux échanges avec les autres sciences sociales. Il s'agit maintenant de réussir à en faire bénéficier nos élèves.

**1.** - Bavoux J.-J., *op. cit.*, p. 189.

# Un cas très particulier : enseigner les territoires de la France

**Jean-François Chanet,**
maître de conférences à l'université Lille-III
**Jacqueline Jalta,**
inspectrice d'académie - inspectrice pédagogique régionale

## Territoires anciens et nouveaux territoires

Ce thème suppose que l'on aborde aussi bien la construction du territoire national et ses représentations que les échelles diverses de l'appartenance vécue. Il comporte donc plusieurs questions en une : comment « enseigner la région »[1], pour reprendre le titre du colloque international tenu à Montpellier en février 2000, et comment « enseigner la nation »[2], pour citer celui du dossier publié dans la revue *Genèses* en septembre 2001, et réfléchir aussi au dépassement de ces entités héritées dans le cadre de ce qu'il est convenu d'appeler la construction européenne.

Nous restons des enfants de Michelet pour qui, comme il l'écrivait dès le début de son *Tableau de la France*, placé en 1833 en tête du tome II de son *Histoire de France*, « l'histoire est d'abord toute géographie ». Comme le rappelait Lucien Febvre, qui en 1922, dans l'introduction à *La terre et l'évolution humaine*, posait « le problème des influences géographiques » dans l'histoire des hommes, Michelet avait deviné que « le sol n'est pas, pour les sociétés humaines, un simple parterre immobile, un inerte plancher de théâtre ».[3] Poser la question en termes d'ancien et de nouveau, c'est aussi bien fixer notre attention sur le problème de l'évolution et donc de l'adaptation, car notre approche ne doit pas être généalogique. Il ne s'agit pas de remonter aux origines. Un tel débat, du reste, Maurice Agulhon l'a souligné à plusieurs reprises, ne saurait être simplement historiographique : la question « Depuis quand la France ? », selon la réponse qu'on lui donne - puisque le choix existe entre « vingt siècles depuis Vercingétorix, quinze siècles depuis Clovis ou onze

1. - Boutan P., Martel P. et Roques G. *(ss dir.)*, *Enseigner la région*, Actes du colloque international de Montpellier, 4-5 février 2000, L'Harmattan, 2001.
2. - « Enseigner la nation », in *Genèses*, n° 44, septembre 2001, p. 2-75.
3. - Febvre L. et Bataillon L., *La terre et l'évolution humaine. Introduction géographique à l'histoire* (1922), A. Michel, 1970, p. 21.

depuis Charles le Chauve »[4] -, se colore de nuances idéologiques diverses. Notre propos n'est pas davantage de retracer les conquêtes successives de nos disciplines, ce qui reviendrait à le limiter trop exclusivement aux aspects épistémologiques de la question.

Celle-ci a une portée politique, au sens le plus noble du terme - elle concerne le territoire de la cité -, et aussi sociale et culturelle en ce qu'elle touche aux formes d'appropriation individuelle et collective de l'espace et à la récente cristallisation autour d'elles d'une conscience patrimoniale qui va s'affirmant chaque jour avec plus de force. C'est pourquoi elle se rattache aux questionnements conduits par Pierre Nora dans *les Lieux de mémoire*, qui comporte cinq contributions réunies sous le titre « Le territoire ».[5] Elle participe de la réflexion sur le cheminement historique que suggère le plan de l'*Histoire de la France* dirigée par André Burguière et Jacques Revel, de « la formation de l'espace français » à « l'aménagement du territoire ».[6] Elle se situe dans une problématique historique illustrée, récemment et brillamment, par Daniel Nordman dans son livre *Frontières de France*[7].

## Les finalités, les contenus et les outils

Sans perdre de vue le tournant fondateur de la Révolution française, il semble raisonnable de nous en tenir à la période qui va de la fin du XIXe au début du XXIe siècle. Elle suffit en effet à rendre compte du changement de paradigme auquel fait référence la distinction entre l'ancien et le nouveau. Nos interrogations, ici, s'imposent d'elles-mêmes: quelle approche du territoire de la France convient-il de privilégier? Quelle place doit-on lui ménager dans les programmes? Quelles finalités, en somme, assigner à l'enseignement de l'histoire et de la géographie de la France?

Répondre à ces questions suppose d'examiner la lettre des programmes. Celle-ci permet de vérifier la place qu'y occupe, suivant les époques, l'étude de la patrie, de la « plus grande France » avec ses « territoires » coloniaux, c'est-à-dire un ensei-

4. - AGULHON M., « La République française: vision d'un historien », *in* ISOART P. et BIDEGARAY C. *(ss dir.)*, *Des Républiques françaises*, Economica, 1988, p. 50.

5. - NORA P. *(ss dir.)*, *Les lieux de mémoire. La Nation*, t. II, Gallimard, 1986, *cf.* articles de GUENÉE B., « Des limites féodales aux frontières politiques », p. 11-33; NORDMAN D., « Des limites d'État aux frontières nationales », p. 35-61; MAYEUR J.-M., « Une mémoire-frontière: l'Alsace », p. 63-95; WEBER E., « L'hexagone », p. 97-116; LE ROY LADURIE E., « Nord-Sud », p. 117-140. Dans la troisième partie, *Les France. Conflits et partages*, t. I, la section intitulée « Partages de l'espace-temps », p. 738-929, *cf.* articles de CHARTIER R., « La ligne Saint-Malo - Genève », de CORBIN A., « Paris-province »; AGULHON M., « Le centre et la périphérie »; REVEL J., « La région »; RONCAYOLO M., « Le département ».

6. - BURGUIÈRE A. et REVEL J. *(ss dir.)*, *Histoire de la France. L'espace français*, Le Seuil, 1989, *cf.* articles de NORDMAN D. et Revel J., « La formation de l'espace français », p. 31-169; RONCAYOLO M., « L'aménagement du territoire (XVIIIe-XXe siècles) », p. 511-643.

7. - NORDMAN D., *Frontières de France. De l'espace au territoire, XVIe-XIXe siècles*, Gallimard, 1998.

gnement géographique plus qu'associé - mis au service de l'histoire nationale. Il convient à cette occasion d'accorder une attention spéciale à la présentation des limites et subdivisions territoriales, à la nomenclature administrative et à son évolution depuis les provinces de l'ancienne France jusqu'aux « régions de plan » de la Ve République, en passant, bien entendu, par la division départementale. Cet examen confirme que, par exemple, l'enseignement de la IIIe République visait à consolider le sentiment d'appartenance et à lui incorporer les emboîtements territoriaux. L'intériorisation de la nomenclature administrative, qui satisfaisait à la formation initiale des futurs fonctionnaires, n'était pas la seule importante. Dans ce que l'historien Raoul Girardet a qualifié de « géographie sentimentale » des Français, la logique impériale revêtait aussi une importance primordiale. Les nouveaux programmes obéissent quant à eux à une triple finalité civique, intellectuelle, patrimoniale et culturelle. De bout en bout, le primat reconnu au territoire national apparaît avec évidence. Mais il inclut différents niveaux, différentes formes d'insertion dans l'Europe et dans le monde.

Il nous faut aussi nous interroger sur les contenus de cet enseignement. Ainsi les nouveaux programmes du cycle terminal appellent une lecture spécialement attentive. Le programme de première consiste en « l'étude de l'Europe et de la France », qui fournit l'occasion de faire réfléchir sur la notion de territoires de niveaux variables (État, région, agglomération, pays). Ces territoires entretiennent de nombreuses relations. Une approche multiscalaire permettant une meilleure compréhension de cet emboîtement des espaces est indispensable. Une importance significative est donc attribuée à l'étude des différentes mailles et au jeu des échelles pour comprendre les logiques et les pratiques territoriales.

L'histoire est-elle concernée au même degré par le changement de logique territoriale? Les débats en cours sur la « fin des empires », les questions soulevées par l'unification de l'Europe et la mondialisation, tout sollicite à cet égard la réflexion des citoyens et donc requiert, de la part des enseignants, une prise en compte pédagogique prioritaire. L'évolution des problématiques et des contenus de l'enseignement de l'histoire ne peut être dissociée de celle de la nature des territoires sur lesquels l'accent doit être mis, et aussi de la hiérarchie que supposent à la fois les critères de leur identification et la valeur attachée à leurs emboîtements. Ne convient-il pas de s'interroger en particulier sur l'effacement, dans les programmes actuels, de la lente évolution qui a conduit du tracé du domaine royal à celui du territoire national? Une autre question se pose à propos de la place des territoires dans les programmes d'histoire. L'importance de l'étude de cas locale (quelle que soit la maille) pose le problème du statut de l'histoire régionale (et non régionaliste) dans les instructions officielles d'où elle semble, pour ce qui concerne au moins le secondaire, avoir totalement disparu. On constate par ailleurs, dans les programmes d'histoire du second cycle, l'absence quasi-totale de références à la construction du territoire national, au moins pour ce qui concerne la phase initiale de celle-ci. En effet, le passage du domaine royal au royaume n'est pas abordé dans le second cycle du lycée ; ce travail de repérage essentiel doit donc être traité avec soin à l'école primaire et en classe de cinquième.

Au chapitre des outils, pourquoi ne pas reprendre à notre compte l'insistance de Vidal de La Blache sur la place de la carte et de l'image, et sa façon d'aborder la question : quelles images pour enseigner le territoire ? Nous devons nous interroger aussi sur la nature et la fonction du document patrimonial, donc des choix qui s'imposent en la matière. Des collections de cartes postales aux sites internet, l'évolution du matériel, de l'outillage et de la décoration scolaires est riche d'indications et de suggestions. De même, évoquer la place qui doit revenir au croquis et au schéma dans ces enseignements, conduit à se demander s'il n'y aurait pas lieu, plutôt que de nourrir des ambitions théoriques excessives ou prématurées, de revenir à des modes d'initiation plus immédiats, plus vivants.

De la réflexion sur les sources surgira, entre autres, un constat facile à faire : les collectivités territoriales produisent en grand nombre des documents qui ne sont pas assez utilisés par les enseignants. En dépit de critiques séculaires, les enseignements qui nous réunissent aujourd'hui ne conservent-ils pas, en règle générale, un caractère livresque ? Qu'en est-il, dans l'enseignement de l'histoire, de la mobilisation des institutions culturelles ? L'utilisation des archives, fort au goût du jour il y a vingt ans, n'est-elle pas un peu passée de mode ? Cahiers de doléances de l'Ancien Régime, Mariannes de la III$^{e}$ République, monuments aux morts de la première guerre mondiale sont fortement inscrits dans la territorialité et propices à une contextualisation. C'est pourquoi ils peuvent servir de base de départ pour des études de cas. Ces exemples permettent de rappeler la place que les documents patrimoniaux proposés par les archives ou encore l'étude des manuels scolaires du passé qui retracent la formation du territoire national peuvent prendre dans l'étude de l'évolution des territoires.

En ce qui concerne la continuité de la formation, il apparaît que la géographie est très mal étudiée en classe de première. Cet enseignement n'est pas assez concret. Les enseignants ne font pas étudier toutes les mailles du territoire parce qu'il en est qu'ils ne maîtrisent pas. S'agissant de l'histoire, la montée simultanée des exigences d'unification européenne et des revendications régionalistes peut inspirer bien des questions au sujet du choix et de l'utilisation du document patrimonial - questions qui, en définitive, nous ramènent toutes aux conditions de l'équilibre nécessaire, ou plutôt de la hiérarchie, entre le particulier et l'universel.

## Annexe : définitions du mot « territoire » dans trois dictionnaires de la langue française

***Émile Littré*, Dictionnaire de la langue française, *t. IV, Hachette, 1875, p. 2201.***

1° Étendue de terre qui dépend d'un empire, d'une province, d'une ville, d'une juridiction, etc.

2° Aux États-Unis, contrée assez peuplée déjà pour avoir besoin d'être administrée au nom du Congrès fédéral, mais n'ayant pas encore atteint le chiffre de population nécessaire pour faire sa constitution, et pour entrer, avec l'agrément du Congrès, au même titre que les autres États, dans la république.

***Pierre Larousse*, Grand Dictionnaire universel du XIXe siècle, *Larousse, s. d. [1875], t. XIV, p. 1660.***

1° Étendue de pays qui ressortit à une autorité ou à une juridiction quelconque: *Le territoire français. Le territoire de cette commune.* [...] Dr. canon. Droit ou licence d'exercer les fonctions épiscopales sur le territoire d'un autre évêque [...].

2° Encycl. En Algérie, chacune des provinces se subdivise administrativement en *territoires* civils et en *territoires* militaires. [...] Aux États-Unis, on donne le nom de *territoire* aux nouvelles provinces acquises par achat, cession ou conquête. Les *territoires* envoient au Congrès des délégués qui prennent part aux discussions de la Chambre des représentants, mais ne jouissent pas du droit de vote. Quand un *territoire* a 60 000 habitants, il peut être érigé en État.

3° En droit international, par suite d'une fiction, les agents diplomatiques qui occupent des postes dans un pays étranger sont considérés comme continuant à vivre dans leur propre *territoire* et, par conséquent, ne sont pas soumis au régime des lois du pays où ils résident réellement (v. exterritorialité). Les navires de l'État et même les bâtiments de commerce naviguant sous le pavillon de l'État auquel ils appartiennent sont considérés comme une extension du *territoire* national; tout matelot à bord doit se considérer comme étant toujours dans son pays.

***Paul Robert*, Dictionnaire alphabétique et analogique de la langue française, *t. IX, 2e éd. revue et enrichie par Alain Rey, 1987, p. 256-257.***

Territoire - 1380; *terretoire*, 1278, rare jusqu'au XVIIe, répandu au XVIIIe (Montesquieu, Rousseau); lat. *territorium*; de *terra*, « terre ».

1° Étendue de la surface terrestre sur laquelle vit un groupe humain, et, spécialement, une collectivité politique nationale. *Le territoire national français* [...]. *Ligne de démarcation entre deux territoires. Territoire enclavé. Défendre son territoire. Conquête, occupation d'un territoire.* [...] *En territoire ennemi. Défense* (*cf.* Défense nationale), *surveillance du territoire* (Dst). *Le « libérateur du territoire »*, nom donné à Thiers, après l'évacuation du territoire français par les troupes allemandes en 1873. - Dr. *Le territoire*, élément constitutif de la collectivité ou limite de compétence (par ex.: domaine de la souveraineté de l'État). Admin. *Divisions, subdivisions du territoire.* [...] Écon. *Aménagement du territoire:* politique qui tend à distribuer les industries, les activités économiques (agriculture, construction, etc.) selon un plan régional (décentralisation, programmes régionaux...). « *Le peuple français ne fait point la paix avec un ennemi qui occupe son territoire.* » (Convention nationale. Séance du 18 juin 1793.).

2° Étendue de pays sur laquelle s'exerce une autorité, une juridiction. *Le territoire d'un évêque* (évêché), *d'un juge.* - Surface d'une subdivision administrative. *Le territoire de l'arrondissement, du canton, de la commune... - Territoire de Belfort:* circonscription administrative de l'Est de la France, correspondant à la partie du Haut-Rhin restée française après 1871. Le sol, les terres. [...] Spécialt. Étendue de pays qui jouit d'une personnalité propre mais ne constitue pas un État souverain. *Territoires coloniaux, d'outre-mer. Ciennt. Territoires sous mandat, sous tutelle, associés. Le terme de « territoire dépendant » remplaça, dans la charte des Nations unies, celui de « colonie ». - Territoires assignés aux Indiens.*

3° Anat., physiol. Domaine localisé (en pathologie, on emploie plutôt *terrain*).

4° Zool. Zone qu'un animal se réserve et dont il interdit ou limite l'accès. *Le renard délimite son territoire. L'étude de la maîtrise, de la gestion des territoires, est l'un des objets principaux de la psychologie animale, de l'éthologie, de la zoosémiotique.* - (Plantes). *Territoire floristique*, stations à flore similaire.

Quatrième partie

# Les outils de l'enseignant

# Continuité et discontinuité chronologique dans l'enseignement de l'histoire

**Dominique Borne,**
doyen de l'inspection générale de l'Éducation nationale
**Patrick Garcia,**
maître de conférences à l'IUFM de l'académie de Versailles

Afin d'aborder la question de la continuité et de la discontinuité dans l'enseignement de l'histoire, il convient tout d'abord de circonscrire le champ du questionnement. Ce dont il est question, ici, c'est de la continuité et de la discontinuité chronologique dans l'enseignement de l'histoire, et non de l'ensemble des dialectiques de changement, de résistances ou de survivances qui constituent en elles-mêmes un pan massif de la réflexion historienne depuis au moins Tocqueville, et qui ont eu leur traduction dans l'histoire enseignée, ne serait-ce qu'à travers le jeu des causalités (que l'on songe à la Révolution française) déclinées sous le triptyque : causes lointaines et profondes, conjoncture, événement.

Cette délimitation effectuée, il ne reste pas moins impossible, pour étudier l'histoire enseignée, de faire abstraction des conceptions des historiens, même si celle-là n'est pas le simple reflet de celles-ci. À quelles conceptions de l'histoire renvoient ces deux notions ? Quelle est leur place dans la tradition scolaire ? Quelles sont les évolutions récentes ?

## L'empire de la continuité

Centrale dans la tradition scolaire, la notion de continuité[1] chronologique renvoie à des présupposés d'ordres distincts qui suffiraient à exemplifier le caractère mixte de l'histoire scolaire à la croisée d'une conception d'un savoir garanti par la communauté historienne (l'Université) - *ce qu'est l'histoire* - et d'un projet social - *ce en vue de quoi* l'histoire est enseignée aux enfants et aux adolescents. Sans y voir un ordre de dignité ou d'antécédence, car les opérations sont à bien des égards simultanées, le premier pilier du dogme longtemps dominant de la continuité chronologique est de nature épistémologique : en termes simples, « l'avant explique l'après ». Autrement dit, c'est vers le passé qu'il faut se tourner pour connaître les

1. - *Cf.* Borne D., « Où en est l'enseignement de l'histoire ? », *op. cit.*

causes, les raisons d'une situation, d'un événement, d'où le « culte des origines » dénoncé par François Simiand en 1903 qui pousse les historiens du moment méthodique à faire remonter leurs investigations aussi loin que possible. D'emblée, même si Langlois et Seignobos considèrent que l'historien procède par analogie avec les situations dont il a l'expérience, voire qu'il « imagine » à partir de ce qu'il connaît, qu'il part des traces qui subsistent du passé et donc du présent, « l'ordre de la restitution » se fait en sens inverse. Le récit part de l'amont et se déploie vers l'aval suivant l'ordre chronologique. C'est en ce sens qu'il y a, pour reprendre l'expression de Paul Veyne, « rétrodiction ».

Le risque inhérent à une telle démarche est bien sûr le durcissement de l'histoire, le déterminisme. L'avant expliquant l'après, celui-ci a tôt fait de devenir nécessaire. D'ailleurs, l'école libérale qui défendait sous la Restauration l'inéluctabilité de la Révolution française et de son déroulement se qualifiait, significativement, d'« école fataliste » et trouvait son référent théorique dans l'adaptation des thèses de Hegel par Victor Cousin. Cette attitude tend aussi à rationaliser les surgissements et peut conduire à minimiser les rôles des acteurs pour en faire de simples « agents » - « les révolutions se font malgré les révolutionnaires », disait E. Labrousse.

Mais la fortune dont a longtemps joui la continuité chronologique ne repose pas seulement sur des raisons épistémologiques qui seraient intrinsèques à l'explication historique telle que la conçoit la communauté historienne. L'affirmation de la continuité est aussi, ce qui est déjà sensible dans le dernier exemple mobilisé, un programme politique. Peut-être, avant d'en venir aux pratiques scolaires, convient-il donc de se tourner une fois encore vers le moment fondateur de la discipline.

Quand en 1876, dans l'éditorial fondateur de la *Revue historique*, Gabriel Monod dresse le programme de la rénovation des études historiques, c'est une chronologie orientée par le progrès qu'il propose aux lecteurs. Alors que nombreux sont ceux qui voient dans l'histoire en France « une guerre civile permanente qui nous livre d'avance à l'ennemi » (Numa Fustel de Coulanges), il fait au contraire le récit d'une historiographie qui se perfectionne sans cesse et lui confère ainsi une unité. Or ce qui est vrai pour l'historiographie l'est tout autant pour la France : « c'est par [la connaissance approfondie de son histoire] que tous peuvent comprendre le lien logique qui relie toutes les périodes du développement de notre pays et même toutes ses révolutions ; c'est par là que tous se sentiront les rejetons du même sol, les enfants de la même race, ne reniant aucune part de l'héritage paternel, tous fils de la vieille France, et en même temps tous citoyens au même titre de la France moderne. »

Et lui-même, alors qu'il est protestant, verse son écot à cette conscience unitaire en valorisant le siècle de Louis XIV comme plus propre aux progrès de l'érudition que les temps agités de l'humanisme et de la Réforme où l'histoire était trop marquée par les passions politiques.

Cette double conviction a longtemps imprégné l'enseignement de l'histoire, premièrement comme traduction des convictions de la communauté historienne. Dès 1820, les instructions invitent les enseignants à rejeter les développements trop complexes, « les discussions de haute critique qui appartiennent à un enseignement approfondi » et à se limiter « à la simple exposition des faits historiques et dans la *liaison naturelle* qu'ils ont entre eux ». Ce qualificatif - même si l'enjeu premier est en l'occurrence d'éviter tout ce qui pourrait passer comme un commentaire de l'actualité politique - mérite attention. La succession chronologique y est, en effet, donnée comme opération naturelle (ici le contraire d'artificielle), celle qui s'impose à la fois comme la plus vraie et la plus simple, en d'autres termes la plus juste et la plus adaptée aux élèves. L'histoire est une succession de faits qui se livrent d'eux-mêmes. La continuité chronologique est ainsi l'une des composantes majeures de ce que l'on pourrait qualifier d'épistémologie « spontanée » des historiens et des enseignants d'histoire.

La défense du respect de la continuité dans l'enseignement de l'histoire possède de plus illustres références. Georges Lefebvre, dont personne ne songerait à remettre en cause les qualités d'historien - qui plus est novateur - réagit en ces termes à l'idée lancée par Jean Zay d'un programme discontinuiste fondé sur l'étude « d'échantillons »: « la discontinuité qu'on veut instaurer est la négation même de l'histoire [...]. S'il est une notion fondamentale qu'elle soit destinée à inculquer, c'est bien celle de la perspective chronologique. [...] Sur la scène de l'histoire, le rôle [de ceux qui enseignent l'histoire] est [...] de planter des portants qui s'échelonnent les uns derrière les autres et nous ne pouvons y réussir que par un récit continu [...]. On objectera sans doute que la discontinuité sera le privilège du second cycle, après que l'élève, au cours du premier, se sera familiarisé avec la chronologie et aura pris conscience de la continuité. Mais la notion de l'échelonnement dans le temps n'est que le premier objet de l'enseignement historique. La continuité est la condition d'une autre acquisition, celle du développement évolutif, essentielle à la culture générale et qui semble particulièrement réservée au second cycle lui-même[2]. » Georges Lefebvre fait donc dépendre du respect de la progression chronologique la saisie par l'élève des évolutions. Or c'est justement celle-ci qui est à ses yeux l'apport primordial de l'histoire à la culture et à la connaissance des sociétés. En y renonçant, on aboutirait, selon l'historien de la Grande Peur, à une déshistoricisation et à la négation de l'histoire en « son principe même ».

Second point, le dogme de la continuité, qui a régné sur l'enseignement de l'histoire jusqu'en 1945 (pour prendre comme jalon les premiers programmes discontinuistes et, en fait, dans les esprits et les pratiques, bien au-delà), ne s'alimente pas à la seule source d'une adaptation des conceptions universitaires de ce qu'est l'histoire, mais relève aussi du projet de montrer à tous les élèves qu'« il y a, selon

**2.** - *Revue historique*, t. CLXXXI, 1938, p. 1.

la formule récurrente de Lavisse, des légitimités successives au cours de la vie d'un peuple et qu'on peut aimer toute la France sans manquer à ses obligations envers la République ». Ce roman national continuiste s'exprime à l'école primaire, qui présente les Gaulois comme des ancêtres communs illustrant déjà les qualités et les défauts propres au peuple français. Vertus au demeurant si fondatrices que le groupe de François Rude sur l'arc de triomphe de l'Étoile, dès 1831, montre les Volontaires de 1792 en habits « gaulois ». Il s'exprime tout autant dans le secondaire, où les programmes décrivent un véritable procès de civilisation qui part du croissant fertile ou de l'Égypte pour aboutir en France comme la fresque qui orne le Grand Palais fait se succéder les entrées royales de Babylone à Jeanne d'Arc.

Raoul Girardet en témoigne : « Du "Petit Lavisse" au "Malet et Isaac", le passage était par la suite facilement franchi. Sans doute la brusque irruption des Grecs et des Romains venait-elle perturber quelque peu la trop belle ordonnance d'un passé rigoureusement fermé sur lui-même et où la présence initiale des valeureux Gaulois ne leur avait guère laissé de place. Mais il ne s'agissait au fond que d'ancêtres trop longtemps méconnus. Rangés dans la galerie des Pères fondateurs, ils s'intégraient finalement dans une même lignée, participaient à une même continuité : parlant de la bataille de Salamine, notre professeur de sixième l'avait tout naturellement rapprochée de celle de la Marne, insistant sur les fatales conséquences que n'aurait pu manquer d'avoir, et pour la civilisation en général, et pour notre destin en particulier, un sort contraire des armes. » Comme dans la généalogie brossée par Gabriel Monod, la continuité chronologique de l'histoire enseignée est le moyen de subsumer, de résorber les fractures réelles de l'histoire de France, de métaboliser et de domestiquer les guerres franco-françaises sous le registre de la successivité légitime et nécessaire.

Ce thème n'est pas proprement républicain : les programmes Carcopino de 1942 comme leurs prédécesseurs prescrivent que l'histoire sera enseignée « en insistant sur la continuité de l'effort français à travers les régimes pour construire, maintenir, relever la France ». Il ressurgit avec véhémence à l'occasion de chaque débat sur l'histoire. Ainsi, lors de la querelle sur l'enseignement de l'histoire à la fin des années soixante-dix, Louis Mexandeau, député socialiste et ancien enseignant d'histoire, conclut en affirmant de façon abrupte qu'« il n'y a d'histoire que celle qui respecte la continuité chronologique ». De même à l'article 4 du projet de loi d'orientation sur l'enseignement de l'histoire déposé par le Rassemblement pour la République en 1980 peut-on lire : « La logique, la clarté et la cohérence pédagogique exigent que la succession des événements soit inscrite dans un cadre chronologique et que l'enseignement de l'histoire en respecte la continuité. » On le voit : à travers l'attachement à la notion de continuité chronologique c'est d'abord celle de la nation qui est en cause.

Troisièmement, à propos des repères et de l'ordre, de façon plus pratique, la continuité paraît être le moyen le plus adéquat d'organiser un apprentissage ordonné de l'histoire. Les instructions de 1954 fustigent l'idée d'un « enseignement historique conçu comme un échantillonnage discontinu en profondeur ». Celles de 1957, tout en rappelant la liberté laissée aux professeurs de « traiter avec une ampleur inégale des divers éléments du programme », précisent : « proclamons-le aussitôt : il ne s'agit pas d'y ouvrir des lacunes ; la trame des événements, comme celle du développement des civilisations, est continue ; le respect de cette continuité n'a pas cessé d'être, pour nous, un principe fondamental. »

Ce principe de continuité reste sous-tendu par une conception de l'histoire comme suite de faits liés par une causalité linéaire. L'annexe I du programme du premier cycle de 1969 parle de « récit continu, en longue période, qui donne aux élèves la nécessaire notion de l'enchaînement chronologique des faits ». Même en 1977, dans ces programmes Haby tant décriés, il est encore spécifié que « les élèves arrivant de l'école primaire devront déjà posséder quelques repères chronologiques élémentaires que l'on s'emploiera à préciser (échelle graphique du temps) en même temps qu'on soulignera des notions fondamentales : continuité historique, causalité, aperçus concernant les interférences entre aspects sociaux, culturels, économiques, etc. »

Hors d'un exposé bâti selon la continuité, tout ne serait que désordre et conduirait les élèves à la confusion. En outre, continuité et causalité linéaire apparaissent inextricablement liées. Elles aboutissent à l'exercice de représentation du temps sous la forme de la frise chronologique dont on a maintes fois dit qu'elle était une vision nécessaire et orientée - téléologique - du temps et qui semble si intimement associé à l'apprentissage de l'histoire qu'elle continue d'emplir les manuels alors même que les documents d'accompagnement des programmes actuels ne le préconisent plus.

En dépit de cette écrasante domination de la perspective continuiste, l'idée de la discontinuité s'est progressivement affirmée dans les conceptions savantes comme dans les pratiques scolaires même si, comme en témoignent les enquêtes de Nicole Lautier, elle n'est pas encore toujours pleinement assumée. Comme cette chercheuse le montre, le découpage par périodes ne modifie pas cette caractéristique puisque les périodes par définition se suivent et s'emboîtent sur le mode de la succession.

## L'émergence de la notion de discontinuité

La remise en cause du dogme de la continuité intervient assez tôt dans le débat qui, au tournant du siècle, oppose sociologues et historiens, notamment quand Simiand propose de prendre comme point de départ ce qu'il appelle le « type normal », le phénomène social arrivé à sa maturité ; toutefois ce débat ne semble pas avoir d'écho dans les pratiques d'enseignement et ne s'immisce que lentement dans les pratiques savantes.

En vérité, plus qu'autour du couple de la continuité et de la discontinuité le débat tourne autour du type de continuité adoptée. Ainsi, ce que récuse Marc Bloch est moins l'idée de continuité en tant que telle que la détermination par « l'antécédent immédiat ». Dans *Les caractères originaux de l'histoire rurale française*[3], il soutient : « dans ce continu qu'est l'évolution des sociétés humaines, les vibrations, de molécule à molécule, se propagent à une si longue distance que jamais l'intelligence d'un instant, quel qu'il soit, pris dans le cours du développement ne s'atteint par le seul examen du moment immédiatement précédent. » Dans le même ouvrage, comme Simiand, il propose d'aller du « mieux connu au moins bien connu » et souligne qu'il faut souvent « lire l'histoire à rebours » - soit assumer pleinement la dialectique du présent et du passé (et retour), fondatrice à ses yeux de ce qu'est la compréhension en histoire posée comme « science du changement social ». Il n'en demeure pas moins que ce que Lucien Febvre théorise sous l'appellation d'« histoire problématique » est une justification fondamentale d'une approche discontinuiste de l'histoire, puisqu'elle ne se contente pas d'une explication « naturelle » par ce qui a précédé, mais tend à assumer effectivement la nature interprétative de l'histoire.

Le renoncement au dogme intangible de la continuité s'effectue assez largement indépendamment de ce débat - du moins dans un premier temps. La discontinuité, telle qu'elle se fraie un chemin dans les programmes scolaires, est d'abord le résultat de réajustements pratiques dont la signification épistémologique est longue à être prise en compte. En clair, une certaine discontinuité est introduite et ce, dès les programmes de 1945 de l'école primaire, dans un souci d'allègement. Il s'agit davantage de ne pas étudier certaines périodes pour permettre l'achèvement des programmes dans un volume horaire en réduction que de remettre en cause des conceptions fondatrices de l'histoire. Ainsi, cette discontinuité renvoie davantage à l'adage posé par Lavisse « enseigner c'est choisir » (choisir *entre* et *dans* les périodes comme Lavisse invitait à choisir dans le maquis des « faits ») qu'à une mutation des conceptions qui président à l'enseignement de l'histoire. Au reste, la renonciation pratique à une étude en continu de l'histoire s'effectue à reculons et en multipliant les dénégations. Sans doute cette thèse est-elle un peu forcée au regard des projets de réforme de Jean Zay, auxquels réagit Georges Lefebvre, et qui proposent la notion « d'échantillonnage en profondeur » mais ceux-ci sont d'une cohérence intellectuelle alternative exceptionnelle et de toutes les façons ne voient pas le jour. L'idée qu'ils portaient reste longtemps en déshérence.

C'est à partir des programmes de terminale de 1962 que l'abandon du principe de la continuité chronologique est effectivement assumé (du moins pour certaines classes et pour certaines parties du programme). L'étude thématique des « grandes civilisations » s'inscrit désormais dans une autre logique que celle du récit chronologique. Cette innovation, dont on sait combien elle a été mal reçue par le corps

---

3. - BLOCH M., *Les Caractères originaux de l'histoire rurale française*, coll. « Références », A. Colin, 1999.

enseignant, est réitérée - avec un contenu différent - dans les programmes de seconde de 1981 intitulés : « Les fondements de la civilisation occidentale ».

Extrait du programme de seconde, 1981 :

« I. Questions au choix de l'Antiquité à nos jours pour illustrer les caractères essentiels de la civilisation européenne :

- apports gréco-romains, la démocratie athénienne au Ve siècle, l'art grec au IVe siècle ou de la cité grecque à l'État romain ;
- apports hébraïques et chrétiens ;
- les grands courants de pensée et les techniques du Moyen-Âge au XIXe siècle, l'humanisme, les Lumières ou les sciences et les techniques ;
- l'art de la Renaissance italienne, l'architecture baroque, le romantisme ou la peinture française à la fin du XIXe siècle ;
- économie et société au XIXe siècle : la révolution industrielle au Royaume-Uni ou en France ;
- État, nation, régime politique : l'Angleterre, l'indépendance américaine ou la Révolution française ;
- unité italienne, unité allemande, 1848. Progrès de la démocratie.

II. Une autre civilisation, l'Afrique, l'Extrême-Orient ou la civilisation musulmane »

De même les programmes de 1995-1996 encore en vigueur, « Les fondements du monde contemporain » préconisent-ils l'étude de « moments » isolés - que les dernières formulations du programme qualifient de « ruptures ». Soixante années après les projets de Jean Zay, l'idée d'un échantillonnage assumé comme tel s'est imposée. Qui plus est, cette fois, l'abandon de la continuité chronologique n'est plus sous-signifié. Il correspond nettement à la volonté de combattre une vision déterministe de l'histoire et de valoriser à la fois les acteurs et les effets configurants du surgissement événementiel. Il est donc associé à un recul de la notion de cause qui renvoie au programme de défatalisation de l'histoire énoncé par Paul Ricœur.

Reste que cette option, comme la précédente, se présente sous la forme d'un mixte entre une « mise en conformité épistémologique » avec l'historiographie - dont les auteurs ont soin de préciser qu'elle doit être « minimale », la vocation de l'histoire enseignée n'étant ni de trop coller, ni de rompre tout lien avec la recherche - et un projet politique. Celui-ci peut être caractérisé par deux soucis : premièrement, valoriser le rôle des acteurs et, partant, promouvoir l'action civique - cette volonté réagit au désinvestissement fréquemment diagnostiqué de la sphère publique par les Français (abstention) comme à la revalorisation de l'action collective. Deuxièmement, favoriser l'émergence d'une conscience européenne par l'établissement d'une culture commune, promouvoir et mettre en évidence une européanité.

Du point de vue épistémologique, ce mouvement est en phase avec la double volonté de rendre sa fluidité au passé et d'inscrire l'histoire du temps présent - qui domine aujourd'hui dans l'enseignement secondaire - dans une temporalité plus large. En ce sens, l'échantillonnage par moments peut tomber sous le coup des reproches formulés de façon anticipée par Georges Lefebvre comme absolutisation de cette quête d'antécédence alors que l'histoire est l'apprentissage du relatif.

D'un point de vue pratique, il importe cependant de remarquer que le moment où triomphe le recours à l'échantillonnage est aussi celui où la notion de repères est énoncée avec le plus d'insistance. Dans ce cadre, la discontinuité assumée à l'École ne serait-elle pas une conséquence du changement d'échelle politique contemporain qui nous fait passer de la nation à l'Europe et invite, au moins transitoirement, à travailler ces deux dimensions en même temps ? Bref, serait-ce l'indice de l'élaboration d'un autre roman ?

## Sortir du jeu continu/discontinu ?

L'évolution qui vient d'être retracée à grands traits est notable et doit être saluée. Pour autant, elle laisse une certaine insatisfaction. Nous sommes tous convaincus aujourd'hui que l'histoire est un rapport entre présent et passé, qu'elle s'écrit, comme le disait Bloch ou Marrou, au présent, que le travail de l'historien est bien un travail « à rebours ». Faut-il, dans ce cadre, reconduire dans l'enseignement cet « effet de réel », pour parler comme Barthes ou comme de Certeau, qui nous fait présenter l'histoire suivant un ordre chronologique ? Ne peut-on pas imaginer dans l'enseignement, des démarches régressives, assumées comme telles, qui permettraient de saisir avec les élèves les différents modes de réactivation du passé, les jeux de mémoire et de temporalités qui permettraient effectivement, par la mobilisation de cadres plus vastes, de désenclaver le temps présent sans pour autant durcir celui-ci ? C'était l'une des propositions des programmes Martin - aussitôt rejetés - inspirés de l'épistémologie blochienne qui mériterait sans doute d'être expérimentée plus avant...

# Quels repères chronologiques, spatiaux et patrimoniaux doit-on retenir à l'école primaire et au collège ?

**Benoît Falaize,**
formateur à l'IUFM de l'académie de Versailles
**Jean-Pierre Lauby,**
inspecteur d'académie - inspecteur pédagogique régional

La question des repères chronologiques, spatiaux et patrimoniaux que l'on doit retenir à l'école primaire et au collège nécessite de faire un bilan critique des pratiques pédagogiques actuelles, inscrites dans le cadre des programmes en vigueur, de pointer quelques interrogations sur la pertinence, les réussites et difficultés des apprentissages dans ce domaine, en insistant sur la continuité entre les niveaux.

À cet égard, notre champ de travail écarte le lycée et c'est une première question : considère-t-on ainsi que le « retenir » - qui renvoie implicitement à l'« observer » et au « décrire » - s'applique principalement aux classes du collège, terme concrétisé par une évaluation formelle des repères chronologiques, spatiaux et patrimoniaux à l'occasion des épreuves écrites du diplôme national du brevet ? En conséquence, « approfondir » est-il l'objectif premier du second cycle du secondaire, une fois les repères essentiels acquis ? Mais le sont-ils vraiment ?

Ce thème est très marqué, directement ou indirectement, par les grands débats épistémologiques et didactiques qui ont traversé nos disciplines depuis une trentaine d'années. Pour simplifier, la question des repères évoque inévitablement dans notre mémoire commune le récitatif des dates, des fleuves et des départements - bouffées de nostalgie pour les uns, images pesantes de ces disciplines pour les autres -, puis la mise à l'encan de ces accessoires d'une pédagogie désuète dans l'ébullition des années postérieures à 1968.

Si l'on évoque la simple définition première du mot « repère » telle que nous la livre le dictionnaire, on peut trouver déjà matière à nombre de nos questions : « tout ce qui permet de retrouver quelque chose dans un ensemble ; marque ou indice qui sert à se retrouver. » Appliqué à nos disciplines, un repère rend plus aisée l'identification d'un espace, d'une période, il permet de passer du fait singulier à la généralité et de se situer ; surtout, un repère ne vaut pas en lui-même, il ne prend sens que par rapport à d'autres repères, tout comme une borne géodésique rattachée à d'autres bornes plus ou moins proches permet de reconstruire un espace topographique. Le repère est le produit d'un apprentissage en classe; une fois acquis, il permet de se situer dans les trames temporelles, spatiales et culturelles. Ne devons-nous pas apprendre à nos élèves à devenir, finalement, les arpenteurs de leur culture historique et géographique par la maîtrise raisonnée et progressive des repères?

## La perte des repères : le poids du passé

S'agit-il pour nous d'affirmer ou de réaffirmer la place des repères et des méthodes pour les acquérir, comme le faisait avec insistance le rapport Girault en 1983? En plein débat sur la crise de l'enseignement de l'histoire, ce rapport rappelait que seulement 36 % des élèves de sixième étaient en mesure de situer correctement le début de la Révolution française. D'autres exemples abondaient ainsi sur les lacunes des élèves en la matière. Depuis la publication du rapport Girault et les colloques de Montpellier et d'Amiens, les programmes ont remis progressivement au goût du jour l'apprentissage des repères historiques et géographiques, en se fondant sur une critique appuyée des contenus et des méthodes pédagogiques antérieurs. Un triple constat sous forme de procès a pu être dressé pour dénoncer les excès coupables de cette perte des repères essentiels: le procès de la « nouvelle histoire » et de la « nouvelle géographie », le procès des programmes scolaires et le procès de la pédagogie.

Les reproches portaient moins alors sur les avancées formidables de la recherche fondamentale en histoire et en géographie réalisées dans les quatre décennies précédentes que sur l'usage scolaire qui en a été souvent maladroitement fait. Les champs et méthodes préconisés en histoire par l'école des Annales ou par la recherche anglo-saxonne en géographie pouvaient-ils s'accommoder facilement des démarches pédagogiques?

Ainsi, la remise en cause de l'événementiel, de « l'histoire batailles », du rôle des grands hommes, l'intérêt pour l'histoire quantitative et sérielle, pour l'économique et le social, ont provoqué de profonds bouleversements dans le champ de l'histoire enseignée en contribuant à renvoyer une image passéiste de celle-ci, singulièrement décalée par rapport à la science qui se fait. Il en va de même pour la géographie quand on dénonce en même temps, mais non sans querelles de chapelles, l'image stéréotypée d'une discipline ennuyeuse, bonasse, enfermée dans la typologie des paysages, les approches morphofonctionnelles, l'inventaire des lieux, l'énoncé des productions, alors que l'heure est à la géopolitique, à la recherche des lois de l'espace, à l'élaboration de modèles, aux concepts fédérateurs.

Dans les deux disciplines, les objets centraux de la recherche se sont déplacés, les contenus et méthodes de l'histoire et de la géographie scolaires ne pouvant rester en retrait d'un mouvement de fond qui privilégie dorénavant les démarches et schémas explicatifs et conceptuels. Leur introduction rapide et sans véritable recherche de progressivité selon les niveaux va donc provoquer une certaine forme de déni des apprentissages concernant les repères élémentaires.

De fait, les programmes élaborés dans cette période sont imprégnés des nouveaux centres d'intérêt de la recherche. En 1977, à l'occasion de la réforme Haby, le temps long fait une entrée remarquée dans les programmes d'histoire de collège, les professeurs devant enseigner des thèmes diachroniques (histoire de l'agriculture en sixième, des transports en cinquième) qui balayent d'un seul coup un thème des origines à nos jours. Ce n'est pas une innovation totale, puisque les programmes de 1969 autorisaient cette démarche, mais elle était facultative. Dans le premier cycle, on est donc dans une rupture fondamentale par rapport aux conceptions antérieures des programmes, en continuité avec ce qui est en place dans le primaire dans le champ des sciences sociales. L'objectif est de conduire les collégiens à découvrir les temps forts de l'histoire, les conjonctures, les périodes riches en événements complexes, pour acquérir et consolider des notions et des repères qui sont revus plusieurs fois au fil des niveaux. On retrouve les préoccupations d'une histoire plus globale, plus « totale », d'une histoire qui fait une large place aux phénomènes économiques et sociaux, aux facteurs de civilisation et de mentalité.

La géographie scolaire fait aussi sa révolution. L'entrée par les États cède la place à des ensembles plus vastes et au jeu des échelles, les vieux schémas faisant se succéder la géographie humaine à la géographie physique, les tiroirs usés des entrées fonctionnelles étant remplacés par des entrées thématiques et une centration sur les notions. Néanmoins ce qui va dominer le débat, sans dominer pour autant les passions, est l'irruption forte des influences de la géographie chorématique et la transformation tout aussi importante des représentations cartographiques qu'elle va induire dans les manuels et supports pédagogiques de l'enseignement secondaire. Figures stylisées des États ou des continents, les chorèmes disent comment se structurent les espaces, quelles en sont les dynamiques; de nouveaux schémas cartographiques, délivrés des pesanteurs de l'espace concret - celles du paysage, sanctifié par la carte topographique -, abondent dans les manuels et aident à penser des espaces géographiques abstraits et conceptuels, voire des modèles ordonnés autour de lois spatiales. Les lieux physiques s'effacent au profit de formes et de structures, affranchies donc de l'espace physique de la nature. C'est le triomphe de l'hexagone, nouvelle icône sur-représentée, d'une nouvelle géographie quasiment galvaudée, qui fait que l'on ne sait plus dessiner la France dans sa configuration réelle; mais qui n'a pas alors succombé à la fascination de cette démarche?

La réforme Haby a donné lieu à un accompagnement pédagogique théorique largement inspiré des méthodes en cours à l'époque à l'école primaire au sein du couple « activités d'éveil / sciences sociales », elles-mêmes influencées par un courant psychopédagogique porté par les travaux de psychologues comme J. Piaget et

J.-S. Bruner. On préconise de fait une continuité entre le primaire et le collège qui soit de nature à conforter les apprentissages du temps historique et de la chronologie, sur la base, comme on l'a déjà évoqué, d'études historiques successives en longue durée.

Cette pensée place l'élève au centre des méthodes, et fait de l'activité sur documents le primat des apprentissages. Dès lors, les méthodes traditionnelles étant dénoncées comme inopérantes, l'élève doit apprendre par lui-même, si possible en puisant dans l'observation de son environnement immédiat matière à s'interroger sur le passé et les territoires. Apprendre et retenir les repères par la simple action de la mémorisation factuelle devient implicitement une voie à laquelle il faut renoncer, sous peine d'être rangé dans la catégorie des pédagogues passéistes. Avec un décalage entre l'histoire et la géographie, les deux dernières décennies ont été l'occasion d'un aggiornamento des mots d'ordre, des programmes, des pratiques.

## Le besoin de repères : retour vers le futur

À partir du début des années quatre-vingt, les repères sont redevenus des éléments-clé des recommandations officielles, en raison bien sûr des carences constatées, mais aussi des revirements importants de la recherche et du contexte politique. Pour autant ces inflexions ne sont pas un simple retour vers un prétendu âge d'or, mais visent d'autres finalités, d'autres problématiques.

L'éclipse de l'apprentissage des dates relatives aux événements et aux personnages est très liée à l'effacement de l'histoire politique. Or depuis le début des années quatre-vingt, celle-ci connaît un regain de faveur certain, qui réhabilite l'événement, le sujet, comme l'affirme Jean-François Sirinelli : « la reviviscence de l'histoire politique [...] s'intègre dans le mouvement de retour au sujet agissant, après le reflux de la vague du structuralisme et le recul progressif de l'influence du marxisme dans les sciences humaines et sociales. »[1] L'événement et le personnage retrouvent une place de choix dans les préoccupations scientifiques, en particulier grâce aux travaux et à l'audience des médiévistes : Jacques Le Goff, dans son *Saint-Louis*[2], a reconstruit la biographie comme un genre majeur et une méthode irremplaçable pour l'investigation historique, comme l'avait fait quelques années auparavant Georges Duby pour la notion d'événement avec *Le Dimanche de Bouvines*[3]. Ces évolutions fortes de l'historiographie plaident *de facto* la cause d'un retour à des approches similaires dans les contenus et les programmes.

La géographie connaît, d'une manière intéressante, semblable remise en cause. Dans le champ des investigations scientifiques, la notion de paysage est par exemple

**1.** - Cité par Delacroix C., Dosse F. et Garcia P. in *Les Courants historiques en France*, A. Colin, 1999.

**2.** - Le Goff J., *op. cit.*

**3.** - Duby G., *Le Dimanche de Bouvines*, Gallimard, 1973.

réifiée. Roger Brunet défend lui-même d'une certaine manière la cause du paysage lorsqu'il affirme que « le paysage peut être un piège, car il cache, il trompe (des indices sont polysémiques), il est brouillé et se déchiffre comme un palimpseste car les traces du passé ne s'effacent pas toutes, certaines sont encore actives, il est distordu par la distance; enfin et surtout, il ne dit pas tout, car tout ce qui fait l'espace et qui est de l'espace n'est pas visible: il donne donc quelques pistes, provoque et soutient quelques hypothèses. »[4] En cela, il est rejoint, pour une fois, par Yves Lacoste: « la géographie, ça sert aussi à comprendre et à mieux aimer les paysages [...]. Il faut savoir penser les paysages. Tout cela, c'est aussi raisonner en géographe. »[5]

Les constats négatifs pointés dans le rapport Girault font suite aux vives protestations du président Mitterrand et, dans le contexte politique agité de l'arrivée au pouvoir de la gauche en 1981, la préoccupation est également de renouer le fil de la mémoire, de situer et de légitimer les nouveaux gouvernants dans la tradition républicaine. Assurément les grands repères historiques et géographiques ont vocation en ce sens, au même titre que la réintroduction de l'apprentissage de l'hymne national dans les programmes Chevènement.

L'époque est aussi celle de la montée en puissance du Front national et des débats autour de l'immigration et de l'intégration. On réaffirme la nécessité de l'apprentissage de repères collectifs de nature à construire une identité commune à tous les élèves. Chronologie, dates et personnages sont confortés. S'il est hors de propos de renier les apports de la « nouvelle histoire », il n'est pas non plus question de restaurer l'histoire à la Lavisse et son nationalisme exacerbé; il n'y a par conséquent ni révolution, ni restauration dans les programmes des deux dernières décennies du XX^e^ siècle. Les repères sont réinvestis autour de finalités civiques et identitaires, ouvertes sur l'ailleurs et sur l'autre, légitimées par les valeurs d'universalisme de la République française, de l'Europe en construction, ce qui constitue donc un retour... vers le futur. S'y ajoute, nouveauté des temps, des finalités culturelles et patrimoniales intrinsèquement civiques.

La frénésie commémorative a pris en France une ampleur nouvelle: millénaire capétien, bicentenaire de la Révolution, centenaire de la naissance du général de Gaulle, vingt ans de la Constitution de 1958 se succèdent à un rythme soutenu. Tout concourt désormais à mettre en exergue la notion de patrimoine, sanctifiée par des journées annuelles éponymes. Les programmes de 1995 traduisent cette évolution par l'avènement des finalités patrimoniales et mettent au cœur des apprentissages la connaissance et le maniement des documents patrimoniaux. Les personnages listés dans les repères chronologiques portent cet objectif de construction d'une « mémoire raisonnée », mais ils partagent dorénavant cette fonction et cette mission

**4.** - BRUNET R., *Mondes nouveaux, Géographie universelle*, Belin-Reclus, 1990.

**5.** - LACOSTE Y., *Hérodote*, n° 44, 1987, p. 4-7.

avec les documents patrimoniaux, marqueurs d'un héritage commun qu'il convient de s'approprier et de transmettre entre générations.

Au bout du compte, la notion de repère a subi une évolution de fond et l'on peut affirmer qu'il y a une véritable émancipation par rapport à l'acception traditionnelle. En histoire, s'il s'agit d'acquérir encore des dates, il y a aussi un élargissement à des périodes longues (le temps d'une civilisation pour l'Égypte en sixième, par exemple), à des documents patrimoniaux qui sont selon Jean-Pierre Rioux les « traces et œuvres que les générations précédentes ont déjà lues, qu'elles ont gratifiées d'un sens et qu'elles ont distinguées au point d'en faire des références pour chacun et pour tous »; pour lui également, « il est indispensable que les générations présentes en acquièrent au collège une connaissance intime et critique à la fois, pour s'intégrer dans la chaîne du temps et de l'espace[6]. »

En géographie, on fait l'inventaire critique des excès mal contrôlés de la chorématique, sans heureusement jeter le bébé avec l'eau du bain, les nouvelles épreuves du baccalauréat conférant au croquis de géographie une place importante dans l'évaluation. On revient à la maîtrise des formes et figurés classiques de la cartographie, à la connaissance mieux assurée des grands repères physiques (localisations des continents et océans, des grands fleuves, des reliefs, etc.), des États, de la localisation des villes. Mais dans cette discipline également la notion de repère est étendue à d'autres domaines: les zones de peuplement, les espaces construits (l'organisation spatiale d'un État, les relations d'interdépendance entre zones géographiques par les flux visibles ou invisibles, etc.). De surcroît, le paysage géographique est lui-même investi d'une finalité patrimoniale.

De tout cela on retiendra que les repères reposent désormais sur le triptyque chronologie-espace-patrimoine et qu'ils doivent être porteurs de sens. La carte et l'image tiennent maintenant une place éminente dans la manière de les faire acquérir et retenir.

## Apprendre les repères: questions pour aujourd'hui

Rétablis dans leur statut premier, les repères appris au collège soulèvent néanmoins quelques questions quant aux contenus et méthodes, pour les apprentissages et ceux qui doivent les mettre en œuvre.

Les repères chronologiques, spatiaux et patrimoniaux ne valent pas pour eux-mêmes, ils sont étroitement associés aux démarches instaurées dans les cours. Ils proposent des choix, qui sont en histoire des « exemples » ou des « ruptures » qui signifient une période ou témoignent d'un découpage du temps historique. Ils portent en géographie valeur de cas d'espèce – étude de cas ou situation géogra-

6. - Rioux J.-P., « Document de l'inspection générale d'histoire et de géographie », 1997.

phique, selon les termes des programmes - ou permettent d'atteindre aux notions (aménagement du territoire, région, centralité, etc.). Par le repère, on doit passer du singulier au général, du local à l'universel et sa mobilisation dans le strict registre illustratif est vigoureusement dénoncée. Mais à partir de là des interrogations peuvent se faire jour : comment résoudre la tension entre le souci d'universalisme des repères et la tentation du géocentrisme qui traverse tout autant l'histoire que la géographie ?

Autrement dit, se pose la question de la place de l'histoire et de la géographie de la France, voire de l'Europe, dans les programmes. Sans les changements d'échelle, de points de vue, les confrontations, les repères ne risquent-ils pas d'être tronqués, déformés ? Dans le même ordre d'idée, on pourra toujours s'interroger, et par conséquent critiquer, sur le choix privilégié d'une période, la mise en lumière d'un personnage. Pourquoi telle invention plutôt qu'une autre (la machine à vapeur, mais pas le moteur à explosion) ? Pourquoi telle ville, tel fleuve ? Autant de sélections sujettes à discussion, qui font les beaux jours d'après publication des programmes.

La nouvelle conception des repères renvoie, on l'a dit, au maniement des échelles du temps et de l'espace. Ce faisant, appréhendés à différentes temporalités, les repères acquis doivent permettre la construction d'une perception du temps, une « chronosophie », qui articule la date et la période, le temps ou le moment de l'histoire ; de même, le passage du lieu au paysage - lui-même somme composite de lieux - puis au territoire et à l'espace est-il le moyen de construire progressivement et par itération une « géosophie ». Ces constructions théoriques sont pourtant rattachées à des apprentissages connexes dont la maîtrise requiert des méthodes rigoureuses et, pour le moins, une formation exigeante pour les professeurs, qu'il s'agisse des croquis pour la carte et le paysage ou de la lecture des images qui prennent une importance croissante. La question reste entière pour les formes et figures, pour les représentations graphiques des temps historiques, frises et tableaux diachroniques ou synchroniques ne remplissant à cet égard que difficilement leurs objectifs. On sait bien aussi la difficulté de donner des images dans l'épreuve des repères du diplôme national du brevet, compte tenu du caractère polysémique de nombre d'entre elles.

Les repères listés dans les différents chapitres des programmes du collège doivent faire l'objet d'un apprentissage permanent au cours de la scolarité de l'élève pour être acquis et évalués lors de l'épreuve spécifique du diplôme national du brevet. Les professeurs ont de la difficulté à concevoir de la continuité en la matière et à mettre en œuvre une réelle progressivité, continuité et progressivité qui feraient qu'un maximum de repères soit régulièrement revus d'un niveau à l'autre selon l'opportunité des chapitres et des thèmes. De sorte que le risque est grand - il est fréquent dans la réalité du terrain - d'assister à des reprises formelles des repères, sans lien avec les contenus, voire à des bachotages stériles. Au lieu de quoi il serait formateur d'instaurer une démarche élaborée, presque « réticulaire » pour reprendre la métaphore de la triangulation topographique, dans laquelle les repères se renvoient les uns aux autres et construisent les trames de connaissances voulues. Quelle place respective donne-t-on de ce fait à la mémoire et aux activités? On peut s'étonner aussi de certaines incohérences, même si l'on quitte ici le collège: pour les épreuves du baccalauréat, une chronologie simple est fournie aux candidats pour la composition d'histoire, mais pour le croquis de géographie le fond de carte est muet. La nature des apprentissages serait-elle différente?

L'acquisition des repères chronologiques, spatiaux et patrimoniaux relève d'une construction architectonique dans l'ensemble des programmes et des apprentissages du collège; dès lors peut-on faire l'économie du travail d'équipe pour penser une véritable progressivité de la sixième à la troisième, sans donner lieu à un « rabâchage » peu formateur pour les élèves? Quelle est la bonne place des repères dans les programmes: faut-il une liste à part ou bien faut-il intégrer les repères dans le corps même du texte du programme afin de leur donner une lisibilité plus grande par rapport aux thèmes et par là même davantage de force? Enfin, situer un fleuve sur une carte, est-ce faire de la géographie ou répondre à une demande sociale, s'agit-il d'un prérequis ou bien est-ce le fruit et le résultat d'une démarche?

# Comment enseigner l'histoire et la géographie au lycée professionnel ?

**Michel Corlin,**
inspecteur de l'Éducation nationale - enseignement technique
**Joëlle Dusseau,**
inspectrice générale de l'Éducation nationale

## L'état des lieux

Depuis 1950, l'enseignement professionnel a connu trois grandes évolutions. Premièrement, on a noté l'affirmation d'une alternance entre l'établissement de formation et l'entreprise (à partir des séquences éducatives dans le milieu professionnel en 1979). Deuxièmement, on a assisté à un positionnement progressif dans le second cycle du second degré (CAP après la troisième, troisième de découverte professionnelle, création du baccalauréat professionnel en 1985). Troisièmement, la création d'une troisième voie des lycées a été rendue crédible par l'ouverture à l'enseignement général et par l'introduction d'épreuves écrites renouvelées (au BEP à partir de 1994, au baccalauréat professionnel à partir de 1998).

Les publics scolarisés, en légère diminution, ont évolué d'une élite de la classe ouvrière à des couches sociales dites défavorisées, cumulant les handicaps économiques et culturels. La promotion par la voie professionnelle s'est peu à peu transformée en une voie d'orientation par défaut, relégation par l'échec au collège, même s'il ne faut pas sous-estimer les réussites du baccalauréat professionnel.

Dans le même temps, le niveau de qualification des professeurs s'élevait, de l'instituteur au professeur d'enseignement général (PEGC) des collèges d'enseignement technique (CET), formés dans les écoles normales d'apprentissage (ENNA), de 1945 à 1991, et par le recrutement dans les IUFM après 1991 passant du DEUG à la licence. La mise en place du cycle baccalauréat professionnel eut pour conséquence la création d'un corps de PLP2 (professeurs de lycée professionnel de 2e grade), à la bivalence confirmée dans l'enseignement général. Le recrutement en IUFM hausse le niveau de qualification vers la maîtrise avec une nette prédominance de la formation universitaire en histoire chez les PLP2 lettres-histoire. Cette évolution creuse l'écart culturel entre des professeurs plus diplômés et des élèves en difficulté. Elle peut être facteur d'entraînement, mais aussi d'incompréhensions.

Ces caractères généraux induisent des finalités particulières à l'enseignement de l'histoire-géographie au lycée professionnel. Les préambules des programmes, du CAP rénové au baccalauréat professionnel, insistent sur la nécessité d'une culture humaniste fondée sur une citoyenneté responsable. Le choix d'une insertion socio-culturelle et civique reste donc prédominant par rapport à l'univers professionnel de l'entreprise, même si celui-ci n'est pas oublié dans les finalités de l'enseignement bivalent. Dans le cadre européen d'une prospective sur les vingt prochaines années, une résolution du conseil des ministres de l'Éducation des quinze États membres de l'Union rappelle en effet que la formation professionnelle est une réponse essentielle à des mutations technologiques de plus en plus rapides et que le système d'orientation vers la voie professionnelle sera d'ici 2010 une référence de qualité mondiale.

Ces dispositions impliquent une transparence des flux d'orientation, une adaptation des États membres par les équivalences de diplômes et la formation tout au long de la vie, sachant que les choix de formation sont différents d'un État à un autre, voire entre les régions d'un État de type fédéral : enseignement professionnel dans un établissement scolaire, par alternance ou entièrement en entreprise, programmes définis par l'État ou par des instances régionales, etc. Trois préoccupations sont récurrentes dans le cadre européen : l'insertion socioprofessionnelle, l'éducation à la citoyenneté et la dimension européenne de la formation.

## Les contenus et les démarches

Sur les contenus, un certain nombre de questions se posent : faut-il mettre en place un fonds culturel commun (pluriel et singulier, homogénéisé ?) ou adapter les deux disciplines aux besoins du marché ? Faut-il privilégier le contemporain ou développer le temps long d'une identité européenne ? Doit-on privilégier un regard européocentré (décentré ?) ou un dosage entre local, national et mondial ? Faut-il entrer dans les programmes par des savoirs (réflexions sur les notions) ou par des compétences (comme « traiter de l'information » et « argumenter »)?

Il semble nécessaire de mettre en place une pédagogie active ancrée dans le concret et l'environnement local quotidien des élèves (étude de cas), tout en sachant qu'il n'y a pas de validation de compétences sans mobilisation de connaissances (voir la dérive techniciste des anciens référentiels d'histoire-géographie) – la démarche de construction progressive des savoirs se heurte encore trop souvent à des situations pédagogiques sclérosantes de type comportementaliste. Ces situations révèlent la redondance thématique des programmes (en BEP) et la difficulté d'assurer une progression méthodologique entre les cycles, de nombreux praticiens soulignant le cloisonnement du temps scolaire et des contenus découpés en tranches qui n'éclairent plus sur la complexité du monde. Les programmes innovants de CAP ouvrent des portes de façon pluridisciplinaire et peuvent offrir une réponse possible à l'échec des élèves.

Poser la question du rapport au savoir des élèves de lycée professionnel ne revient néanmoins pas à s'investir trop dans des dispositifs comme le projet pluridisciplinaire à caractère professionnel (PPCP), au cours desquels la discipline peut perdre de sa spécificité au point d'être simplement instrumentalisée. Plus que dans la relation entre les cycles, la cohérence reste encore à trouver dans la bivalence autour de la nécessaire et difficile maîtrise de la langue (spécifique au français ou transversale? Y a-t-il une écriture de l'histoire-géographie propre à ces deux disciplines?).

# La place des documents dans l'enseignement de l'histoire et de la géographie

**Gérard Granier,**
inspecteur d'académie - inspecteur pédagogique régional
**Françoise Picot,**
inspectrice de l'Éducation nationale

Les documents sont au centre de l'enseignement de l'histoire et de la géographie. Aux examens, l'étude de documents est devenue l'exercice roi, détrônant la rédaction ou la composition. Les documents sont également très présents dans les épreuves des concours de recrutement d'enseignants (CERPE, CAPES, agrégation). En classe, les professeurs utilisent abondamment de nombreux documents. Certains enseignants, notamment au collège, fondent leur enseignement sur des fiches documentaires polycopiées qu'ils ont eux-mêmes conçues, associant documents, questions et emplacements réservés aux réponses. Ainsi certains cours peuvent en compter une dizaine (en moyenne 4 à 6 selon une enquête de l'inspection générale de l'Éducation nationale de 1993-1994, « Le document dans l'enseignement »), ce qui représente plusieurs centaines par an et par niveau d'enseignement. Les manuels ne sont plus guère que des recueils de documents. Des publications pédagogiques (*la Documentation photographique, Textes et documents pour la classe*) et surtout maintenant l'internet offrent des documents chaque jour plus nombreux à un professeur qui peut parfois hésiter au milieu d'une offre aussi pléthorique.

La nature, le statut, l'intérêt de ces documents sont d'une extrême diversité. Comment s'y retrouver? Plusieurs questions se posent: qu'est-ce qu'un document? La question mérite d'être posée car la réponse ne va pas de soi. À quoi peut et doit servir un document? Quels en sont les différents usages possibles et avec quels objectifs? Peut-on déterminer les meilleurs documents à utiliser en fonction de la discipline et de l'âge des élèves? Face à cette masse documentaire, la question des critères de sélection se trouve posée. Enfin, quelle place le document doit-il tenir dans les pratiques enseignantes? Il est actuellement omniprésent, en particulier au collège. Cette situation est-elle souhaitable?

## Définition et typologie des documents

La définition même du mot « document » ne va pas de soi. Étymologiquement ce mot est issu du latin *documentum*, « ce qui sert à instruire », d'où le sens contemporain (selon *le Petit Robert*) : « tout ce qui sert de preuve, de témoignage ». Au sens pratique du terme, un document est tout support pédagogique de travail permettant de transmettre des connaissances et de faire acquérir des compétences méthodologiques. L'usage de ce mot est donc devenu très extensif. On en vient même à parler de document pour désigner toute information qui circule, notamment sous forme d'une fiche polycopiée. Le mot est par ailleurs peut-être spontanément plus usité en histoire qu'en géographie. Un géographe, enseignant-chercheur, universitaire, parle moins spontanément de « ses documents » que l'historien.

Si l'on veut mieux décider de formes d'utilisation du document avec des élèves, il convient par conséquent de dresser une typologie. On distingue différents types. Le premier, le « document-source » est le document par excellence. C'est l'outil à partir duquel travaille le chercheur en histoire, souvent un texte ou un document iconographique. Il convient de ne pas oublier l'image animée pour le XX^e^ siècle, l'œuvre de fiction ou l'image d'actualité. C'est parmi eux que l'on trouve les documents majeurs, à caractère « patrimonial ». Cette notion de document-source n'est pas toujours évidente en histoire, car son statut et sa valeur peuvent être sujets à débat. Elle l'est encore moins en géographie. Le chercheur-géographe utilise assez peu d'outils qui mériteraient le qualificatif de « document-source ». Il construit bien plutôt lui-même ses outils de recherche et ses sources (enquêtes, interviews).

En fait, c'est le regard du chercheur qui confère le statut de document (sur lequel va s'appuyer une éventuelle démonstration) à toute source qui avait souvent d'autres usages initiaux. C'est le cas de l'œuvre d'art par exemple. En géographie, les cartes et inventaires topographiques, géologiques, de végétation, de risques (en fait toute carte thématique cherchant à rendre compte de manière exhaustive d'un espace sous un angle quelconque), les photos aériennes verticales, obliques, les images satellite, les données statistiques issues de recensements pourraient être considérées comme des documents-source. Un problème pédagogique important se pose car ce type de document est souvent difficile à étudier avec les élèves. Il nécessiterait un apprentissage qui ne relève pas des objectifs centraux de l'enseignement secondaire (paléographie, capacité à savoir exploiter des images satellite, des systèmes d'information géographiques) ou qui exigerait des outils d'interprétation adaptés aux élèves et qui sont encore balbutiants, bien que cette piste mérite d'être explorée.

Le second type de document est le document « produit de la recherche ». On y trouve tout document extrait de la publication d'un universitaire : texte, graphique, tableau statistique, croquis, schéma, etc. Il pose souvent le même problème de compréhension par les élèves que la source géographique.

Le troisième type de document est le « document sélectionné » dans l'actualité par le pédagogue. Il s'agit d'un type surtout propre à la géographie (ou à l'éducation civique) : sélection d'un article de journal, d'un document de communication voire de publicité.

Le dernier type enfin est le « document construit » par un pédagogue, auteur de manuel ou professeur. Il peut s'agir d'un document adapté, de manière plus ou moins inavouée, pour rendre les deux premières catégories de documents accessibles aux élèves. Il s'agit très fréquemment de textes adaptés dans le sens de la simplification, d'où la mention fréquente dans les manuels : « d'après tel auteur ». Le plus souvent, ces documents sont produits spécifiquement dans un but de travail avec les élèves. Il peut s'agir de cartes, croquis ou schémas, d'organigrammes, de tableaux statistiques, de graphiques. Comme le précise le rapport de l'inspection générale sur « Le document dans l'enseignement », « le document en usage dans les classes est presque toujours une représentation et une interprétation ». En tout état de cause, le cours d'un manuel ne peut jamais être considéré comme un document. Il n'a donc pas à être utilisé à la manière d'un document comme on le voit parfois dans les classes.

Il existe donc une énorme diversité de sources de nature documentaire, diversité qui n'est pas toujours assumée car devrait lui correspondre une variété aussi grande d'approches pédagogiques. Les documents historiques ne sont par ailleurs pas assimilables aux documents géographiques et relèvent donc d'une approche spécifique. Par exemple, la notion de « présentation » d'un document n'a pas le même sens dans les deux disciplines. Autre exemple : le texte, central en histoire, pose un vrai problème en géographie. Sur quels textes s'appuyer ? Quelle place, voire quelle crédibilité convient-il d'accorder à l'article d'un journaliste ? Ne faut-il pas davantage s'appuyer sur des formes de textes peu usitées : le récit de voyage, l'interview d'un acteur spatial : élu, chef d'entreprise, etc. ? Il faudrait donc éviter de plaquer sur le document une méthode d'analyse homogène et souvent répétitive.

## Quel usage faire du document en classe ou à l'examen ?

On parle aussi parfois de statut du document. Quels objectifs poursuit-on en faisant travailler un élève sur un ou plusieurs documents ? Dans les instructions officielles, il fut un temps question de faire acquérir à l'élève « le comportement de l'historien », d'où dans certains manuels des pages documentaires intitulées « La démarche de l'historien ». Cet objectif ambitieux et sans doute un peu vain est passé à l'arrière-plan dans des instructions officielles plus récentes, et pour cause : l'enseignement secondaire n'est pas destiné à former des historiens ou des géographes professionnels.

On peut relever actuellement quelques fonctions du document, d'importance très inégale. Le « document illustratif » est utilisé de longue date par les enseignants.

Il illustre, concrétise des faits exposés fondamentalement sous la forme d'un cours magistral. Il peut donc avoir un caractère anecdotique, piquant voire amusant. On pourrait considérer comme une variante le document « d'accroche », destiné à susciter l'attention des élèves en début de séance et à les sensibiliser de manière vivante à la problématique du sujet. Il peut avoir un caractère anecdotique et faire l'objet d'une présentation rapide.

Le « document-preuve » a pour fonction de justifier, d'authentifier la parole du professeur qui ne s'accorde pas toujours le droit de transmettre sans prouver. Dans ce cas le document devient le vecteur quasi-exclusif de l'acquisition de connaissances que le professeur ne veut pas (ou n'ose pas) présenter lui-même. On peut alors être proche du « tout-document » dans l'enseignement, en particulier en collège.

Le « document-outil » est destiné à des apprentissages de compétences méthodologiques, propres à nos disciplines (par exemple savoir situer un document dans son contexte, savoir faire la critique interne d'un texte, savoir interpréter une carte topographique, savoir lire une photographie aérienne oblique) ou beaucoup plus générales (prélever, sélectionner, confronter des informations en répondant à des questions). Une compétence fondamentale est alors celle de savoir mettre en relation, voire de confronter des informations dans plusieurs documents, ce qui implique une étude conjointe et non pas seulement une analyse linéaire d'une succession de documents. Ces compétences sont celles que l'on évalue dans l'épreuve d'étude de documents aux examens. Cette fonction du document est donc sur-valorisée dans les pratiques de classe, d'autant plus que les objectifs institutionnels ne consistent pas seulement à apprendre aux élèves à lire en compréhension des documents, mais aussi à produire des travaux qui vont à leur tour être qualifiés de « documents », de manière sans doute abusive. L'élève peut ainsi être producteur d'un croquis, d'un graphique, d'un texte.

Le « document patrimonial » est propre au collège, au moins du point de vue institutionnel. Cette catégorie est apparue dans les instructions officielles à l'occasion des programmes de collège de 1995-1998. Il doit être enseigné pour lui-même en raison de son importance, de son caractère emblématique, dans un but civique; il s'agit de fonder une culture commune à tous les élèves quelle que soit leur origine sociale ou culturelle. On y trouve une liste qui comporte des documents de nature très variée: des textes (religieux, littéraires, philosophiques, juridiques), des monuments, des œuvres artistiques (peintures), des objets techniques, des films emblématiques d'une période, etc. Le terme de « document » est donc utilisé ici dans un sens très large.

Le « document local » et les ressources locales bénéficient d'un regain d'intérêt, même si la question ne se pose pas tout à fait dans les mêmes termes en histoire et en géographie. L'accusation de « localisme » ne semble plus effrayer, tant les éventuelles dérives semblent avoir été identifiées. Plus proche, plus concret (l'est-il toujours vraiment? est-il une simple interface avec le tangible, le palpable?), le « document local » peut amener à prendre la mesure de la charnière qui articule le particulier et le général, le singulier et le transposable, le local et le national. Le document patrimonial, l'étude de cas, les dispositifs transversaux que sont les IDD, TPE, les PPCP y ramènent naturellement et les élèves ne sont pas les derniers à manifester de l'inclination pour lui, d'autant que proximité ne signifie pas, tant s'en faut, connaissance et que « le proche peut être étonnamment lointain ». Le même document peut servir à répondre à ces différentes fonctions complémentaires.

## Peut-on identifier les « meilleurs documents » à sélectionner pour l'enseignement de l'histoire et de la géographie ?

Deux entrées sont possibles, pas toujours facilement conciliables. Sur le plan scientifique, le meilleur document est le plus fondamental, le plus incontournable, le plus emblématique d'un fait historique ou géographique majeur. Il est donc en particulier d'ordre patrimonial en histoire. De ce point de vue, il n'existerait donc pas de documents trop classiques, trop connus (du professeur mais pas de l'élève) que l'on pourrait éviter.

Au collège, on a déjà tenté d'établir une liste type de « meilleurs documents », de documents patrimoniaux, inscrite dans les programmes, mais seulement en histoire[1]. Cette liste est relativement ouverte, ce qui lui confère une souplesse indispensable. Elle ne comporte pas que des documents précis (par exemple : l'édit de Nantes) mais des types de documents (par exemple : une abbaye, un château de la Renaissance), ce qui laisse une grande liberté de choix. Par ailleurs la notion de document prend ici un sens très large pour inclure par exemple un progrès technique (par exemple : la caravelle, la locomotive à vapeur) ou une œuvre de fiction (par exemple : un film de Jean Renoir).

On peut aussi estimer que certaines natures de documents sont meilleures que d'autres ; le document-source est en principe préférable au document construit. En histoire, le texte et le document iconographique sont à privilégier. En géographie, la carte et la photographie, si possible aérienne, sont les documents qui en disent le plus sur un espace ou un territoire mais à l'échelle locale ; aux autres échelles, la plupart des documents sont construits par des auteurs, chercheurs ou pédagogues, à l'exception des images satellite qui peuvent être considérées comme des documents-source au même titre qu'une carte topographique au 1/50 000.

Sur le plan pédagogique, le meilleur document est celui qui est susceptible d'être compris par des élèves et aussi de les intéresser, voire de les surprendre. Il faut donc qu'il

1. - En géographie, on propose seulement une liste de cartes. Mais il ne s'agit pas ici de « documents » mais de « repères spatiaux » comparables aux repères chronologiques en histoire. On a là un signe supplémentaire du statut différent du document en histoire et en géographie.

réponde à des critères de lisibilité et d'attractivité qui peuvent être en contradiction avec l'offre de documents scientifiques. Deux problèmes se posent alors: premièrement, le meilleur document est-il fonction de l'âge des élèves et, au même niveau d'enseignement, de leurs inégales capacités? Il faudrait alors pouvoir proposer des documents de référence par niveau. Par exemple, faudrait-il privilégier l'image, dont la lecture paraît *a priori* plus immédiate, pour les élèves les plus jeunes? Il faudrait toutefois mettre en garde contre les risques d'erreur d'interprétation de ces images. Ou bien peut-on utiliser à tout âge les mêmes documents, la seule différence résidant dans l'exploitation pédagogique qui en est faite? L'examen de manuels de l'enseignement primaire inciterait à choisir cette seconde hypothèse. On semble y trouver davantage d'extraits de cartes topographiques IGN (Institut géographique national) (dès le CE2) qu'au collège, et même des schémas inspirés de la chorématique en CM1. Est-ce normal?

Deuxièmement, la question du support matériel du document constitue aussi un enjeu important. Le document original est souvent le meilleur: objet apporté en classe par le professeur ou un élève (en histoire: lettres de poilus, papiers de famille, assignats, emprunts russes, « une » de journal, etc.; en géographie: objets ou photos personnels rapportés d'un voyage). C'est bien ce qui justifie certains voyages scolaires, lors desquels il s'agit de mettre l'élève en présence du document original, éventuellement mis en scène (œuvres d'art dans un musée, objets de mémoire, éléments du patrimoine architectural, document déposé aux archives, paysages).

L'image animée (extrait vidéo, dévédé) offre souvent une réelle attractivité pour des élèves appartenant à ce qu'on appelle parfois la « civilisation de l'image ». Il peut s'agir d'images et de commentaires d'époque (actualités Pathé) ou de documentaires récents. Dans ces deux cas, le commentaire audio n'est pas de même nature et il faut en tenir compte. Il peut devenir lui-même objet d'étude lorsqu'il s'agit d'un extrait de film de propagande par exemple.

Le support papier classique, de loin le plus fréquent, peut aussi donner lieu à une rétroprojection. Il se prête donc à une exploitation individuelle ou collective.

Le support numérique progresse rapidement avec l'équipement des établissements en ordinateurs et vidéoprojecteurs. La véritable question pédagogique qu'il pose est la suivante: permet-il l'utilisation de nouveaux documents spécifiques, ou bien n'est il qu'un média plus interactif, plus ludique, de meilleure qualité technique pour reproduire des types de documents déjà utilisés? Cette question est au centre de l'usage pédagogique des TIC. À la question du support est liée celle de la qualité technique du document ou de sa reproduction (dans le domaine photographique notamment) et de sa présentation, voire de sa mise en page, qui n'est pas secondaire.

D'un point de vue aussi bien scientifique que pédagogique, répondre à la question de savoir quels sont les meilleurs documents pour enseigner l'histoire ou la géographie, c'est procéder à des choix pleinement assumés, faire une sélection et éviter l'accumulation dénuée de sens.

## Quelle place réserver au document dans les pratiques de classe ?

Les instructions officielles placent le document au centre de l'enseignement de l'histoire-géographie. Faut-il pour autant en faire le moyen exclusif d'enseignement ?

Au collège, on observe un peu le règne du tout-document. Le cours n'est souvent qu'une suite d'études de documents, exploités toujours de la même manière, quelle que soit leur nature, leur intérêt, donc peu ou pas hiérarchisés. Ces documents ne sont pas toujours liés entre eux, mais juxtaposés de manière linéaire suivant le plan du cours, en fonction du principe : un fait, un document. Ne faudrait-il pas aussi chercher à rassembler un petit dossier documentaire en fonction d'une problématique, invitant ainsi explicitement à la mise en relation de documents pouvant s'expliquer l'un par l'autre ?

Au collège, le tout-document est justifié par la nécessité du concret, par une volonté de mise en activité de l'élève « construisant » son propre savoir sous la conduite du professeur, par la crainte de développer un discours magistral devant des élèves vite inattentifs. Mais cette pratique n'est pas sans poser problème. Elle s'accompagne souvent d'une approche mécaniste et répétitive. Elle est source de difficultés dans la gestion de la programmation si la sélection des documents, points d'appui du travail, n'est pas assez rigoureuse. Elle peut être source d'ennui pour les élèves.

Au lycée, le document est moins omniprésent bien que souvent prépondérant. Sa place diminue de la seconde (rôle fondamental du document pour l'étude de cas en géographie) à la terminale où le discours construit du professeur peut devenir prépondérant. Ne faut-il pas donner ou redonner une certaine place à la transmission de connaissances par le professeur au moyen de moments de « récits »[2] bien dosés ou d'autres pratiques pédagogiques plus autonomes en liaison avec le CDI, notamment ? En d'autres termes, le développement du travail autonome et en groupe des élèves dans le cadre de nouvelles formes d'enseignement comme les TPE ou les IDD pose la question de la place du document dans l'acquisition de connaissances historiques ou géographiques. La nouveauté principale est que c'est l'élève qui recherche et sélectionne les documents sur lesquels il va travailler. Il n'est plus dépendant du choix du professeur. Le même raisonnement vaudrait évidemment pour l'éducation civique, juridique et sociale. Les ouvrages papier, mais aussi les cédéroms, les sites internet deviennent d'énormes bases de données dans lesquelles on peut se perdre. Les capacités à sélectionner, à hiérarchiser, à comprendre, à exploiter des documents pour éviter les dangers du « copier-coller » seront donc à l'avenir plus que jamais fondamentales.

---

**2.** - Cette notion de « récit », très polysémique, (récit du professeur, d'un auteur, d'un témoin, récit produit par l'élève) demanderait certainement à être précisée.

Évoquons enfin la difficulté spécifique liée à la nature des documents cinématographiques. Leur étude devrait en tout état de cause intégrer l'idée qu'il s'agit de constructions sociales qui en disent autant sur l'époque où ils furent sélectionnés (institution, manuels et enseignants compris) que sur l'objet auquel ils renvoient. Penser le document patrimonial, c'est d'abord poser la question de son choix. Il impose un va-et-vient entre hier et aujourd'hui qui, s'il est stimulant pour la réflexion, peut sembler complexe à traiter. Il reste néanmoins un incomparable moyen pour amener les élèves à prendre conscience de l'épaisseur historique de l'action des hommes.

# Les images dans l'enseignement de l'histoire

**Christian Delporte,**
professeur à l'université de Versailles - Saint-Quentin-en-Yvelines
**Marie-Claire Gachet,**
inspectrice d'académie - inspectrice pédagogique régionale

Pourquoi utilise-t-on autant d'images en cours? Est-ce lié à une facilité pour les élèves qui lisent mal? Une volonté de séduire? Fait-on un vrai travail d'historien avec l'image? Quelle méthodologie doit-on pour cela mettre en œuvre? Étudier un tableau et une caricature, est-ce la même chose?

## Une prise en compte tardive de l'image par les historiens

Les historiens se sont intéressés tardivement à l'image pour plusieurs raisons. Premièrement, leur formation est orientée en priorité sur les textes. Le volume des archives écrites, matière première de l'historien, fut longtemps considéré comme suffisant. On allait vers l'image par défaut de texte (essentiellement les médiévistes, les antiquisants et bien sûr les préhistoriens). Aussi l'image, dans son usage classique, a-t-elle longtemps gardé un rôle d'illustration et fut-elle rarement au point de départ ou au cœur des recherches. Elle souffre encore fréquemment d'un manque de reconnaissance scientifique. Deuxièmement, les historiens pensent fréquemment que l'interprétation d'un document iconographique relève d'autres disciplines (histoire de l'art, sémiologie). Troisièmement, l'accès aux sources originales a aussi été un frein, et cela est encore plus marqué pour les images animées.

L'intérêt des historiens pour l'image est donc récent; Marc Ferro et Michel Vovelle furent des précurseurs en ce domaine. L'intérêt pour la prise en compte des images s'est affirmé dans le contexte d'une histoire des mentalités, d'une histoire culturelle, mais il y a encore peu d'études universitaires fouillées sur le sujet pour l'instant.

## L'image est présente, toujours et partout

Or l'image est immémoriale, et accompagne même l'acte créateur de l'humain dans le texte fondateur de la Genèse. Si elle plonge ses racines dans le sacré et l'a longtemps accompagné presque exclusivement, elle s'en émancipe dans la civilisation occidentale et, de façon significative, dès la Renaissance, pour servir largement le monde profane. L'image est par ailleurs omniprésente dans notre société au point d'émousser parfois l'esprit critique. L'image a un pouvoir de fascination et pose le problème de la prise en compte du choc émotionnel de certains documents. Comment éviter la manipulation par l'image?

Il faut apprendre aux élèves à s'arrêter sur les images et à les mettre à distance, démarche essentielle sans laquelle la force des images peut empêcher de penser, voire tromper. Des milliers de pages ont été écrites sur le sujet, croisant toutes les approches, psychologique, psychanalytique, sociologique, philosophique, pédagogique, etc. Mais cet objet très singulier qu'est l'image, cet objet dont on n'épuisera jamais le sens, reste difficile à exploiter, même si l'image, désormais bien installée dans les programmes, en particulier ceux des humanités, et présente dans les épreuves des examens, est largement utilisée en classe.

L'image a ainsi envahi les manuels d'histoire, et pas toujours à bon escient. Ainsi dans un manuel de troisième pris au hasard, sur 356 documents, 237 sont des images, soit 66 % des documents et, parmi ceux-ci, 47 % sont des photographies, 20 % des affiches, 13 % des cartes. Mais les images sont présentées sur le même mode dans les manuels, quel que soit par ailleurs leur statut: la miniature voisine avec une photographie de château fort, elle a la même taille que la peinture murale ou que l'affiche de propagande reproduite quelques pages plus loin... L'affiche datant de la Révolution nationale et souvent intitulée la « Maison France », omniprésente dans tous les manuels de troisième et de terminale, mesure là 9 $cm^2$, tandis qu'ici elle occupe les deux tiers d'une double page. L'effet induit n'est plus le même.

L'origine des images n'est pas toujours précisée. En outre, entre la réalisation de l'image et son utilisation en classe, le temps a passé, parfois fort longuement, et le regard a changé, les codes ont évolué. Plus l'image est ancienne, plus les codes sont difficiles à saisir: face à un tableau de Sainte Thérèse d'Avila datant du XVII^e^ siècle, un professeur parlait un jour d'une assomption, alors que la robe brune des carmélites ne pouvait se confondre avec celle de la Vierge. Enfin la répétition de certaines images dans les manuels finit par travestir la réalité historique. Ainsi la répétition, dans les manuels de troisième[1] de la « Maison France » évoquée plus haut en a fait une image emblématique, qui s'impose à l'étude mais sans grand discernement[2].

L'éducation à l'image participe donc pleinement à la formation civique des élèves par l'éveil à l'esprit critique qu'elle impose comme par la constitution d'un bagage culturel indispensable à chacun pour assumer son héritage culturel et approcher l'héritage d'autres cultures. Apprendre à déchiffrer les images, apprendre à s'arrêter sur elles – acte rendu difficile pour des élèves nés dans une société où le

1. - Hatier, p. 95; Hachette, p. 101; Magnard, p. 84-85; Nathan, p. 107.

2. - *Cf. infra.*

zapping est pratiqué de façon quasi-automatique –, à les décoder au moins dans leurs grands traits est donc une tâche majeure confiée par l'institution éducative à ses personnels enseignants. En histoire, l'image est une trace parmi les traces. Son exploitation se singularise de celle des autres disciplines, qui chacune propose des clefs différentes de lecture. Ce croisement des méthodes d'approche trouve sa pleine expression dans les dispositifs transversaux et fait partie intégrante de la formation disciplinaire des élèves.

## Les pratiques pédagogiques

Les pratiques pédagogiques dans les classes montrent que l'utilisation de l'image est aujourd'hui bien intégrée à l'enseignement (davantage en collège qu'en lycée), et que le croisement du texte et de l'image est devenu une habitude assez courante. Mais enseigne-t-on vraiment l'image?

Encore trop souvent illustration de la parole de l'enseignant, l'image tend à devenir un témoin rapide de ce qui est dit de façon plus magistrale. Sa fonction se révèle alors plus sécurisante que pédagogique. Elle est également utilisée pour faire émerger des représentations qui ne sont pas toujours exploitées dans la suite du cours. L'observation des pratiques montre que la nature du document iconographique et son statut ne sont pas suffisamment évoqués. L'attention des élèves est insuffisamment attirée sur le support même des images, sur les matériaux de sa réalisation. Ce travail est pourtant nécessaire dans le cours d'histoire. Support en pierre, papyrus ou parchemin, paroi naturelle ou bâtie, toile, papier, écran d'ordinateur ou autre, utilisation de pigments, d'encres, de peinture à l'huile, de colorants naturels, d'acrylique, image singulière d'une miniature ou images multiples, reproduites en quelques exemplaires ou en masse, la diversité est impressionnante. Mais si elle est mentionnée, elle est rarement objet de réflexion. Il est rare que l'on s'arrête sur la singularité de chaque document et qu'il y ait un réel travail sur l'image. Or il importe que l'élève puisse distinguer historiquement les types d'images.

L'entretien d'inspection, qui permet à l'enseignant d'expliciter sa pratique, traduit à ce sujet à la fois des certitudes et des hésitations. Personne ne remet plus en cause l'utilisation des images, que l'on trouve souvent « plus parlantes que le texte, plus marquantes aussi, surtout les images animées, parce que cela motive plus que la lecture d'un texte, surtout les élèves qui lisent mal ». Mais s'expriment aussi les hésitations quant au choix des documents. Pourquoi celui-ci plutôt qu'un autre? « Par commodité », semble être la motivation la plus fréquente. « Le document est sur le manuel. » Mais alors, pourquoi cette image plutôt que sa voisine? La réponse n'est pas toujours claire. Ainsi l'entretien révèle la difficulté pour l'enseignant de dire quelle place prennent les images utilisées dans l'élaboration du savoir historique, en quoi le choix opéré dans la surabondance des documents fait sens (pourquoi cette image plutôt qu'une autre ?).

## Quelle approche pédagogique, quelles précautions nécessaires ?

L'apprentissage de la lecture d'images ne se fait pas en une année, mais commence dès l'école primaire. C'est pourquoi il faudrait réfléchir à des progressions par niveau ou par cycle.

En fin de cursus et quelle que soit la discipline, tout élève doit avoir saisi que, premièrement, toute image est construction d'une réalité et non-expression d'un réel, y compris les photographies, toujours « construites » par le photographe, homme ou femme singulier, qui construit à « sa ressemblance », dans un contexte personnel et culturel précis.

Deuxièmement, que toute image produite, sous quelque forme que ce soit (peinture, dessin, caricature, photographie, vidéo, etc.) est rarement destinée à l'usage personnel de son créateur, mais « sert à être montrée » (ne serait-ce qu'à des proches). Celui qui regarde ou qui utilise l'image n'épuise jamais le sens donné par l'auteur et peut même le détourner.

Troisièmement que, lorsque la production d'une image est fruit d'une commande, se superpose alors, dans l'élucidation du sens, la prise en compte de cette commande (par qui, pour qui ou pourquoi) et le détournement inévitable opéré par l'acte créateur que traduit la personnalité de l'auteur par rapport à la commande ; l'image informe aussi sur celui qui la produit.

Quatrièmement, que toute image est soumise à une variation d'interprétation sémantique.

Cinquièmement, que toute image peut être manipulée.

En histoire, l'élève doit également saisir en quoi l'image ou les images étudiées ont force de document pour l'historien, avoir appris à les croiser avec d'autres sources documentaires, en avoir saisi la spécificité, les limites et cerner les précautions à prendre pour les utiliser comme documents historiques.

Les examens (DNB, BEP et baccalauréat) intègrent l'image dans le corpus documentaire des sujets, mais cet apprentissage se fait dès l'école. C'est en effet dans le déroulement quotidien de la classe et dès la petite enfance que l'on doit apprendre à s'arrêter sur les images. Cela signifie laisser un temps de résonance, de familiarisation avant de passer au questionnement. On apprendra ensuite à aller plus loin qu'une lecture anodine, sans relief, qui n'est que la transcription d'une légende, parfois explicative ou interprétative, mais trop souvent incomplète ; à identifier parfaitement les types d'images et leurs usages; à comprendre le jeu des réductions ou des agrandissements de tout document. On apprendra enfin à mentionner le support, la technique utilisée, les choix de la prise de vue quand il s'agit d'une photographie ou d'extraits de films. Pour chacune de ces opérations, l'acquisition d'un vocabulaire rigoureux s'impose.

Le contexte dans lequel la production des images devenues documents iconographiques a pris naissance mérite un temps d'arrêt. Aucun document ne peut être interrogé sans avoir été replacé dans son contexte d'origine, celui de la société comme celui de son ou ses auteurs ou celui dans lequel il est exposé et reçu. Le regard change avec la société et le travail sur l'image doit participer d'une éducation du regard.

Ces remarques montrent combien le travail de préparation des séquences est exigeant pour ne pas se contenter de surfer, de flirter avec une série d'images mais les mettre réellement en travail. Par ailleurs, il convient de prendre conscience que l'emploi de fiches-méthode toutes faites et passe-partout est réducteur: toujours singulière, l'image mérite un traitement singulier. Quelle fiche-méthode pourrait être commune à une photo de presse et à la reproduction d'une sculpture gothique?

## Exemples et précautions

Comme on l'a souligné plus haut, l'affiche de la « Maison France » est reproduite dans tous les manuels de troisième et de terminale à l'exception d'un ou deux. Cette omniprésence l'a fait s'imposer aux enseignants qui l'étudient systématiquement en cours ou la donnent en exercice d'entraînement, l'image ayant fait partie des épreuves du brevet et du baccalauréat. Voilà donc un document devenu un « incontournable pédagogique »! Or l'image reproduite n'a pas deux fois les mêmes dimensions. Elle va de 9 $cm^2$ aux deux tiers d'une double page, ce qui n'induit pas le même regard. En fait, sa véritable dimension (60 cm de hauteur) n'est jamais indiquée dans la légende; or mettre en rapport le contingentement du papier et la dimension de l'affiche peut être éclairant. L'auteur, M. Vachet, n'est jamais mentionné, pas plus que le nom du commanditaire. Quant à la date, elle diffère selon les manuels! Or personne ne la connaît, et on ne peut que la dater dans une fourchette allant de 1940 à 1942. En fait cette image, devenue *de facto* symbole de la propagande de Vichy, provient d'une initiative isolée, celle du centre de propagande pour la Révolution nationale d'Avignon. Il n'y avait alors pas encore d'organe centralisé. On ne possède aucun renseignement sur le nombre d'affiches émises alors que le bon-à-tirer pourrait renseigner sur le nombre d'exemplaires mis en circulation. On n'en sait pas davantage sur leur lieu de diffusion, ni sur l'impact qu'a pu à l'époque avoir cette affiche - nul doute qu'elle est plus connue de nos jours qu'alors, ce qui fournit un bel exemple de surinvestissement décalé!

Lors du tournage de *L'Œil de Vichy* de Claude Chabrol, Jean-Pierre Milza a conseillé le réalisateur. De nombreux extraits passés en classe le sont sans précaution : on oublie de dire qu'on ne voyait pas les mêmes images au Nord et au Sud, sauf après 1942. Et la voix *off* a une fonction illustrative qui brouille le document.

S'agissant plus généralement de la photo de presse et de son rapport au réel, il convient d'insister sur le fait que l'image a toujours été peu ou prou manipulée pour mieux faire adhérer au message porteur, mieux interpeller l'émotion, la sensibilité du lecteur. La technologie actuelle ne fait que faciliter ce processus. Le débat entre image-vérité et image truquée est essentiel. Mais l'image-vérité existe-elle ? Par ailleurs, le problème de l'autonomie du photographe dans un journal renvoie à la question du statut de la photographie dans le journal (information ou illustration ?). Il y a toujours eu « conflit » entre rédacteurs et photographes. Enfin, l'image n'est pas synonyme d'événement important. Il existe parfois un « vide d'images » (exemples des mutineries de 1917 ou de la torture en Algérie) ou un « trop plein d'images » (il faut se méfier de la « chronique du scoop annoncé » !). Dans les deux cas, l'enseignant doit prendre des précautions et éduquer ses élèves à une interrogation critique pour éviter de tomber dans une manipulation grossière construite à partir de l'image.

S'agissant d'une reproduction de l'œuvre d'art utilisée comme document historique, certes le regard de l'historien des arts est souhaitable. Mais l'histoire des arts n'est enseignée comme telle au lycée qu'en option. Peu d'élèves ont donc la chance d'être initiés à cet enseignement qui permet de suivre l'évolution des productions, des techniques et des regards. Il incombe cependant à tout professeur des écoles ou de collège et lycée de familiariser ses élèves à la lecture des œuvres d'art reproduites dans les manuels ou sur support vidéo. Cette initiation mérite la même attention que pour toute autre image : temps d'arrêt, droit d'exprimer son sentiment, exigence de contextualiser l'œuvre (contexte social, historique, technologique, et place de l'œuvre dans l'itinéraire de l'artiste), travail sur la technique utilisée, sur les éléments symboliques présents. Or on sait que plus l'image est ancienne, moins les codes sont familiers et que l'on ne peut se contenter de lire un message à travers le regard de notre époque. Par exemple, la présence de roses, d'épis de blé ou de pampres de vigne dans un décor baroque ne signifie pas la préoccupation environnementaliste des habitants du XVII^e^ siècle, comme on a pu l'entendre. Il convient enfin de signaler que le professeur d'histoire n'est pas le seul à utiliser des images et qu'il faut travailler en synergie avec les professeurs de lettres ou d'arts plastiques[3]. La lecture de l'image doit correctement être prise en compte dans la formation initiale et continue des enseignants.

---

**3.** - Cf. *Entre le texte et l'image : la place des arts visuels dans l'enseignement des lettres*, coll. « Les Actes de la Desco », CRDP de l'académie de Versailles, 2003.

# Cartes et images dans l'enseignement de la géographie

**Paul Arnould,**
professeur à l'École normale supérieure
**Catherine Biaggi,**
inspectrice d'académie - inspectrice pédagogique régionale

La représentation de la réalité spatiale est l'une des pierres angulaires de la démarche géographique, et cela à deux niveaux: la carte et l'image sont utilisées comme des documents sur lesquels se construit le raisonnement géographique et comme composantes de la géographie des perceptions et des représentations. La carte et l'image constituent deux types de documents omniprésents dans les parcours de formation des professeurs et dans leurs pratiques d'enseignement. Il suffit pour s'en convaincre d'observer la place prise par l'iconographie et les représentations cartographiques dans les classes (depuis 1995, 12 paysages doivent être lus en classe de sixième), lors des examens (réalisation de cartes au baccalauréat) et dans les manuels scolaires (avec parfois un « effet magazine »). Les programmes de géographie invitent les professeurs à recourir dans leurs pratiques à l'image et à la carte; les préconisations ont régulièrement pris acte des développements et des approches renouvelées dans la sphère de la géographie « savante ». À cet égard, le passage des travaux du groupement d'intérêt public Reclus (Gip Reclus) dans la géographie enseignée, à travers la *Revue Mappemonde*, est édifiant[1].

La réflexion sur la place des cartes et des images dans l'enseignement de la géographie peut être conduite selon deux axes: l'identification de ces documents; l'analyse de leur utilisation dans la réalité quotidienne des classes.

## L'extraordinaire diversité des cartes et des images

Le stock disponible est énorme et l'on peut se demander comment ordonner cette énorme masse documentaire: y a-t-il des cartes ou des images plus riches que d'autres? Quelles échelles privilégier? Comment alterner le recours aux grandes et aux petites échelles?

1. - *Cf.* le programme des collèges de 1995.

L'iconographie mobilisée par les géographes est variée: outre les cartes et les photographies, les profils, les schémas et les graphiques sont aussi des images. On pourrait d'ailleurs classer les images utilisées en géographie de diverses manières: en fonction de leur degré d'iconicité (plus ou moins proche de la vision des objets familiers), en fonction de leur rapport à l'espace (vue verticale, oblique, en coupe, en profil en long, etc.), en fonction de leur caractère singulier ou généralisant (croquis de paysage, coupe, synthèse, etc.), images fixes ou animées (diapositive, film, etc.), en fonction de leur mode de production enfin (photographie argentique, image radar, dessin, etc.).

Parmi ce stock, la carte topographique (dite aussi carte de base) est le document-clé que des générations de géographes ont appris à lire, à commenter, à interpréter. Mais peut-on encore la considérer dans nos classes comme un document de référence? Ces cartes topographiques ont une histoire qu'il faut prendre en compte. En France, la carte de Cassini fut la première carte à couvrir de façon exhaustive le territoire national. Elle doit être reliée à la carte qui lui a succédé, la carte d'état-major au 1/80000 en hachures. L'apport précieux de cet outil pourrait parfois permettre de se passer de manuel, mais sans oublier que toute carte traduit une vision de l'espace et qu'il n'y a pas de « vraie carte » (même au 1/25000), car toute carte est un choix.

Aujourd'hui, cette multiplication des images est bien sûr liée aux nouveaux outils de diffusion, disponibles par différents canaux (atlas, manuels, cédéroms, sites internet), aux banques de données qui proposent un éventail de cartes thématiques, qualitatives et quantitatives (géologiques, de végétation, climatiques, des sols, géomorphologiques, rurales, de population, urbaines, industrielles, de réseaux, etc.) et d'images satellite[2]. Le succès du paysage et celui de nouveaux modes de représentation de l'espace géographique, diffusés dans les revues scientifiques et grand public, ont contribué à rendre l'image et la carte omniprésentes. De la bande dessinée aux cartes postales, dépliants publicitaires, logos, films, affiches, tous les types d'images peuvent faire l'objet d'une lecture géographique.

Dans cette catégorie, le paysage semble tenir une place particulière. Les programmes des années quatre-vingt-dix ont consacré son retour en force, bien au-delà du caractère illustratif dans la leçon de géographie qui était le sien dès l'origine de l'enseignement de la géographie. La lettre et l'esprit des textes officiels, à l'école élémentaire, au collège et au lycée, définissent le paysage comme une notion majeure de la géographie et il est présenté comme le résultat des actions des sociétés sur leur espace. Les études diachroniques offrent de ce point de vue des possibilités multiples. Le paysage est successivement envisagé comme le produit d'une société (« la traduction visible » des aménagements produits par une société donnée) et comme une

2. - Spot Images et le CNES proposent une base de plusieurs dizaines d'images mises au format numérique du logiciel de traitement Titus.

ressource. Son étude peut déboucher, à travers le jeu des acteurs, sur l'analyse des systèmes de valeurs et des conflits d'usage. Dans les manuels, il est aussi une représentation (choix du photographe, de l'éditeur, etc.) qui renvoie de moins en moins au travail de terrain du géographe. Compte tenu du renouvellement épistémologique de l'objet paysage en géographie, on peut regretter qu'il ne soit étudié en tant que tel qu'à l'école primaire et en sixième.

L'usage des images satellite en classe semble moins important que par le passé, les activités se limitant au repérage d'objets que l'on pourrait mieux identifier sur une carte ou une photographie aérienne. Les images satellite sont surtout utiles pour avoir une approche diachronique; or il est difficile d'obtenir des séries diachroniques d'images Spot identiquement géoréférencées. Même les cédéroms d'images satellite n'ont pas, semble-t-il, grand succès dans l'enseignement. Il semble que les « aéroposters » de l'IGN soient généralement plus exploitables.

## Développer l'esprit critique

La multiplication récente des images de synthèse rappelle le caractère subjectif des images, cartes et paysages, et rend plus que jamais nécessaire la formation de l'esprit critique. On rejoint ici les finalités civiques de l'histoire-géographie. Une interrogation sans doute essentielle et qui a trait à la part d'objectivité et de subjectivité liée à ces deux types de représentation du réel. La carte est-elle plus objective que l'image? Comment critiquer les photos prises à travers « l'objectif » de l'appareil photo? Comment faire prendre conscience aux élèves des risques sous-jacents de manipulation?

Sans doute est-il nécessaire de conserver à l'esprit ou de rappeler la liste des questions élémentaires à poser: qui produit l'image ou la carte? En combien d'exemplaires le document est-il édité? Quel est son lectorat? De quand date-t-il? Est-il inédit ou reprend-il des productions anciennes? Comment est-il structuré? Pour quel usage a-t-il été établi? Quel public (cible) vise-t-il?

Comme toute image, la carte est un outil de communication qui n'appartient pas aux seuls géographes. Elle est un discours sur une réalité, l'expression d'un langage avec ses règles (celles de la cartographie) et ses signes qu'il importe de connaître si l'on veut comprendre les messages qu'elle veut faire passer. Elle n'est pas le reflet parfait de l'espace qu'elle représente. La carte est un discours et doit être reliée à son message. En tant que langage, elle peut aussi mentir. La maîtrise de ce langage est nécessaire si l'on veut franchir le cap de la reproduction des cartes et engager des analyses géographiques.

Peut-on par ailleurs admettre que ces documents ne sont pas seulement susceptibles d'être l'objet d'une analyse spatiale, mais sont aussi des supports de rêves et de désirs? Comment apprendre la lecture critique des cartes et des images sans aboutir à une vision désincarnée et désenchantée des territoires ? Il est possible de partir des documents pour développer une approche ludique ou esthétique. L'exploration des rapports entre image, imaginaire et imagination est assurément une piste à suivre.

## Faire lire et faire construire des cartes et des images

Les pratiques de l'enseignement de la géographie sont davantage orientées vers la lecture et la confrontation de cartes et d'images. Elles privilégient le repérage, la lecture critique et la confrontation des documents et proposent une démarche d'apprentissage du raisonnement géographique. Si l'iconographie géographique est théoriquement variée, celle présentée en classe est moins diversifiée et les questionnements qu'elle supporte sont souvent limités. Ainsi Gérard Hugonie a présenté quelques résultats d'une enquête qu'il a conduite à propos d'études de cas sur l'eau (programme de seconde). Il y apparaît que les cartes élémentaires et les photographies sont de loin les images les plus utilisées et que les tableaux statistiques, les graphiques et les schémas explicatifs sont moins présents qu'il y a quelques années. Le trait le plus significatif est probablement que 70 % des questions proposées renvoient à la prise d'informations, que 10 % demandent une analyse minimale et que 10 % seulement mettent en relation des documents entre eux. Il semble que ces pourcentages soient identiques en cinquième et en seconde. On peut remarquer par ailleurs que les élèves ont aussi parfois tendance à retenir l'exemple plus que l'explication, d'où l'intérêt d'utiliser des dessins explicatifs et des schémas.

La construction d'une carte permet sans doute d'aider à mieux lire et comprendre les documents existants. Les démarches peuvent varier. Il peut très simplement s'agir d'une initiation à la fabrication de cartes procédant de synthèses cartographiques. Le développement des techniques de production de cartes assistées par ordinateur à l'aide des différents logiciels de cartographie automatique offre en la matière une avancée certaine. Ces techniques permettent de travailler sur la discrétisation des valeurs statistiques et le choix des figurés (progression de trames, gradation de couleurs, etc.). Elles offrent la possibilité de renforcer chez l'élève le recul critique par la mise en évidence du caractère subjectif intervenant dans la fabrication des cartes. Bien évidemment, ce type d'exercice n'a de sens que ramené aux objectifs et au questionnement initial : des cartes, pourquoi ? Pour montrer quoi ?

L'expérimentation des systèmes d'information géographique (SIG) est porteuse d'un intérêt pédagogique ambitieux, la superposition de données numériques permettant de conduire un travail d'investigation à partir d'hypothèses. Outils d'aide à la décision, les SIG devraient faciliter la démarche d'analyse chez leurs utilisateurs.

L'introduction au baccalauréat du croquis de géographie construit à partir d'un fond de carte (croquis accompagnant la composition ou seconde partie de l'épreuve) a relancé sa pratique en classe. Le croquis trouve sa place à la fois dans la construction de la démarche géographique (sélection et localisation d'informations, hiérarchisation des données) et comme objet à mémoriser. Ces épreuves, qui dépassent la simple reproduction de cartes existantes et le seul repérage de localisations, ont contribué à réintroduire les techniques et le sens de la cartographie dans le secondaire - sans doute devraient-elles pouvoir évoluer encore en permettant d'évaluer chez l'élève le degré de maîtrise du langage cartographique. Mais faudrait-il introduire le croquis aussi comme exercice d'interprétation d'une documentation ? Cet exercice pourrait faire sortir l'épreuve du baccalauréat de son aspect de bachotage. Il ne semble cependant pas possible de généraliser un tel enseignement, du moins à court terme. L'exercice de la carte de synthèse a déjà été tenté au baccalauréat, mais une véritable carte de synthèse (qui ne soit pas la superposition de cartes thématiques ou de géométrisations à l'intérêt limité) s'est avérée difficile, compte tenu du peu d'entraînement des élèves et de la difficulté pour les enseignants à évaluer ce type d'expression. De façon plus pragmatique, on peut attendre que les élèves expriment un raisonnement à propos de leur travail dans un discours écrit.

L'exercice du schéma qui simplifie une image et la modélisation graphique où figure l'essentiel d'un message est une des pratiques favorisant le raisonnement spatial (développement de capacités de sélection, aide à l'interprétation, simplification par référence à un principe d'organisation de l'espace, passage du particulier au général). Cet exercice est sans doute essentiel, dans le sens où il accompagne le raisonnement géographique et qu'il est l'expression d'un discours de géographe. La question des chorèmes se pose inévitablement à partir du constat que ces modèles graphiques sont moins nombreux dans les manuels qu'autrefois. Afin de mieux faire comprendre qu'il s'agit d'un modèle interprétatif et d'un patron (*pattern* en anglais) qui aide à montrer le fonctionnement d'un espace, on peut par exemple faire comparer en classe les différents modèles graphiques de la dorsale européenne. Pour accompagner toutes ces démarches, il semble que les élèves pourraient être incités à utiliser plus fréquemment l'atlas, outil à revaloriser. Ainsi l'École se doit de promouvoir et de développer une culture cartographique.

## Annexe : références documentaires

### Ouvrages scientifiques

BAILLY A. *(ss dir.), Géographie régionale et représentations*, Anthropos economica, 1995 (série d'articles abordant de manière critique les représentations cartographiques ; un article sur les cartes mentales).

BLIN E. et BORD J.-P., *Initiation géo-graphique ou comment visualiser son information*, 2e éd., Sedes, 1995 (manuel universitaire passant en revue tous les problèmes que pose la représentation cartographique et l'expression graphique).

BEGUIN M. et PUMAIN D., *La représentation des données géographiques. Statistique et cartographie*, coll. « Cursus », A. Colin, 1994 (manuel indispensable au traitement des données statistiques. Exposé des règles et principes de la sémiologie graphique).

BERTIN J., *Sémiologie graphique. Les diagrammes, les réseaux, les cartes*, Mouton-Gauthier-Villars-Bordas, 1973 (ouvrage majeur de cartographie, expliquant en profondeur les nombreuses méthodes de visualisation, leurs intérêts, leurs défauts. Ouvrage de référence pour tout ce qui concerne le « langage graphique » – à consulter en bibliothèque).

BERTIN J., *La graphique et le traitement graphique de l'information*, Flammarion, 1977 (ouvrage de référence plus accessible que le précédent sur tout ce qui concerne la transcription graphique des données, le traitement graphique et la cartographie thématique).

BOUSQUET-BRESSOLIER C. *(ss dir.), L'œil du cartographe et la représentation géographique du Moyen-Âge à nos jours*, CTHS, 1995.

BONIN S. et BONIN M., *La graphique dans la presse. Informer avec des cartes et des diagrammes*, CFPJ, 1989 (collection d'exemples de « mauvaises » constructions graphiques et cartographiques publiées dans la presse, accompagnées de « bonnes solutions », c'est-à-dire de propositions de constructions plus efficaces en termes de communication).

BRUNET R., *Mondes nouveaux. Le déchiffrement du monde*, coll. « Géographie universelle », Hachette, 1990, t. I.

BRUNET R., *La carte, mode d'emploi*, Fayard, 1987 (ouvrage le plus complet et le plus accessible).

BERQUE A., « Espace, milieu, paysage, environnement », in *Encyclopédie de Géographie*, Economica, 1993.

CAMBREZY L. et DE MAXIMY R., *La cartographie en débat : représenter ou convaincre*, Karthala et Orstom, 1995.

CHADULE (collectif), *Initiation aux pratiques statistiques en géographie*, Masson, 1986 (un des rares ouvrages liant les statistiques et la géographie qui contient un recensement de tous les types de traitement statistiques utilisables pour la cartographie et permettant des interprétations spatiales intéressantes).

*À la découverte de la Terre. Dix siècles de cartographie* (collectif), Bibliothèque nationale de France (catalogue d'exposition), 1979.

*Cartes et figures de la Terre* (collectif), centre Georges-Pompidou, 1980 (très beau catalogue d'exposition. Recueil d'articles variés sur tous les aspects de la cartographie, riche collection de documents iconographiques).

DURAND-DASTÈS F., « Les modèles en géographie », *Encyclopédie de la géographie*, Economica, 1993.

GRATALOUP C., « Modélisation spatiale », travaux de l'institut de géographie de Reims, n° 95-96, 1998.

JACOB C., *L'Empire des cartes*, A. Michel, 1992 (une approche historique de la cartographie).

JACOB C., « Histoire de la cartographie » *in* VIDAL-NAQUET P. et BERTIN J., *Histoire de l'humanité*, Hachette, 1992, p. VII-XI.

JOLY F., *La cartographie*, Magellan-PUF, 1976 (purement cartographique d'un bout à l'autre, ce livre donne un aperçu de tous les types de cartographie existants, allant de la carte topographique à la cartographie thématique).

LEFORT I., *La lettre et l'esprit. Géographie scolaire et géographie savante en France. Mémoires et documents de géographie*, CNRS, 1992 (une approche de l'évolution de la géographie enseignée et de ses rapports avec la géographie savante, des origines à 1970).

LÜGINBUHL Y., *Paysages. Textes et représentations du paysage du siècle des Lumières à nos jours*, la Manufacture, 1989 (une référence sur la question).

LÜGINBUHL Y., *La demande sociale de paysage*, Conseil national du paysage, 2001 (synthèse d'enquêtes de terrain; une mise au point édifiante sur la question).

MONMONIER M., *Comment faire mentir les cartes: du mauvais usage de la géographie*, Flammarion, 1993 (une référence sur la question. L'auteur nous rappelle que la carte est un langage et qu'à ce titre elle peut mentir).

PELLETIER M., *La carte de Cassini: l'extraordinaire aventure de la carte de France* (ouvrage grand public sur la carte française), Presses de l'ENPS.

PELLETIER M. *(ss dir.)*, *Couleurs de la Terre. Des mappemondes médiévales aux images satellitales*, Seuil - Bibliothèque nationale de France, 1998 (catalogue de l'exposition).

PINCHEMEL P. et G., *La face de la Terre, éléments de géographie*, 2e éd., A. Colin, 1992 (manuel essentiel).

PIGEON P. et ROBIN M., *Cartes commentées et croquis*, coll. « Fac Géographie », Nathan, 1994 (un classique du commentaire de cartes à l'intention des étudiants préparant les concours).

PITTE J. R., *Histoire du paysage français*, Tallandier, 1983.

POIDEVIN D., *La carte, moyen d'action*, Ellipses, 1999.

ROBIN M., *La télédétection, des satellites aux systèmes d'information géographique*, Nathan, 1995.

ROGER A. *(ss dir.)*, *La théorie du paysage en France*, Champ Vallon, 1995.

SCHEIBLING J., *Qu'est-ce que la géographie?*, Hachette, 1994 (l'état des connaissances sur les grandes questions de la géographie).

STEINBERG J., *Cartographie, systèmes d'information graphique et télédétection*, A. Colin, 2002 (mise au point récente sur l'ensemble des outils cartographiques).

STEINBERG J., *Cartographie. Pratique pour la géographie et l'aménagement*, Sedes, 1996.

VEYRET Y., *Géo-environnement*, Sedes, 1999 (une mise au point très accessible sur des thématiques renouvelées - par exemple: risques urbains, nuisances urbaines, nature en ville, etc. - et des ensembles documentaires commentés).

**Articles**

BRUNET R., « La composition des modèles dans l'analyse spatiale », in *Espace géographique*, n° 4, 1980.

BRUNET R., « La carte modèle et les chorèmes », in *Mappemonde*, 1986.

BRUNET R., « Facettes de SIG », in *Mappemonde*, n° 4, 1993.

BRUNET R., « La carte au temps de l'informatique », in *Mappemonde*, n° 1, 1998.

LÜGINBUHL Y., « Le paysage aujourd'hui et son enseignement », in *L'Information géographique*, n° 1, 1996.

VEYRET Y. et LE MAÎTRE A., « Réflexions sur le paysage: paysage et patrimoine historique », in *L'Information géographique*, n° 5, 1996.

*Historiens et géographes*, rapport du jury de l'agrégation externe de géographie (on se reportera avec profit d'une part au compte rendu de l'option « Espaces, sociétés, territoires » et au sujet « Nature, production et usage des cartes » et son dossier documentaire commenté et d'autre part au rapport d'oral), n° 380, octobre 2002.

## Documents pédagogiques


AFDG, Actes de l'université d'été, « Enseigner les paysages », Annonay, 1995.

D'ANGIO R., « Au secours, le paysage revient ! », in *L'information géographique*, n° 3, 1997.

DESPLANQUES P., *La géographie en collège et en lycée*, Hachette Éducation, 1994.

FONTANABONA J., JOURNOT M. et THEMINES J.-F., « Production de croquis en classe de géographie et pratiques innovantes », in *L'Information géographique*, n° 2, 2002.

GRATALOUP C. et AMAT J.-P., *Interface, du paysage au système. Espace à vivre, espace vécu*, coll. « Autrement dit, Géographiques », CNDP, 1992.

LE ROUX A. *(ss dir.), Enseigner le paysage? Actes et rapports pour l'éducation*, CRDP de Basse-Normandie, 2001.

MOLINES G., « La modélisation et la géographie enseignée », *L'information géographique*, n° 4, 1997.

PINCHEMEL P., « Lire les paysages », in *La documentation photographique*, n° 6088, avril 1987.

« Le paysage : décor ou enjeu ? », TDC, n° 738, 1997.


## Atlas et cartes thématiques


- *Atlas de France*, Reclus, la Documentation Française, 14 volumes.
- Cartes topographiques, IGN (1/25 000, 1/50 000, 1/100 000, 1/250 000), série Top 25.
- Les séries thématiques de l'IGN : touristiques, des vins, etc.
- Cartes géologiques, BRGM, 1/50 000.
- Cartes pédologiques, INRA, 1/100 000.
- Cartes de végétation, CNRS, 1/200 000.
- Cartes des ZNIEFF (inventaire faunistique et floristique).
- Cartes des Plans de prévention des risques.
- BONIFACE P. *(ss dir.), Atlas stratégique*, Iris.
- CHALIAND G. et RAGEAUD P., *Atlas du millénaire*, Hachette, 1999.
- *L'espace mondial en 50 cartes*, Presses de la FNSP, 2002.


## Images satellitales

- Images Spot sur le site de la direction de la Technologie.
- Logiciel Titus de traitement d'images.

### Vidéos

• PORTRON J.-L., *Paysages*, la Sept-Ina (série documentaire, lecture de paysage à partir d'études de cas : Étretat, Auxey-Duresses, Fos, Bierre-lès-Semur, etc.).

### Cédéroms et dévédés

• IGN, toutes les cartes de France au 1/25 000 sur cédéroms.

• COULAIS J.-F. et GENTELLE P. *(ss dir.)*, coll. « Terre des villes » (quatre titres parus : *Paris, San Francisco, Naples* et *le Vésuve* ; mine d'images croisant histoire et géographie, reconstitutions et images de synthèse. *Cf.* l'article paru dans *Historiens et Géographes*, n° 380, 2002), Belin, 2002.

• Coll. « Images de France », CNDP (une anthologie des paysages de France).

• Diapofilm, *Les paysages géographiques* (pour aborder toute une gamme de paysages, en lien avec les programmes à partir d'images préselectionnées et construire des croquis).

• *Métropoles en mutations* (dévédé pédagogique alliant images fixes et animées ; idéal pour travailler sur les paysages urbains au collège et au lycée), CNDP, 2000.

• *Carto France* (banque de données et d'exercices permettant par la confrontation de cartes thématiques diverses et de croquis de raisonner sur l'organisation spatiale de la France), CRDP de Grenoble, 2002.

### Logiciels cartographiques et SIG

• *Ocad* (logiciel de dessin vectoriel. Permet l'élaboration de croquis de type baccalauréat).

• *Wincarto* (logiciel de cartographie statistique automatique. Il permet de travailler sur les seuillages et leurs effets ; permet donc de faire saisir l'importance du choix des seuillages en cartographie statistique).

• *Cartes et croquis* (permet de construire des exercices d'entraînement au croquis de géographie, des exercices de classement de légende, de choix de titre. Permet de faire rapidement des cartes en aplats de type carte statistique).

• Il existe des logiciels de SIG reconnus tels que *Arcview*, *Mapinfo*, *Geomedia*, *Geoconcept* mais ils sont peu abordables (coût élevé et une prise en main complexe). Des expérimentations d'utilisation de SIG en classe sont menées en lien avec des programmes de recherche de l'INRP. On se reportera aux produits et démonstrations en ligne.

### Ressources en ligne : une sélection

• GIMENO R. et MITRANO P., cartes et diagrammes de Sciences Po : http://www.sciences-po.fr/cartographie/cartographie_html/ qui comporte aussi des pages théoriques sur la sémiologie: www.sciences-po.fr/cartographie/cartographie_html/5_page5theorie/cadres_theorie/jeux_c_theorie.html

• À partir du pôle Ressources documentaires et de Carto (PDRC) de l'université de Toulouse: www.univ-tlse2.fr/geoprdc/
Le Bazar cartographique: www.univ-tlse2.fr/geoprdc/bazarcarto/

• CyberGéo: www.cybergeo.presse.fr
Sémiologie graphique et cartographique par BORD J.-P., par exemple: www.cybergeo.presse.fr/semiogra/bord/bord.htm

• Site de « La maison de la géographie »: www.mgm.fr/index.html, l'accès à la revue *Mappemonde* qui propose des présentations commentées de ressources internet en fonction des thèmes traités dans la revue: www.mgm.fr/mappemonde/

• Libercarto (Umr Espace de Montpellier): http://www.libercarto.prd.fr/index.htm, site de présentation de travaux de recherche (diffusion, communication et valorisation des résultats de la recherche). Il est à distinguer du site commercial Intercarto: http://www.intercarto.com qui diffuse aussi des ressources cartographiques.

• De nombreux documents à travers l'espace de cartographie de l'IRD (Institut de recherche pour le développement): http://www.bondy.ird.fr/carto/

• Le Dessous des cartes, site en ligne de l'émission de VICTOR J.-C.: http://w3.arte-tv.com/ledessousdescartes/html/indexmag.html

• Cartographie aux Nations unies: http://www.un.org/Depts/Cartographic/french/htmain.htm, nombreuses cartes générales et cartes liées aux opérations conduites par l'ONU.

• ReliefWeb, site du bureau des Nations unies aux affaires humanitaires, abondantes ressources cartographiques: www.reliefweb.int/mapc/index.html

• Coll. « Perry Castaneda Library Map », bien connue de la bibliothèque de l'université du Texas: http://www.lib.utexas.edu/Libs/PCL/Map_collection/Map_collection.html

• Site du *Monde diplomatique*, cartes géopolitiques: www.monde-diplomatique.fr/cartes/

### Atlas thématiques et SIG en ligne, quelques exemples (parmi bien d'autres!)

• Atlas transmanche: www.info.unicaen.fr/~szmurlo/atlas/IndexPage.html

• Atlas atlantique permanent de l'Institut atlantique d'aménagement des territoires (Iaat): http://www.atlas-atlantique.org/ et le système d'information régionale (Sir) de Poitou-Charentes: http://www.sir-poitou-charentes.org

• Pour la région Rhône-Alpes : l'atlas social Rhône-Alpes (en Pdf) : http://rhone-alpes.sante.gouv.fr/social/images/atsocra.pdf et un atlas associé à l'étude du projet de liaison transalpine Lyon-Turin : http://www.transalpine.com/atl_page.asp

• Inventaire forestier national (Ifn) : http://www.ifn.fr/, cartes et statistiques sur la couverture forestière du territoire.

• BONNEFOY J.-M. propose de très nombreuses ressources en SIG sur le site de l'académie de Dijon : http://webpublic.ac-dijon.fr/pedago/histgeo

• Site d'Esri-France propose divers exemples à l'occasion des actes de la Conférence française Esri de 2001 : http://www.esrifrance.fr/sig2001/actes2001/auteurs/auteurs.htm ainsi que des documents accessibles sur un autre site d'Esri : http://www.geographynetwork.com/maps/index.html

**Sites comportant à la fois des bases statistiques, des graphiques et de la cartographie**

• Site de l'INSEE : http://www.insee.fr/ comprenant des pages à destination privilégiée des enseignants de Ses mais pas exclusivement.

• Site de l'INED : http://www.ined.fr/index.html, voir les publications en ligne et « Populations en chiffres » : http://www.ined.fr/population-en-chiffres/indexFlash.html

• Site de la commission européenne, Eurostat : http://europa.eu.int/comm/eurostat/Public/datashop/print-catalogue/FR?catalogue=Eurostat

**Espaces dédiés à l'enseignement de la Géographie (sélection non exhaustive, à travers les webs académiques, IUFM, CRDP, CNDP et divers)**

• Académie d'Aix-Marseille, intéressante collection de cartes et graphiques pour le programme en collège proposée par un enseignant, Houot A. : http://pedagogie.ac-aix-marseille.fr/histgeo/enseign/houot/index.htm

• Académie de Dijon, particulièrement riche en ce qui concerne les SIG, un utile point de départ : http://www.ac-dijon.fr/pedago/histgeo/enseigne/tice/SIG/sig.htm

• Académie de Grenoble, rubrique de COLLICARD J.-P., « La carte du mois » (région Rhône-Alpes, France, espace mondial), depuis février 2000 : http://www.ac-grenoble.fr/histoire/tice/cartemois/cartemoisindex.htm

• Académie d'Orléans-Tours, ensemble très complet sur la cartographie : www.ac-orleans-tours.fr/hist-geo/cartographie/cartographie.htm

• Académie de Lille, cartographies de l'Espagne, de l'Allemagne, etc., voir tout particulièrement les croquis et modèles de Arias S. : http://www2.ac-lille.fr/heg/geographie.htm

• Académie de Lyon : http://www2.ac-lyon.fr/enseigne/histoire/carto.html

• Académie de Nantes : www.ac-nantes.fr/peda/disc/histgeo/pedago/carto.htm

• Académie de Rennes, diverses ressources en cartographie : http://www.ac-rennes.fr/pedagogie/hist_geo/ResPeda/ResPeda.htm

• Académie de Strasbourg : http://www.ac-strasbourg.fr/microsites/hist_geo01/

• Educnet, le site ministériel : http://www.educnet.education.fr/histgeo/hgeo6.htm

• Renau C. (Iufm de Paris) propose, pour « L'information géographique », des sélections qui incluent des ressources en cartographie, par exemple, celui de juin 2002 : « Territoires et recomposition territoriale en France » : http://www.parisbalades.com/IUFM/tice/infogeo/juin_2002.htm. Elle propose aussi des recensements de ressources diversifiées : http://www.tice-hg.net/

**Sites spécialisés**

• Site de l'ONF : http://www.onf.fr

• Site de l'IFN (Inventaire forestier national) : http://www.ifn.fr

• Site de l'IFEN (Institut français de l'environnement) : http://www.ifen.fr à partir duquel on peut accéder à la documentation du programme « *Corine land cover* » : http://www.ifen.fr/pages/2corin.htm

• Site de l'INRA : http://www.inra.fr

• Site de la FAO : http://www.fao.org/debut.htm propose l'utilisation d'un moteur de recherche sur l'ensemble de ses documents, dont des photos, graphiques, etc. http://www1.fao.org/media_user/_home.html

**Les images du patrimoine**

• Site de la BNF : http://www.bnf.fr

• Gallica, bibliothèque numérique de la BNF : http://gallica.bnf.fr

• Site du ministère de la Culture, possibilité d'accéder à d'autres intéressantes bases de données patrimoniales : http://www.culture.gouv.fr/documentation/docum.htm

• Liste du patrimoine mondial de l'UNESCO regroupant plusieurs sites intéressants (en juin 2002 : 563 biens culturels, 144 biens naturels et 23 biens mixtes : http://whc.unesco.org/nwhc.fr/pages/doc/mainf5.htm

**Quelques autres sources d'images photographiques en ligne**

• Site de l'IUFM d'Aix-Marseille propose une sélection de webcams: http://www.aix-mrs.iufm.fr/formations/filieres/hge/gd/gdgeographie/image/webcam.htm

• Bips, banque d'images de l'académie de Poitiers propose des photographies libres de droit pour des usages pédagogiques: http://bips.cndp.fr

• Sites officiels des villes et autres collectivités territoriales à rechercher à l'aide d'un moteur de recherche: ils comportent souvent des cartes, des photographies. Pour rechercher avec Google: http://www.google.fr

• Les espaces portuaires et aéroportuaires s'exposent de manière souvent intéressante en ligne, associant photographies, plans, webcams, données statistiques. Pour les retrouver, deux exemples de sites portail sur les mondes du transport et de la logistique à partir desquels il est possible d'accéder aux espaces portuaires ou aéroportuaires souhaités:

- Informare, « Quotidien en ligne pour les opérateurs et les usagers du transport »: www.informare.it/indexfr.htm

- Cargohob: http://www.cargohub.com/fr/, consacré aux « *ports and sea terminals industry* », présentation de l'actualité de grands projets industrialoportuaires à travers le monde: http://www.port-technology.com

- Airliners, intéressant site offrant de nombreuses images et ressources sur le monde de l'aviation, dont des « *airport overviews* »: http://www.airliners.net/

• Le Bazar cartographique propose des liens: http://www.univ-tlse2.fr/geoprdc/bazarcarto/index.php?m=c&c=7

• Site du service des bibliothèques de l'université de Sherbrooke (Canada) propose une sélection vers des banques d'images classées par domaines: http://www.biblio.usherb.ca/Internet/images.htm

*Attention aux conditions juridiques d'utilisation de toutes ces ressources: elles ne sont pas toujours libres de droit, même à des fins éducatives.*

# L'ordinateur aide-t-il à apprendre l'histoire et la géographie ?

**Jacky Desquesnes,**
inspecteur d'académie - inspecteur pédagogique régional
**Jean-François Grandbastien,**
inspecteur général de l'Éducation nationale

Quels sont les enjeux de l'apport des nouvelles technologies, en particulier de l'ordinateur, dans les démarches pédagogiques ? Le changement du contenu pédagogique des séquences intégrant l'ordinateur est patent. Il ne s'agit pas de centrer l'apprentissage sur l'objet technique informatique, mais de créer des situations d'apprentissage centrées sur l'élève intégrant l'ordinateur comme outil.

## L'enseignant demeure au centre

L'ordinateur n'a apparemment pas engendré de révolution didactique, mais son emploi se répand. Il n'a pas le statut d'une machine à enseigner, mais celui d'un outil d'enseignement. En fait, son type d'usage est étroitement dépendant de ce que l'on pourrait appeler de manière simplifiée le style pédagogique de l'enseignant ; la position de l'acteur prime sur l'offre technique. Bien mieux, son type d'utilisation a évolué en fonction de certaines modes pédagogiques ou a permis d'en percevoir les limites. C'est le cas de l'engouement qu'a suscité naguère l'élaboration par les élèves eux-mêmes des diagrammes ou des courbes statistiques. Cette opération a en effet été parfois jugée comme un préalable indispensable à toute réflexion. La puissance de calcul de la machine permet désormais de mettre l'accent sur le choix des modes de représentation et sur le sens, en évitant les dépenses de temps auparavant affectées aux tâches manuelles de construction. D'une manière générale, avant le développement de l'internet, l'ordinateur a surtout renforcé chez certains l'espoir d'une mise des élèves en situation d'apprentissage sans l'intervention du maître. Mais, dans la mesure où nos disciplines (encore faudrait-il introduire des nuances entre l'histoire et la géographie) ne sont pas des disciplines instrumentales, fondées essentiellement sur des articulations de logiques, l'interactivité entre l'élève et la machine n'a offert que des apprentissages partiels, voire parcellaires. L'internet a modifié la donne en posant la question de l'accès de l'élève à une documentation illimitée : faisant surgir en même temps des inquiétudes scientifiques et déontologiques, il a remis l'enseignant et sa responsabilité première au centre du débat.

La situation est sensiblement différente en histoire et en géographie. L'historien ne perçoit pas l'ordinateur comme un outil d'identification, à l'inverse du géographe plus coutumier de l'usage des technologies de l'information et de la communication. L'épistémologie de l'histoire semble rétive à l'ordinateur et peu de didacticiens des deux disciplines se sont saisi de cet outil. Avec l'ordinateur, le professeur peut se transformer en passeur de savoir, dérive inquiétante car, même avec l'informatique, le professeur doit apporter du savoir. Le sens n'est pas donné par l'information, mais par le traitement qui est réalisé : il convient donc de respecter l'équilibre entre savoir et savoir-faire.

Si l'ordinateur est adapté à l'apprentissage des échecs, il n'est pas indispensable à la compréhension des événements historiques. On distinguera avec bonheur les possibilités offertes par l'outil avec les opérations complexes de la pensée, ainsi que les compétences à développer chez les élèves. L'observation des pratiques révèle des confusions entre apprentissage et construction du savoir ; des séances de travail autonome avec l'ordinateur peuvent se dérouler sans apprentissage.

## Des variables multiples

L'usage de l'ordinateur dans l'enseignement et l'apprentissage de l'histoire et de la géographie peut être appréhendé selon des variables différentes, ce qui donne naissance à des typologies particulières qui se combinent entre elles. Cette combinaison fait naître une grande diversité de situations observées ou observables.

Voici quelques variables très simplifiées. *Premièrement,* la relation au poste, avec des situations différentes : un seul poste, manipulé par le professeur ou par un élève ; une salle multimédia, avec un élève ou un binôme par poste, en accès fréquent ou concédé par les disciplines détentrices d'un quasi-monopole du lieu ; au CDI, usage individuel ou en groupe, en autonomie, avec l'aide de l'enseignant de la discipline ou de l'enseignant-documentaliste. Cette typologie ne recouvre pas strictement la distinction entre enseignement et apprentissage, car des élèves peuvent être amenés à utiliser en autonomie technique l'ordinateur dans une relation de réception directe d'un savoir construit.

*Deuxièmement,* le type d'outil numérique ou numérisé peut être utilisé de deux façons différentes, soit hors connexion (logiciel visant un apprentissage particulier, banque de données, ressources multimédia, outil non destiné à l'enseignement, produits réalisés par l'enseignant lui-même - typologie simpliste qui ne recouvre pas la distinction entre contenu factuel et contenu notionnel ou entre savoir construit et savoir à construire), soit en connexion à l'internet (moteur de recherche de documentation, logiciel de copie de données, courrier électronique, usage de logiciels en ligne).

*Troisièmement,* le type d'usage par l'élève est de quatre sortes : observation ou lecture (c'est le professeur qui manipule un poste unique), recherche documentaire avant observation ou lecture (en salle multimédia ou au CDI), production (courbes, cartes thématiques, croquis, textes, réponses à des questions...) et enfin, évaluation de l'écrit par la machine (certains parlent alors à tort d'auto-évaluation) ou par l'enseignant.

Bien évidemment, ces usages peuvent se combiner. Cela permet d'élaborer une progression, car les opérations intellectuelles à effectuer peuvent être de niveaux de difficulté très différents, plus ou moins porteurs de sens et plus ou moins ouverts.

## Les nouvelles technologies modifient-elles les situations d'apprentissage ?

Manuels électroniques et autres tableaux numériques interactifs génèrent de nouvelles pratiques pédagogiques, mais l'usage varie en fonction des modes et des styles pédagogiques des enseignants. Globalement, nous n'assistons pas à une révolution didactique mais plutôt au maniement d'un outil plastique non lié à des modes. Il est adapté aux TPE ou aux IDD en renforçant les situations d'accompagnement par rapport aux situations d'enseignement, car il permet la démultiplication des productions des élèves. Le danger de la mécanisation des démarches existe toutefois, et ce risque est renforcé par l'usage des manuels électroniques. Une évaluation sous forme de contraintes fermées, même si elle revêt un caractère mécaniste, est néanmoins propre à inciter les élèves à travailler.

L'ordinateur enrichit l'ensemble des démarches d'enseignement. Ainsi le cours magistral dialogué est agrémenté d'animations et d'un enrichissement documentaire sensible. Si l'ordinateur est l'ossature technique d'exercices de groupes, il facilite également la différenciation pédagogique. Il offre la possibilité de mettre en œuvre des comparaisons, démarche qui est au cœur des problématiques de nos disciplines (choix des seuils de discrétisation de la carte, utilisation des SIG). De ce fait, l'hypertexte (pour les textes historiques) ou les logiciels d'aide à la production de synthèse sont d'une aide précieuse, mais l'ordinateur ne constitue une plus-value pédagogique que si l'intervention du professeur est forte. L'apport des animations flash qui accompagne les banques de données donne du sens aux apprentissages avec l'ordinateur. La remédiation, sous certaines conditions, peut être rendue plus efficace grâce à l'usage des technologies de l'information et de la communication (TIC). Les modes opératoires liés à l'usage de l'informatique sont en outre réalisés conjointement avec les autres disciplines enseignées dans les établissements scolaires.

## Un enrichissement multiforme

Nous ne disposons pas, en France, d'enquêtes mesurant scientifiquement l'impact de l'ordinateur sur les acquis des élèves. Un tel projet a d'ailleurs été récemment qualifié d'« impossible ». Toutefois, on peut avancer que l'ordinateur permet d'enrichir l'ensemble des démarches d'enseignement ou d'apprentissage aujourd'hui en œuvre dans les établissements, des plus fermées aux plus ouvertes.

L'exposé magistral dialogué (le plus souvent, usage d'un seul poste avec dispositif de projection) permet un gigantesque enrichissement documentaire, tout particulièrement dans le domaine de l'image, des représentations graphiques (qualité de la projection, possibilités d'animation, par exemple : succession des représentations cartographiques). Il permet également une amélioration de la présentation du déroulement de la leçon, rendue facilement interactive avec la conduite de l'oral grâce à l'emploi d'un logiciel de présentation assistée par ordinateur. Il permet enfin une mise en commun plus aisée des productions d'élèves (quand elles ont été élaborées sur support numérique). Ceci doit être relié avec la pratique suivante, l'exercice individuel ou en groupe (qui prend de plus en plus souvent place dans les démarches de cours dialogué).

Si les exercices sur support numérique se fondent sur des opérations intellectuelles plus ou moins ouvertes qui ne se distinguent pas toujours de celles qui peuvent être proposées sur une fiche polycopiée, il apparaît bien que l'emploi de l'ordinateur facilite la différenciation des objectifs de travail, des types de supports ou du niveau de difficulté des opérations à effectuer. C'est particulièrement le cas de l'enseignement modulaire.

De manière spécifique, on observe un enrichissement documentaire considérable, l'affranchissement à l'égard de contraintes techniques (dessin...) qui permet à l'élève de consacrer plus de temps à la réflexion, le développement des possibilités de comparaison (exemple : choix des seuils dans l'élaboration d'une carte thématique) favorisant une mise à distance critique des outils de représentation. Ainsi, en s'initiant à l'usage d'un système d'information géographique, les élèves peuvent se trouver au cœur des problématiques de la discipline. On observe également des mises en situation de lecture ou d'écriture qui facilitent les changements de registre (exemple : l'usage d'un hypertexte dans l'apprentissage du commentaire de document). Mais le simple travail de rédaction semble encore trop négligé (les logiciels d'aide à la production de textes argumentatifs ont certainement un avenir dans nos disciplines).

S'agissant des pratiques de l'autonomie accompagnée (IDD, TPE, PPCP, etc.), situations de travail plus ouvertes que les autres, l'ordinateur est sans conteste bien plus fréquemment utilisé. Il offre en effet un enrichissement documentaire très important (essentiellement par l'usage d'internet), une nécessaire mise en situation de réflexion critique sur la source (éducation du discernement), un très bon support pour l'apprentissage de la mise en relation, du tri, du classement, de la hiérarchisation, du commentaire critique (ceci peut être facilité par l'usage de certains logiciels fondés sur la gestion et l'édition des informations relevées), une démultiplication des types de production (à l'opposé du copier-coller et de l'impression sans retenue), de la production de texte à la production multimédia, et enfin une facilitation de la correspondance et de la coopération entre groupes (échanges ou combinaisons de productions).

## La question de l'évaluation

L'ordinateur est parfois utilisé hors de la classe pour des pratiques d'évaluation mécaniques, très fermées quand il s'agit de retrouver un seul terme, plus ouvertes quand il s'agit de sélectionner la meilleure proposition de résumé et intéressantes surtout lorsqu'elles sont incluses dans une démarche d'incitation au travail au sein de l'établissement. En ce qui concerne les évaluations reposant sur des productions complexes, liées aux épreuves d'examen (élaboration de croquis, réponses à des questions, rédaction d'un paragraphe ou d'une synthèse), l'ordinateur apporte un intérêt supplémentaire quand l'enseignant peut intervenir pendant le travail (parfois guidage à distance). Des logiciels d'analyse de textes permettant à l'élève de percevoir la conformité de sa production par rapport aux attentes sont apparemment en cours d'élaboration.

Si l'on considère que la qualité de l'enseignement de nos disciplines semble aujourd'hui moins tenir à la mise en œuvre d'une seule méthode idéalisée qu'à la capacité des professeurs à varier les démarches et surtout à les contextualiser, on peut comprendre pourquoi l'ordinateur ne laisse pas entrevoir de révolution didactique. En revanche, la plasticité de cet outil de calcul et de communication semble s'adapter à l'ensemble de la palette pédagogique (de l'exposé magistral au travail autonome). En ce sens, il n'est pas attaché à une mode et ne remet pas en cause, par destination, l'identité enseignante. Nous assistons donc à sa diffusion tranquille. Toutefois, sa capacité à mécaniser les pratiques doit susciter la vigilance. Il faut à cet égard souhaiter que la banalisation des manuels électroniques ne vienne pas, par un effet modélisateur encore plus redoutable que celui des manuels imprimés, réduire les perspectives ouvertes par l'imagination des pionniers, jamais avares de leur temps. Aux auteurs de savoir se départir du « prêt-à-enseigner » et des produits trop fermés ; aux enseignants de préserver leur liberté intellectuelle. Sans cela, l'outil rêvé d'une autonomie immédiate des élèves se transformera en instrument de contention pédagogique. Entre ces deux extrêmes, il y a place pour une vraie recherche et de réels progrès.

## Les limites de l'usage des nouvelles technologies

L'intérêt pour l'internet et les TIC en général est fondé sur la rareté ou l'aspect ludique, mais pour les élèves les activités sont souvent peu ludiques. L'utilisation du numérique en classe est encore très peu fréquente, en tous cas en situation d'inspection, mais l'usage personnel est plus intense chez les jeunes professeurs et la dérive techniciste fait partie du passé. En cours, on travaille surtout l'image et peu le texte. Le rendement scolaire peut parfois être dérisoire. Si les matériaux de base sont constitués par du texte, l'ordinateur est quelquefois peu adapté (difficulté de lecture et de tri). L'ordinateur intègre la recherche documentaire mais pose des problèmes juridiques majeurs. Il convient de réaliser un apprentissage à la déontologie d'internet pour tous. Les usages d'internet sont parfois limités à la collecte des informations sans synthèse, ce qui amoindrit considérablement le rendement pédagogique. S'il permet de faire travailler en temps réel, il déclenche aussi, comme les autres activités liées à l'usage de l'ordinateur, une perte de l'émulation car l'élève est seul devant son écran. Le brevet informatique et internet (B2I) doit occuper une place bien plus centrale, tout comme les manuels électroniques qui évoluent vers l'interactivité. Les nouveaux supports (dévédéroms) encouragent des changements de pratique par l'apport de sources peu exploitées dans le cadre des cours sans les TIC. L'éducation aux risques, avec les SIG est un exemple pertinent; ici sont associés des bases de données, des photographies aériennes et des cartes qui autorisent la réalisation d'études par couches géographiques comme pour l'analyse des inondations en France. L'usage de l'ordinateur dans les classes constitue un vecteur essentiel de socialisation en assurant une maturation du rapport de l'élève à l'outil.

## Les perspectives

Sur le plan matériel, il est souhaitable de créer des classes à l'architecture adaptée, sur le modèle de salles possédant un pôle au centre de la pièce et des ordinateurs en périphérie afin de pouvoir travailler en classe entière. Le ministère travaille également sur les environnements de travail et autres bureaux virtuels. On remarque la grande appétence des enseignants pour les supports numériques, à l'instar de la consultation du site de Saint-Dié après le Festival international de géographie. Le ministère cherche à maîtriser les données par l'achat de bases de données pour une mise à disposition pour tous, comme par le développement d'intranets d'établissement. L'accès aux banques de données stimule la mutualisation. Les réseaux de sites académiques se structurent autour de métadonnées qui devraient apporter une aide au tri et à l'expertise des données. La recherche fondamentale et appliquée cherche enfin à établir des liens entre l'organisation logique des ordinateurs et les logiques de nos disciplines, ouvrant des perspectives pédagogiques renouvelées.

## Annexe I: à propos de l'utilisation des SIG

Les SIG sont apparus dans les années soixante et sont des outils capables de stocker, de gérer, de mettre en relation et d'exprimer de l'information géographique[1]. Ils sont en mesure de traiter de nombreuses informations très diverses (images, statistiques, textes) et permettent de réaliser des travaux d'analyse spatiale et de modélisation. Ils rendent possible l'automatisation des tâches complexes, irréalisables manuellement et le fait de relever des couches d'information qui permettent de mettre en rapport des phénomènes spatiaux différents, mais aussi de tester des hypothèses par la simulation et de contribuer à la rigueur scientifique des analyses géographiques.

D'après Frédéric Tachon[2], les SIG fonctionnent selon la règle des cinq « A »:

• Acquisition des données qui consiste dans le regroupement des différentes sources en vue de leur intégration au SIG;

• Archivage des données qui constitue la première étape de l'organisation des données et de leur prétraitement;

• Accès aux données: mise à disposition des éléments d'information et capacité à les combiner;

• Analyse: possibilité offerte par un SIG de traiter les informations au travers d'outils statistiques ou intuitifs;

• Affichage: restitution cartographique.

Les SIG constituent donc des outils importants d'aide à la prise de décision, notamment en matière d'aménagement du territoire. Ils facilitent le travail à différentes échelles, ce qui permet une vision synoptique de l'espace et l'obtention, si on le désire, d'une vue plus précise sur une portion d'espace. On assiste donc à une prolifération des SIG, non seulement dans les entreprises ou les organismes publics, mais aussi dans la vie courante (bornes interactives, guidage routier, etc.). À titre d'exemple, les SIG sont utilisés dans le fonctionnement du SAMU. À partir d'un appel téléphonique, ils repérent le véhicule le plus proche et lui indiquent le chemin le plus rapide. Puis, une fois le diagnostic réalisé, ils permettent de choisir un hôpital en fonction de la proximité, de la spécialité et des disponibilités.

---

1. - BAVOUX J.-J., *La Géographie. Objet, méthodes, débats*, A. Colin, 2002.
2. - TACHON F., « Une merveille à maîtriser, les SIG », in *Autrement*, *op. cit.*

## Annexe II : ressources documentaires

### Ordinateur et enseignement

- Bruillard E., *Les Machines à enseigner*, Hermes, 1997.
- Pouts-Lajus S. et Riche-Magnier M., *L'École à l'heure d'internet*, Nathan, 1998.
- Articles de l'association Enseignement public et informatique, consultables à l'adresse suivante : http://www.epi.asso.fr/

### Ordinateur et enseignement de l'histoire et de la géographie

- « L'École et les réseaux numériques », rapport de l'inspection générale de l'Éducation nationale (comprenant une partie disciplinaire), juillet 2002, consultable sur le site de l'IGEN : http://www.education.gouv.fr/syst/igen/rapport.htm
- Baldner J.-M. et Marbeau V., *L'Histoire, la Géographie et l'Informatique*, CRDP de Poitou-Charentes, 1997.
- Rapports de recherche de l'INRP : en partant de la page d'accueil, http://www.inrp.fr, on peut lire plusieurs rapports concernant l'histoire et la géographie intégrés à la recherche intitulée : « L'usage des manuels scolaires et des ressources technologiques dans la classe », dirigée par Baron J.-L. et Bruillard É.
- Chroniques internet de la revue *Historiens-géographes*, mises en ligne par leur auteur, Letouzey D., à l'adresse suivante : http://www.aphgcaen.free.fr/chronique.htm
- Articles de l'Association française pour l'histoire et l'informatique, animée par Romero G. : http://panoramix.univ-paris1.fr/UFR09/memvive/memvive.htm

### Sites institutionnels

- Site d'Éduscol : http://www.eduscol.education.fr
- Site national : http://www.educnet.education.fr/histgeo/
- Sites académiques : tous les sites académiques peuvent être facilement consultés à partir de celui de Grenoble : http://www.ac-grenoble.fr/histoire/nouvacad/indexnda.htm

### Deux grandes manifestations annuelles

- Le Festival international de géographie de Saint-Dié : http://www.ville-saintdie.fr/fig/ (on trouve sur ce site les comptes rendus des conférences ou des tables rondes, ainsi que des séquences pédagogiques fondées sur l'usage de l'ordinateur).
- Les Rendez-vous de l'histoire de Blois. Le site officiel http://www.rdv-histoire.com/home_bl.html est complété par le site de l'académie d'Orléans-Tours : http://www.ac-orleans-tours.fr/rdv-histoire/

# La formation des maîtres

**Anne-Marie Cocula,**
professeure à l'université Bordeaux-III
**Guy Mandon,**
inspecteur général de l'Éducation nationale
**Jean-Pierre Renard,**
professeur à l'université d'Artois

La formation des enseignants est l'un des défis majeurs des prochaines années, car plus de la moitié du corps professoral va se renouveler. Les enjeux de la formation sont de natures différentes. Il s'agit de clarifier le métier et ses enjeux pour le rendre attractif, de définir la place et les finalités de l'enseignement de l'histoire et de la géographie, de poursuivre une réflexion sur la didactique de nos disciplines, de s'intéresser à la façon dont se fait la formation initiale et enfin de résoudre les problèmes d'organisation de la formation continue, question majeure pour la formation des nouveaux professeurs, en faisant en sorte qu'elle réponde à la demande et en coordonnant l'action des divers acteurs.

## La formation initiale

Dans les études universitaires d'histoire et de géographie, trois faits sont à prendre en compte :

*Premièrement,* on enseigne différemment l'histoire aux étudiants en licence de géographie qu'on ne l'enseigne aux étudiants en licence d'histoire, et inversement pour la géographie aux étudiants d'histoire, d'où la nécessité d'une mise à niveau par la suite.

*Deuxièmement,* le problème du recrutement se pose de façon grave parce que l'histoire et la géographie sont passées de mode et parce que la politique de recrutement en accordéon a détourné des concours du second degré.

*Troisièmement,* on peut déplorer la fragilité des étudiants d'aujourd'hui, davantage demandeurs de conseils et de connaissances mais également plus hésitants sur leur orientation. À quel moment doit-on intégrer dans leur cursus la réflexion sur leur formation ?

En ce qui concerne la formation universitaire, deux thèmes font débat : d'une part, le problème de l'attractivité des études d'histoire-géographie et des concours de recrutement et d'autre part, la question du contenu du cursus universitaire et de la préprofessionnalisation. Les universitaires attirent l'attention sur le problème de recrutement des étudiants dans nos deux disciplines, en termes à la fois quantitatifs et qualitatifs. L'histoire et la géographie attirent de moins en moins d'étudiants et sont bien souvent choisies par défaut, les étudiants en DEUG d'histoire-géographie étant parfois ceux qui n'ont pas été acceptés en classe préparatoire ou en IUT. Le problème se pose dans les mêmes termes pour les concours de recrutement du premier et du second degrés. Ainsi les meilleurs géographes ne vont plus vers l'enseignement mais vers une licence professionnelle. On constate que, pour diverses raisons, de nombreux étudiants préfèrent le concours de professeur des écoles au CAPES. Lors du concours de professeur des écoles, l'épreuve d'histoire-géographie est souvent choisie par défaut.

Pour inciter les étudiants à s'orienter vers l'enseignement et mieux les former, certains souhaitent qu'une licence d'enseignement soit mise en place, formation véritablement bi-disciplinaire, à l'exemple de celle dispensée par l'université d'Artois qui, dès la première année de DEUG, dispense les mêmes enseignements d'histoire et de géographie. Est-il opportun par ailleurs d'introduire dans le cursus universitaire l'épistémologie de la discipline, voire la didactique, dès le début des études et comme point de départ de la formation au métier d'enseignant, comme cela se fait dans les classes préparatoires ? À l'heure actuelle, les tentatives de préprofessionnalisation ont un succès limité auprès des étudiants, mais il faut noter que les structures universitaires y sont également peu favorables. De ce fait, l'année de préparation du CAPES est pour les étudiants le seul moment de réflexion sur le sens du savoir qu'ils vont enseigner. Elle paraît pour le moins tardive.

## La formation professionnelle

On remarque l'extrême diversité des modalités de recrutement des nouveaux enseignants. Outre les concours externes, on peut observer le recours de plus en plus fréquent à des personnels contractuels et vacataires, ce qui pose le problème de leur formation. À titre d'exemple, dans l'académie de Grenoble, le statut de contractuel est le moyen le plus important d'accès au professorat ; pour l'année scolaire 2002-2003, on comptait 250 contractuels contre 27 sortants d'IUFM. Dans le cadre des concours internes par ailleurs, les modalités de recrutement sont variées (CAPES interne, concours réservé, troisième concours, examen professionnel) et posent le problème de la formation d'enseignants issus d'horizons divers.

S'agissant de la formation initiale des professeurs stagiaires issus des concours externes, certains s'inquiètent de la réduction de la place de l'histoire-géographie dans la formation initiale des professeurs des écoles et dans la formation didactique disciplinaire des PLC2. D'autres critiquent les contenus de la formation dispensée en deuxième année d'IUFM. Il est à signaler que la plupart des IUFM accorde une place importante à la formation didactique disciplinaire qui est indispensable pour donner du sens au message à transmettre. Toutefois, l'efficacité de la formation initiale est constatée sur le terrain où les nouveaux enseignants ont, aux dires de l'inspection, plutôt de bonnes bases.

Afin d'améliorer le dispositif actuel de la formation initiale, on pourrait associer et équilibrer contenus et didactique; valoriser le mémoire professionnel, jugé comme un élément important de la formation articulant réflexion et pratique; prévoir un dispositif de formation associant le tuteur.

## La formation continue

La nécessité de la formation continue est unanimement reconnue et la demande est grande parmi les nouveaux enseignants. Par ailleurs, tout le monde s'accorde à reconnaître que l'un des premiers problèmes de la formation continue reste son ajustement aux attentes et aux besoins réels des enseignants. À ce sujet, la demande de mise à jour scientifique est forte.

À partir de ces constats, il semble que l'efficacité de la formation continue soit liée à la mise en place de dispositifs qui associent formateurs universitaires et enseignants du second degré et articulent différentes formes, en particulier conférences universitaires et ateliers pédagogiques. Une autre suggestion serait d'encourager la mise en place de réseaux de formation entre établissements voisins, notamment pour la mise en place des nouveaux programmes, et d'aider les nouveaux professeurs à apprendre à travailler en équipe. Partant du constat qu'il n'est pas possible de faire une formation professionnelle satisfaisante en une année scolaire de PLC2, il est nécessaire d'établir un vrai parcours de formation personnalisé pour chaque professeur, avec une articulation formation initiale - formation continue. Contrairement à d'autres pays comme le Canada ou l'Espagne, la formation continue n'est pas prise en compte dans la carrière des professeurs.

## Un exemple : la formation continue dans l'académie de Lille

Les modalités de la formation continue adoptées dans le Nord-Pas-de-Calais semblent recueillir l'adhésion des enseignants. Elles déclinent ainsi des stages de plusieurs jours, associant conférences universitaires et ateliers pédagogiques avec des études de cas; des stages de terrain autour d'un thème; un travail en réseau associant des enseignants de terrain, des formateurs de l'IUFM, des IA-IPR (il s'agit d'une formation continue dite « filée » sur une ou plusieurs années, et qui constitue une recherche-action); une réflexion sur le contenu des manuels par rapport à un thème (par exemple, les frontières, les espaces ruraux) associant des enseignants et des formateurs dans le cadre de séminaires universitaires, le tout étalé sur plusieurs années; une intégration des TIC (formation sur plusieurs jours avec conférences, observations sur le terrain, mise en ligne avec création d'un site internet, etc.).

À la lumière de ces expériences, quelques conditions paraissent essentielles pour assurer la réussite de la formation continue: la multiplicité des modalités de formation, la mixité des publics et des intervenants, l'articulation des différentes formes de la formation continue entre elles et enfin, un suivi du stage.

# Quels savoirs d'histoire et de géographie évalue-t-on dans les examens ?

**Bruno Mellina,**
inspecteur général de l'Éducation nationale
**Annie Zwang,**
professeure associée à l'IUFM de l'académie de Paris

## Les problématiques

La question des savoirs évalués en histoire et géographie est centrale pour l'enseignement, car elle suppose que soient définies la nature des disciplines enseignées, leurs finalités et la formation intellectuelle qu'elles assurent. On évalue, en principe, ce que la formation doit dispenser à l'élève, les objectifs visés par l'enseignement. Pour ce qui concerne l'histoire et la géographie, cette formation se limite-t-elle à des savoirs spécifiques aux deux disciplines ? N'est-elle pas plus globale ? Ne comporte-t-elle pas aussi la construction de savoirs transversaux ? Évalue-t-on globalement ou par des exercices différents ces apports difficilement dissociables de nos disciplines ? Doit-on se limiter à n'apprécier que les apports disciplinaires spécifiques ?

On peut constater qu'actuellement, l'histoire et la géographie sont enseignées dans la plupart des niveaux et séries de l'École : au primaire et au collège (donc dans le cadre de la scolarité obligatoire), dans les lycées d'enseignement général et technologique, dans les lycées professionnels. Nos deux disciplines ne sont évaluées par un examen que dans l'enseignement secondaire. Cette évaluation touche toutes les séries, quels que soient les horaires d'enseignement (et donc le coefficient) : diplôme national du brevet (DNB) pour l'ensemble des deux options du collège ; brevet d'études professionnelles (BEP) et baccalauréat professionnel ; baccalauréat général pour les séries S, L et ES et baccalauréats technologiques pour les séries SMS, STI, STL et STT au lycée d'enseignement général et technologique. Par ailleurs se sont récemment mis en place des dispositifs d'enseignement codisciplinaires auxquels participent très souvent l'histoire et la géographie. C'est le cas des IDD au collège, des TPE en lycée d'enseignement général et des PPCP en lycée professionnel. Quelles sont les modalités d'évaluation de l'histoire et de la géographie dans ces épreuves d'examen ? Quels savoirs sont précisément évalués ? Quels sont les choix et la qualité de la production des élèves dans ces épreuves? Quels sont les progrès mais aussi les insuffisances constatées? Comment remédier à ces dernières?

Durant la décennie quatre-vingt-dix, on a assisté à une refonte des programmes et des modes d'évaluation de l'histoire et de la géographie aux examens dans le secondaire. Ces transformations ont contribué à affirmer la spécificité de nos deux disciplines, à définir les finalités disciplinaires communes aux différentes séries et donc à établir une cohérence des savoirs évalués dans les différents ordres d'enseignement du secondaire. Depuis peu, des programmes et des horaires différents ont diversifié davantage les séries générales du cycle terminal du lycée et donné lieu à des sujets spécifiques au baccalauréat pour les séries L et ES d'une part, et pour la série S, d'autre part. Faut-il prendre davantage en compte, dans les examens, les particularités et la diversité des horaires d'enseignement des différentes séries? Un aménagement supplémentaire de ce type ne risque-t-il pas de remettre en cause la cohérence actuelle, minimale mais fondamentale et générale? Quelles évolutions convient-il d'envisager?

## Bilan critique de la situation actuelle

Dans la décennie quatre-vingt-dix, une cohérence a été établie entre les finalités affirmées par les programmes, les pratiques pédagogiques recommandées par les documents d'accompagnement des programmes et la diversité des savoirs construits, plus largement évalués aux examens. Cette mise en cohérence va du collège au lycée et touche les différentes séries du secondaire (DNB, baccalauréats professionnels ou baccalauréats des séries générales). Même l'évaluation orale des séries technologiques (STT et STL, SMS, STI) permet d'apprécier les différentes compétences construites par l'enseignement de nos disciplines.

La nécessité d'évaluer les différents types de savoirs dispensés par l'enseignement de nos disciplines a conduit à introduire une plus grande diversité et donc de nouveaux exercices dans les sujets d'histoire et géographie des examens actuels.

Premièrement, la place et le statut du document tels qu'ils sont affirmés et pratiqués dans nos enseignements ont conduit à concevoir des exercices d'une nature nouvelle où le savoir historique et géographique s'élabore à partir d'informations fournies par des documents. Le prélèvement, le tri et la confrontation de ces informations ne peuvent s'opérer qu'au travers d'une lecture orientée des supports documentaires (la problématique) et grâce à la culture et aux connaissances des candidats qui lui donnent du sens.

Deuxièmement, la maîtrise de repères historiques et géographiques précis, que seules nos disciplines contribuent à assurer, a donné lieu à des exercices *ad hoc* au DNB et à la réalisation d'un croquis de géographie dans les séries générales du baccalauréat (ce croquis peut-être exigé aussi avec les compositions de géographie).

L'exigence de ce dernier exercice va toutefois bien au-delà de la simple vérification de la bonne maîtrise des localisations.

Troisièmement, hormis la composition (ou dissertation) qui subsiste dans les baccalauréats des séries générales, l'évaluation des connaissances historiques ou géographiques s'effectue par des exercices liant lecture et compréhension des documents avec les savoirs cognitifs.

Quatrièmement, la maîtrise des langages et des modes de représentation, ainsi que du raisonnement géographique sont évalués, en géographie, par la réalisation d'un croquis dans les séries générales du baccalauréat. Plus largement, la maîtrise de la langue et de l'organisation de la pensée est mieux appréciée par l'exigence de réaliser des synthèses (baccalauréat général et professionnel) ou des paragraphes argumentés (DNB) qui postulent de ne pas se limiter à une simple restitution de connaissances.

## Typologie et nature des évaluations

En conséquence, le panorama actuel des épreuves d'histoire-géographie montre une plus grande complexité de la structure de sujets. Il traduit aussi l'effort d'adaptation au rythme de travail et aux possibilités des élèves qui a été opéré dans les épreuves telles qu'elles sont actuellement conçues.

L'épreuve d'histoire-géographie du DNB (écrit de deux heures, noté sur 40) comporte trois exercices: un sujet d'histoire ou de géographie (au choix parmi deux sujets proposés) accompagné de documents questionnés visant à fournir quelques informations aux candidats. Ceux-ci sont invités à y répondre en rédigeant un paragraphe argumenté d'une vingtaine de lignes. Un sujet d'éducation civique confrontant une situation de la vie, décrite en un ou deux documents, avec un court extrait d'un texte de référence. Un sujet de repères chronologiques et spatiaux.

L'épreuve d'histoire-géographie du BEP (écrit d'une heure, coefficient 1 pour les BEP industriels, 2 pour BEP tertiaires) porte soit sur l'histoire, soit sur la géographie. Le candidat dispose de deux à trois documents sur un thème précis. Il doit y relever des informations, les analyser, les mettre en relation, tout en intégrant les connaissances acquises en cours d'année, en réponse à des questions.

Au baccalauréat professionnel, l'épreuve propose deux sujets au choix (écrit de deux heures coefficient 2). À partir d'un dossier de trois à cinq documents, le candidat doit faire la preuve de ses capacités à comprendre et à analyser une situation historique ou géographique en répondant à une série de questions (dont certaines peuvent vérifier la maîtrise de notions de base) et en réalisant une courte synthèse fondée sur ses connaissances et les informations du dossier.

Dans les séries générales du baccalauréat (écrit de quatre heures, coefficient 3 en S, 4 en L et 5 en ES), l'épreuve comporte deux parties, donc deux exercices, l'un en histoire, l'autre en géographie : une première partie, dont la discipline est tirée au sort, où le candidat choisit parmi deux compositions et une étude de documents (cinq documents maximum regardés au travers d'une problématique qui guide le prélèvement d'information et oriente la synthèse) ; une deuxième partie, dans l'autre discipline, où le candidat choisit un croquis de géographie à réaliser (parmi deux proposés) si la géographie est en deuxième partie ; ou bien le candidat doit répondre à un questionnaire sur un document, dans le cadre d'une épreuve intitulée « Commentaire d'un document d'histoire », parmi deux proposés, si l'histoire est en deuxième partie.

L'épreuve d'histoire-géographie des baccalauréats technologiques est orale (20 minutes, coefficient 2 en STT et 1 pour l'épreuve anticipée de première en SMS, STl et STI) et offre le choix entre deux sujets. Chaque sujet comporte deux parties l'une porte sur l'histoire et l'autre sur la géographie. Ces sujets sont proposés par l'examinateur qui se fonde sur la liste des questions traitées dans l'année que lui présente le candidat : la première partie dans une discipline est plus longuement développée ; la seconde est traitée dans un temps plus limité. Ces sujets peuvent s'appuyer sur des documents apportés par les candidats ou proposés par l'examinateur.

Cet aperçu montre la diversité des savoirs évalués aujourd'hui en histoire et géographie. Il souligne la richesse de la formation assurée par nos disciplines. Celle-ci combine à la fois et inextricablement des connaissances larges et diversifiées, des compétences soit disciplinaires soit transversales, ainsi que le maniement et la maîtrise de la langue écrite ou orale. D'une part en effet, concernant les connaissances, il ne s'agit plus de les régurgiter simplement mais de les organiser en fonction de la problématique du sujet. Elles visent à apprécier une intelligence des situations, du sujet. Cette évaluation vise à inciter les professeurs à faire évoluer leur pédagogie pour préférer des leçons problématisées, construites comme des démonstrations, à des leçons analytiques et accumulant les faits érudits. D'autre part, les compétences sont soit disciplinaires (capacité à se repérer dans le temps et dans l'espace, capacité à écrire de l'histoire et de la géographie, capacité à utiliser les outils spécifiques de la discipline : cartes, images, etc.), soit, plus généralement, transversales (capacité à sélectionner des informations, à les confronter, à les classer, à les hiérarchiser, à produire une synthèse en réponse à une question, capacité à opérer la transposition des langages).

## Des problèmes persistent

Opérées à la fin des années quatre-vingt-dix dans les épreuves d'histoire et géographie aux différents examens de l'enseignement secondaire, ces profondes mutations ont constitué un progrès important dans les pratiques d'évaluation et d'enseignement des professeurs. Cependant leur sens n'a pas toujours été compris. Combien parlent encore de « majeure » et de « mineure » pour désigner les deux parties de l'épreuve du baccalauréat général, pénalisant ainsi, consciemment ou non, l'une des deux disciplines! On sait les résistances des professeurs historiens de formation à accepter que le tirage au sort désigne la géographie en première partie d'épreuve de cet examen. Ces évolutions n'ont pas non plus résolu certains problèmes de comportement des enseignants et des examinateurs. Elles ont parfois induit des choix de la part des élèves et des dérives de la part des enseignements qu'il convient d'analyser avant de lancer le débat.

Un premier problème qui se pose de manière récurrente est celui de la notation et des attentes de correcteurs dans les épreuves d'histoire et géographie aux examens. Il n'est pas seulement technique. Il met en cause, en fait, la conception de l'enseignement de la discipline. Bien des professeurs apprécient mal ce qu'un élève moyen peut raisonnablement réaliser le jour de l'examen, dans un temps limité et dans les conditions de tension nerveuse qui sont celles de tout candidat. Bien des correcteurs, particulièrement au baccalauréat, exigent des réponses longues, complètes et exhaustives qui excèdent ce qu'eux-mêmes sont capables de réaliser dans un temps limité (comme le montrent les tests de sujets) et qui excèdent parfois les limites réglementaires (exemple: les réponses au commentaire d'un document d'histoire au baccalauréat ne doivent pas excéder une page). Bien des enseignants considèrent encore le baccalauréat comme un concours où les attentes sont exhaustives alors qu'il ne s'agit pas de discriminer des candidats mais d'évaluer leur production dans sa globalité et la conformité de leur réponse au sujet.

Bien évidemment, cette attitude dépend, dans une large mesure, de la conception didactique des leçons d'histoire et géographie courantes. On peut retrouver cette difficulté dans l'exigence que manifestent beaucoup de correcteurs de disposer d'un barème fort détaillé ou de corrigés précis et fermés. Cette tendance est particulièrement marquée au DNB ou dans l'enseignement professionnel. Elle apparaît aussi au baccalauréat, particulièrement dans l'épreuve d'étude de documents où les enseignants peinent à définir les attentes et à vouloir noter séparément les différentes étapes de l'exercice alors qu'il s'agit d'évaluer, avant tout, la qualité et la pertinence de la production finale. Outre qu'elle souligne une lacune en matière d'évaluation chez les enseignants, cette tendance à une notation détaillée réduit nos disciplines à enseigner une accumulation de faits et pousse à une érudition extrême, au détriment de l'intelligibilité des situations, du raisonnement historique ou géographique développé, de la capacité à donner du sens. La propension apparue ces dernières années à poser des sujets moins ponctuels, portant sur une période chronologique plus longue ou sur une question plus large, proche du libellé d'un thème du programme, ou à laisser le candidat libre de choisir les exemples à l'appui de sa démonstration, vise à corriger cette dérive vivace vers une discipline confinée à de l'érudition.

En outre, dans les séries technologiques, il faut noter la réticence de certains examinateurs à interroger les candidats sur des documents, particulièrement sur le dossier documentaire que les élèves peuvent présenter.

Enfin, la géographie apparaît souvent malmenée. À titre d'exemple, la confusion est fréquente au baccalauréat général, tant chez les élèves que chez certains professeurs, entre les exercices de parties différentes. Le croquis obligatoire pour certaines compositions, en première partie, est parfois encore confondu avec la réalisation d'un croquis, accompagné d'une « explication en quelques phrases » de la légende organisée, dans la seconde partie de l'épreuve. Dans ce dernier cas, le court commentaire de la légende donne encore lieu à des développements d'une longueur digne de la dissertation malgré une maquette invitant à la brièveté. Faut-il incriminer la complexité de la structure de l'épreuve d'histoire-géographie du baccalauréat pour expliquer cette méprise ? Plus fondamentalement, il semble que beaucoup n'admettent pas ou perçoivent mal la spécificité du langage que constituent les représentations cartographiques en géographie.

## Un choix sélectif

L'attitude des élèves et ce qu'ils produisent dans les épreuves d'histoire-géographie soulèvent une autre série de problèmes. Si l'on se fonde sur l'exemple du baccalauréat, on constate, depuis quelques années, que les candidats se réfugient majoritairement (60 à 90 % selon les années et selon les séries) dans le choix de sujets d'études de document et pour délaisser les exercices, comme la composition, qui nécessitent des connaissances larges, hiérarchisées et bien maîtrisées. Seuls des sujets de composition déjà traités sous la même forme ou une forme voisine en cours d'année recueillent une relative faveur des candidats. De même, pour le croquis de géographie, beaucoup d'élèves se contentent de reproduire un croquis qu'ils ont mémorisé sur le thème, quelles que soient la problématique ou les particularités de la question posée. Cette difficulté à obtenir un effort intellectuel plus poussé que celui qu'exige la simple restitution d'un savoir déjà élaboré et appris « par cœur » se retrouve dans les autres épreuves, particulièrement au DNB ou dans l'enseignement professionnel. Là les élèves manifestent une relative capacité à relever des informations et à les mettre en relation. Mais la rédaction d'un paragraphe argumenté ou d'une synthèse se révèle redoutable faute de connaissances ou de formation. Bref, nous sommes-nous donnés les moyens de l'ambition assignée à nos disciplines ? Arrivons-nous à former les élèves pour qu'ils dépassent la simple restitution de connaissances et qu'ils accèdent à la production de savoirs d'histoire ou de géographie ? Il conviendrait de mieux mettre en cohérence évaluation et enseignement.

Enfin, l'examen écrit est-il le seul mode d'évaluation possible et souhaitable en histoire et géographie ? D'une part, tel qu'il est conçu aujourd'hui, ne privilégie-t-il pas trop l'écrit, pratique que certains reprochent, plus généralement, à l'enseignement français ? L'épreuve orale des séries technologiques et l'oral de contrôle des séries générales du baccalauréat sont actuellement les seules interrogations orales dans nos disciplines, à un examen. Les pratiques pédagogiques d'enseignement de l'histoire et de la géographie ont-elles une nature antinomique avec l'expression orale ? Est-il nécessaire ou souhaitable d'introduire des épreuves orales dans nos examens ou de substituer des oraux aux écrits ? D'autre part, le contrôle en cours de formation ne rendrait-il pas mieux compte de la richesse et de l'éventail des savoirs dispensés dans nos disciplines ? L'examen ne constitue-t-il pas, en revanche, une garantie d'équité plus grande, un outil de pilotage de la pédagogie et un mode de régulation des exigences au collège comme au lycée ?

## Quelques pistes de réflexion

Connaissant l'évolution des épreuves d'histoire-géographie dans les examens et face à ce bilan critique de la situation actuelle, il convient de répondre à la question de savoir ce que nous évaluons dans les examens. Cela revient à poser toute une série de questions, sans prétention d'exhaustivité, mais avec la volonté de mettre le plus possible de données à plat.

Quels savoirs évaluer et que souhaite-t-on évaluer en histoire-géographie ? Quelle est la pertinence de ce que nous évaluons dans nos examens ?

Doit-on essayer d'évaluer tous les acquis de la formation dispensée en histoire-géographie et comment ? Ce que nous n'évaluons pas dans les examens serait-il pour autant marginal ?

Faut-il un parallélisme parfait dans les épreuves d'examen entre l'histoire et la géographie ? Peut-on aller vers une plus grande complexité des sujets en variant les types d'exercice, de manière à évaluer une diversité plus grande de compétences, ou doit-on se borner à quelques exercices plus académiques se limitant à évaluer un nombre restreint de compétences ? Le sondage que représente tout examen est-il pertinent pour évaluer plusieurs années de formation ?

Sur quels programmes faire porter l'examen ? Doit-on évaluer les apprentissages sur l'ensemble d'un cycle, d'un degré ou d'un niveau ? (Sur une année ou sur plusieurs années pour prendre en compte la continuité des apprentissages ?) Et corollairement, qui doit corriger aux examens (uniquement les professeurs qui enseignent dans les classes terminales [troisième, terminale] ou tous ceux qui contribuent à la formation des élèves) ?

Qu'évalue-t-on dans une production d'histoire-géographie (et comment ?) réalisée dans le cadre d'un projet éducatif (comme les TPE ou les IDD) ? Faut-il évaluer l'histoire-géographie, dans toutes les filières et dans tous les niveaux d'enseignement selon le même schéma ou les mêmes types d'épreuves ? Peut-on concevoir des types d'évaluation différents selon les séries ou selon les horaires d'enseignement dans les différentes séries (sujet spécifique en S, évaluation orale en STT, STI, STL, SMS, mais écrite ailleurs) ?

Comment utiliser les examens pour faire évoluer les pratiques pédagogiques en histoire-géographie ? Les examens suffisent-ils pour piloter la pédagogie de l'histoire-géographie ? Comment éviter la ritualisation de certains exercices d'examen (comme l'étude de documents au baccalauréat) qui est une déviation par rapport à la formation recherchée ?

Cinquième partie

# Demain, l'histoire et la géographie

# Apprendre et enseigner l'histoire et la géographie demain

**Gérald Attali,**
professeur d'histoire et de géographie
**Françoise Changeux-Misery,**
inspectrice de l'Éducation nationale
**Christine Dalbert,**
professeure d'histoire-géographie
**Corinne Glaymann,**
inspectrice de l'Éducation nationale - enseignement technique
**Jean Jordy,**
inspecteur général de l'Éducation nationale
**Bruno Mellina,**
inspecteur général de l'Éducation nationale
**Claude Ruiz,**
professeur en classe préparatoire aux grandes écoles
**Laurent Wirth,**
inspecteur général de l'Éducation nationale

***Laurent Wirth:*** La composition de la table ronde permet de représenter tous les ordres et tous les niveaux d'enseignement et de bénéficier d'un regard extérieur, à travers l'inspection générale de lettres. Ces échanges devront permettre de penser les pratiques pour la decennie qui vient, de manière innovante et résolument prospective.

***Bruno Mellina:*** Les pratiques pédagogiques constituent un champ très vaste. Il s'agit de réfléchir à des pistes d'avenir, à partir des expériences des intervenants et des pratiques qui leur paraissent souhaitables pour mieux former les élèves et davantage les concerner dans le cadre d'un enseignement dynamique. Les échanges pourraient se développer à partir de trois questions.

Premièrement, quelle démarche adopter pour que les programmes soient traités dans leur totalité, tout en conservant l'esprit qui a présidé à leur élaboration?

Deuxièmement, quelles pratiques pédagogiques privilégier pour remplir les finalités de la discipline (maîtrise de la langue, récit-documents, oral-écrit, etc.), en évitant le recours à des rituels pédagogiques usés?

Troisièmement, quel usage conserver des outils pédagogiques traditionnels (manuels, etc.) et vers quel usage des nouveaux outils (ordinateur, internet, etc.) s'orienter au XXIe siècle ?

## La mise en œuvre des programmes

***Laurent Wirth :*** Nous n'avons pas à discuter ici des programmes. Il convient de s'interroger sur le degré de liberté que l'enseignant est susceptible de s'accorder dans leur mise en œuvre. Les pistes à envisager sont celles des études de cas, des points forts à mettre en exergue ou de l'interaction à entretenir entre histoire et géographie.

***Gérald Attali :*** La liberté à prendre à l'intérieur des programmes devrait être la plus grande possible. Les programmes se caractérisent en effet par des intitulés très généraux (l'Empire byzantin, le monde musulman, guerre-démocratie-totalitarisme, etc.), ce qui témoigne de la possibilité des pratiques les plus diverses. En outre, le fait que les instructions officielles aient disparu des nouveaux programmes pour être remplacées par des documents d'accompagnement, plaide pour davantage de liberté dans la mise en œuvre de ces programmes.

Pour aborder les contenus de manière renouvelée, il peut être utile d'adopter les problématiques sous un nouvel angle. Les premières rencontres organisées par *La Durance*, le bulletin d'information d'histoire-géographie de l'académie d'Aix-Marseille, avaient ainsi pour thème l'introduction des femmes dans l'histoire enseignée. À cette occasion, des enseignants de l'académie d'Aix-Marseille ont pointé l'importance de souligner par des exemples précis, pris en histoire contemporaine comme en histoire ancienne ou médiévale, la place des genres féminin et masculin. Dans une leçon sur l'agriculture et le Nil dans l'Égypte des Pharaons, il revient ainsi au professeur de mettre en avant, sur les papyrus présentés par les manuels, la présence importante des femmes dans ce type de représentations, afin de pallier les défaillances habituelles des ouvrages pédagogiques en la matière.

En revanche, le fait qu'aucun programme ne soit prévu - comme c'est le cas en troisième d'insertion - est souvent mal vécu par les élèves qui y voient un début de relégation scolaire, préfigurant une prochaine exclusion sociale. Il apparaît ainsi que les programmes sont aussi importants à préserver que la liberté qu'ils donnent.

***Christine Dalbert :*** Plus que dans la sélection des contenus, l'enseignant peut aménager le traitement des programmes en travaillant à la recomposition de sa démarche pédagogique. Il peut, par exemple, décider d'enseigner les thèmes dans un ordre différent de celui prévu par les programmes. En première, il peut ainsi lui paraître préférable de commencer par la fin du programme de géographie, une introduction par les États d'Europe pouvant servir plus utilement de fil conducteur à l'apprentissage. En terminale, l'enseignement des problèmes continentaux peut également être placé, dans un but pédagogique, à la suite de l'étude sur les flux et la mondialisation.

Les enseignants peuvent par ailleurs profiter de la liberté que leur offre le choix des supports et des documents. Ceux-ci peuvent en effet être utilisés comme points d'accroche pour des leçons qui risquent d'ennuyer les élèves. Dans le cadre d'un cours sur l'âge industriel, par exemple, la diffusion d'un film de fiction comme *Titanic* peut permettre de présenter de manière vivante à la fois la machine à vapeur, la ségrégation des passagers selon les classes, la sociologie des discours en fonction des catégories sociales (entre le pont supérieur et la cale) et l'émigration des Européens vers le Nouveau Monde. Loin de tout détour démagogique, il s'agit de prendre appui sur des documents que les élèves connaissent et sur lesquels ils sont susceptibles de réfléchir.

***Claude Ruiz:*** En classe préparatoire aux grandes écoles, les programmes jouent un rôle variable. L'exemple des lettres supérieures (hypokhâgne) est intéressant en raison même de l'absence de programme défini en géographie. Ceci oblige le professeur à bien définir ses objectifs qui peuvent se présenter sous la forme suivante: à la fin de l'année en lettres supérieures, les étudiants doivent être capables de définir ce qu'est la géographie et d'expliciter le sens d'une démarche géographique; par ailleurs, l'exercice de la dissertation géographique nécessite la maîtrise d'un certain nombre de notions et de concepts abordés par l'intermédiaire de questions variées, tant au niveau des problématiques que des tailles d'espaces; enfin, en terme de connaissances, il est souhaitable de traiter des questions d'analyse des territoires à différentes échelles.

Cette approche laisse une grande liberté, l'objectif étant de préparer les étudiants à savoir utiliser ces connaissances, ces méthodes et ces questionnements, et à les réutiliser dans le cadre d'une question précise, ce qui fait l'objet du travail de première supérieure (khâgne) pour le concours Lettres et sciences humaines (LSH) de l'École normale supérieure.

***Laurent Wirth:*** Dans la plupart des hypokhâgnes, la liberté à l'égard des programmes d'histoire n'égale pas celle qui prévaut en géographie, car les enseignants doivent anticiper le passage en khâgne. Seules les hypokhâgnes préparant aux khâgnes LSH (autrefois nommées Fontenay - Saint-Cloud) bénéficient d'une grande liberté dans le traitement des programmes d'histoire.

***Corinne Glaymann:*** Les lycées professionnels jouissent également d'une liberté importante, qui est inscrite dans les textes eux-mêmes. D'une manière générale, le traitement d'un programme ne se réduit jamais à une succession de thèmes obligatoires, mais doit se construire à travers une démarche globale. Celle-ci implique des contenus auxquels sont associées des notions répertoriées, des finalités d'enseignement, des démarches préconisées et des compétences à faire acquérir. La cohérence de la programmation doit ainsi être conçue au sein de cette globalité.

À cet égard, la tâche des enseignants de lettres-histoire en lycée professionnel est facilitée, car les programmes sont élaborés à partir d'entrées thématiques. Dès lors que l'enseignement reste cohérent et pertinent, les professeurs sont libres d'articuler les thèmes comme ils le souhaitent. En première de baccalauréat professionnel, un enseignant peut, par exemple, terminer une séquence d'histoire consacrée à l'évolution des moyens de transport et de communication de 1850 à nos jours par une leçon de géographie consacrée à la structuration de l'espace français et de l'espace européen par les réseaux de transports.

Cette liberté dans le choix des thèmes suppose toutefois que l'enseignement soit clairement problématisé et ne prétende pas à l'exhaustivité. Aussi, si l'enseignant est responsable de ses choix, doit-il s'astreindre à des choix raisonnés.

***Françoise Changeux-Misery:*** Les programmes de cycle III de l'école primaire ont été récemment rénovés. Leur entrée en vigueur date de la rentrée 2002. Ils se caractérisent par un ancrage culturel fort, puisque des liens importants ont été créés, notamment avec la littérature et les arts visuels.

L'esprit des disciplines a en outre été réaffirmé et est inscrit, pour la première fois, dans le préambule des programmes. L'orientation déterminée pour la discipline géographique est ainsi plus proche de l'esprit épistémologique et didactique qui la caractérise fondamentalement, puisque son enseignement s'organise désormais autour des processus d'organisation de l'espace et des acteurs. Le programme d'histoire se décline, quant à lui, selon une série de points forts, au sein desquels les enseignants ont la possibilité de faire des choix.

D'une manière générale, un programme ne saurait s'appliquer *in extenso*. Il doit avant tout servir de guide aux enseignants. L'explication des notions à transmettre doit leur permettre de ne pas privilégier un même sujet. La préhistoire, par exemple, est trop souvent enseignée durant la moitié de l'année, alors qu'elle n'est qu'un chapitre parmi d'autres que les élèves sont censés intégrer. En géographie, l'approche par les paysages n'est, par ailleurs, opportune que si les enseignants l'envisagent en travaillant la notion de point de vue, et replacent ces paysages dans les espaces plus larges dans lesquels ils s'inscrivent.

***Jean Jordy:*** Un programme représente un ensemble de prescriptions, mûrement pensées et validées. Dans ce cadre, l'enseignant ne saurait être autonome que dans la manière dont il le traite. La véritable liberté est celle de la créativité pédagogique et didactique que l'enseignant est capable de mettre en œuvre.

## Les pratiques pédagogiques

***Bruno Mellina :*** C'est en effet dans le cadre obligatoire défini par les programmes que l'enseignant est en position d'exercer sa liberté pédagogique et d'en assumer les responsabilités. Il existe ainsi différentes manières d'agir pour que les élèves se sentent davantage concernés par l'histoire et la géographie.

***Claude Ruiz :*** En hypokhâgne, les études de cas contribuent souvent à susciter l'intérêt des élèves pour la géographie. Ces exemples concrets ont l'avantage d'éviter une confrontation trop précoce avec des concepts et des problématiques complexes. En début d'année, les élèves n'ont en effet qu'une vision encore parcellaire de la discipline.

Une leçon sur l'analyse du territoire peut, par exemple, s'appuyer sur une réflexion sur la notion de pays (sa définition, son utilité, etc.). La présence d'un intervenant extérieur peut contribuer à introduire le cours de manière plus vivante. À la suite de la commande par une collectivité de la constitution d'un pays, un responsable de l'INSEE a ainsi permis aux étudiants de travailler sur les acteurs, les objectifs, les contraintes et la réalité de la mise en œuvre de ce nouveau type de territoire. À partir de cet exemple local, la leçon s'est poursuivie par l'exposé des lois générales qui régissent les pays et s'est achevée sur la notion plus vaste de territoire.

***Christine Dalbert :*** L'expérience des TPE montre également le vif intérêt que les lycéens portent à leur ville ou à leur quartier. Or ces travaux sont l'occasion de faire emprunter aux élèves de nouvelles voies pour apprendre la géographie ou l'économie.

Les enseignants peuvent en outre redonner du sens à leur discipline en s'appuyant sur les questions que les élèves se posent sur l'actualité. En 1991, par exemple, l'ensemble des enseignants d'histoire-géographie avait été sollicité par les lycées qui souhaitaient comprendre les tenants et les aboutissants de la guerre du Golfe. Les thèmes prévus dans les programmes offrent d'ailleurs souvent l'occasion d'opérer un va-et-vient entre les événements du temps présent et les cours d'histoire et de géographie. Récemment, la leçon sur les Balkans a ainsi été particulièrement approfondie. Ce détour est d'autant plus utile qu'il apporte aux élèves une ouverture supplémentaire à l'actualité.

***Bruno Mellina :*** Au terme des programmes du collège, les élèves sont censés acquérir des repères, connaître des documents patrimoniaux et traiter des questions majeures. Parmi celles-ci, en quatrième par exemple, l'absolutisme en France sous Louis XIV doit par exemple être l'occasion d'aborder aussi bien une pièce de Molière – *Le Bourgeois gentilhomme* – qu'un monument comme le château de Versailles. Comment respecter ces obligations dans un temps nécessairement limité ?

***Gérald Attali :*** L'intérêt des élèves ne saurait être suscité que si la priorité est avant tout donnée à la réflexion et à la formation du jugement et de l'esprit critique. Tout enseignement devrait ainsi être guidé par la volonté de former des citoyens difficiles à manipuler. Au-delà de l'explicitation de l'actualité, une telle ambition peut trouver à se déployer dans le traitement des « questions historiques vives ».

L'affrontement des mémoires en fournit un bon exemple. Les programmes de troisième convient d'ailleurs les enseignants à appuyer leur cours sur des témoignages vivants ou des romans. Il s'agit en effet d'un moyen efficace de sensibiliser les élèves à la complexité de l'affrontement entre l'histoire écrite et la mémoire que leurs contemporains ont retenue des événements.

Dans le cadre d'un cours sur la décolonisation et la guerre d'Algérie, le manuel de troisième offre ainsi l'occasion d'apprécier des témoignages contradictoires sur les événements, qui manifestent la différence des points de vue qui sépare les acteurs d'une même guerre (Français *vs* partisans du FLN, par exemple). Les élèves prennent conscience par ce biais de l'affrontement des mémoires qui peut perdurer, au-delà même de l'effet de vérité renvoyé par les ouvrages sur un événement. Ce type d'exercice a l'avantage de participer directement à la formation de l'esprit critique.

***Corinne Glaymann :*** En lycée professionnel, les élèves entretiennent souvent, en raison de leur parcours scolaire antérieur, un rapport difficile aux disciplines que sont le français et l'histoire-géographie. L'enseignant est ainsi amené à opérer un réel travail de reconquête du terrain, qui lui impose de tenir compte de l'élève dans sa globalité d'individu et de futur citoyen. Pour ce faire, il peut prendre pour point de départ les interrogations des élèves, mais aussi en susciter de nouvelles en s'appuyant sur des situations locales. Cette échelle de grandeur a en effet l'avantage d'être facilement perceptible par les élèves. Il s'agit ensuite d'élargir leur vision, en montrant la manière dont cet espace s'inscrit dans des territoires plus vastes. Les études de cas ont des vertus opératoires car elles amènent les élèves à se confronter à des problèmes et à faire des choix d'ordre civique, compte tenu des enjeux dégagés.

La catastrophe de l'usine AZF de Toulouse en septembre 2001, par exemple, a été l'occasion de nombreuses interrogations, en particulier sur les origines de l'installation de cette usine dans un tissu urbain, sur les difficultés posées par le remplacement des fenêtres de tout un ensemble d'habitations, sur l'opportunité de privilégier la volonté des habitants du quartier qui se prononcent en faveur de la fermeture de l'usine ou plutôt celle des ouvriers qui militent pour le maintien du site, etc.

Cette étude de cas a permis aux élèves d'appréhender la complexité des situations et des choix qui en découlent. En les plaçant en situation d'argumenter en faveur de l'option qui leur semblait la plus juste, cet exercice a contribué à leur faire percevoir les responsabilités qu'un tel choix fait reposer sur son auteur.

Il s'agit ainsi de susciter l'intérêt des élèves, mais surtout de leur proposer des situations à travers lesquelles ils se sentent en prise sur le réel et éprouvent leur responsabilité de citoyen.

***Françoise Changeux-Misery:*** À l'école primaire, l'enseignement de l'histoire-géographie bénéficie souvent de l'étude des représentations. Cela ne signifie pas que les élèves ont des représentations sur tout...

L'apprentissage de ces disciplines en général, et de la géographie en particulier, exige en outre une éducation du regard. Il est utile en effet de pousser les enfants à s'interroger sur leur environnement proche. Le travail sur l'aménagement d'une ville, à travers les espaces qui sont détruits, construits ou rénovés, constitue un support intéressant pour apprendre aux élèves à observer, à décrire, à nommer et à organiser les informations. Cette première phase de compréhension des données débouche sur une seconde phase de questionnement sur les causes et les conséquences des aménagements étudiés et de leurs évolutions. D'autres réflexions peuvent être alimentées par les informations que les enfants tiennent de la télévision ou des revues mises à leur disposition (*Les Clés de l'info junior* ou *Le Journal des enfants*, par exemple).

Des sujets historiques comme les grandes découvertes sont également l'occasion de leur montrer, par exemple, comment les hommes se représentaient le monde avant 1492, ou les conséquences de ces découvertes sur la vie de millions de personnes. De telles approches permettent de dépasser une présentation simple de l'histoire, par exemple à travers le prisme réducteur du commerce de l'or et des épices. Un pont doit par ailleurs être maintenu avec le présent, car le passé permet également de répondre aux questions que les enfants se posent sur le monde contemporain - par exemple sur le traitement réservé aux enfants dans certains territoires.

Les enfants accordent en outre un grand intérêt à la réflexion sur les symboles (Marianne, le drapeau tricolore ou *La Marseillaise*). Ces questions peuvent être abordées à partir de supports multiples (chansons, reproductions de tableaux, etc.). En littérature, *Le Roman de Renart* permet par exemple d'étudier la société médiévale. Dans le domaine des arts visuels, la Tapisserie de Bayeux offre, quant à elle, une représentation concrète et réaliste des châteaux forts, qui contribue à combattre les clichés habituellement véhiculés.

***Laurent Wirth:*** L'un des moyens de susciter la curiosité des élèves est sans doute de montrer la cohérence des savoirs qui unit l'ensemble des disciplines. Dans cette perspective, de nouvelles modalités codisciplinaires d'approche des savoirs sont développées depuis quelques années, à travers les TPE, les IDD, l'éducation civique, juridique et sociale, etc. Il est important de réfléchir à la place qu'il convient d'accorder à cette cohérence horizontale. C'est notamment dans une telle perspective que le groupe présidé par René Rémond procède actuellement à la relecture du programme des humanités au collège.

***Christine Dalbert :*** La place la plus grande doit sans doute être accordée à l'interdisciplinarité dans la mesure toutefois où chaque discipline conserve son identité propre.

Au-delà des dispositifs institutionnalisés, de nombreuses initiatives ont émergé sur le terrain, de manière informelle mais non moins efficace. Dans le lycée où j'enseigne, l'organisation d'une journée consacrée à la mémoire de la Déportation et de la Résistance est ainsi devenue le projet commun de quinze classes. Parmi celles-ci, une classe de terminale STT action administrative, dans laquelle l'enseignement d'histoire-géographie n'est généralement pas valorisé, a assuré les courriers, la logistique, la diffusion de l'information, tandis que les classes de terminale générale ont été chargées, en cours d'histoire, du contenu de ces journées. Ce projet a permis une forte sensibilisation des classes à ce travail de mémoire.

L'éducation civique, juridique et sociale n'offre pas, en revanche, de réelle prise en matière d'interdisciplinarité, lorsque l'enseignement n'est pris en charge que par un seul professeur. D'autres biais doivent ainsi être trouvés pour faire vivre cette collaboration nécessaire entre les disciplines.

Quatre professeurs - d'histoire-géographie, de sciences de la vie et de la Terre, de sciences économiques et sociales et de philosophie - se sont ainsi associés pour conduire un projet ambitieux sur la notion de justice. Cette interdisciplinarité s'est traduite par un travail difficile en amont devant permettre l'harmonisation des concepts. Le terme « argument » n'a en effet pas la même acception selon le point de vue du philosophe, de l'économiste, du scientifique ou de l'historien. Des précisions ont également dû être apportées sur les nuances qui distinguent les verbes « argumenter », « convaincre » et « persuader ». Afin d'agrémenter la réflexion des élèves sur la justice, une rencontre avec le directeur de l'établissement pénitentiaire voisin a par ailleurs été organisée. Si ce dispositif n'a pu être renouvelé cette année en raison de sa lourdeur, il a montré tout le profit que les élèves pouvaient tirer d'une collaboration fondée sur l'interdisciplinarité.

Les TPE constituent, pour leur part, des dispositifs institutionnalisés et désormais obligatoires. Ils peuvent également présenter un intérêt pédagogique, à condition que la réflexion des élèves soit clairement encadrée et s'inscrive dans les programmes. L'histoire-géographie, se trouvant souvent au cœur de ces dispositifs, acquiert par ce biais une place importante. Le travail pluridisciplinaire a trouvé une reconnaissance particulière dans ce cadre, mais il n'en existait pas moins auparavant. Il semble que l'on puisse aller très loin dans cette voie, à condition semble-t-il de « rester soi-même » et d'accepter certaines limites inhérentes à la démarche ; « rester soi-même » face aux autres disciplines ne signifie pas se replier sur une sorte de territoire verrouillé, mais au contraire affirmer clairement ses objectifs, ses démarches et ses exigences en complémentarité avec les autres domaines de la connaissance. Accepter les limites de la démarche implique de reconnaître qu'il ne s'agit pas là d'une méthode miracle susceptible de faire « réussir tout le monde », mais d'une manière différente de travailler qui peut mettre en valeur d'autres compétences, susciter l'intérêt d'autres élèves sans avoir la prétention de répondre aux multiples défis de l'École.

Pour les TPE, le dispositif est clairement fixé, et la pratique de la pluridisciplinarité se manifeste tout d'abord dans le choix des sujets. Nous les souhaitons fortement ancrés dans les programmes afin qu'ils puissent correspondre effectivement à ce « travailler autrement » déjà évoqué. Il nous apparaît avec l'expérience qu'il est pratiquement impossible d'établir et de garder un équilibre parfait entre les deux disciplines concernées; au fur et à mesure que le sujet se précise, une des deux disciplines devient une « majeure » et nous demandons aux élèves de pouvoir le justifier; ainsi un groupe nous a demandé l'année dernière dans le cadre d'un TPE en histoire et langues vivantes (anglais) de travailler sur Shakespeare et notamment sur *Roméo et Juliette*; la réponse fut réservée au départ pour des raisons chronologiques; puis le sujet évolua vers une problématique que l'on pourrait formuler de la façon suivante: « Que reste-t-il de Shakespeare aujourd'hui? », sujet trop vaste évidemment! Peu à peu a émergé l'idée de l'étude d'une transposition de *Roméo et Juliette*, notamment dans le cadre du film *West Side Story*; l'aspect linguistique a été prépondérant dans la réalisation de ce travail, tout particulièrement pour l'étude des dialogues, des textes de certaines chansons, tandis que l'histoire apparaissait surtout pour l'étude de la société américaine des années soixante, et la géographie pour le cadre urbain représenté dans le film. En revanche, au cours de l'année scolaire 2002-2003, un groupe a souhaité travailler sur les attentats du 11 septembre 2001 et s'interroger sur leur nature et leur signification historique. Ici, le travail linguistique fut moindre et la réflexion historique nettement privilégiée.

***Claude Ruiz:*** Dans les classes préparatoires littéraires, économiques ou scientifiques où sont présentes nos disciplines, la codisciplinarité est a priori exclue ou limitée, car l'objectif est bien d'acquérir les savoirs, les questionnements spécifiques à une discipline. Cependant l'expérience récente des travaux d'initiative personnelle encadrés (TIPE) dans les classes préparatoires aux écoles d'agronomie et de géologie (classe de BCPST) est révélatrice d'une évolution des formes d'évaluation qui favorise la codisciplinarité.

Les étudiants doivent fournir deux rapports s'appuyant sur une expérimentation et cette approche de la recherche s'effectue dans un cadre thématique défini au niveau national. Le travail est codisciplinaire (SVT, physique-chimie, mathématiques) mais le professeur de géographie est souvent mis à contribution car les sujets portent souvent sur un espace donné et nécessitent cartes topographiques, pédologiques, biogéographiques, géomorphologiques, ainsi que la prise en compte de l'action des sociétés. Nous avons là la base d'un travail en codisciplinarité qui permet de travailler autrement et de juger de nouvelles qualités. Ce travail réalisé pendant l'année scolaire peut être individuel ou collectif mais le rendu est individuel au niveau du concours.

Cette expérience pourrait être transposée dans les séries économiques et commerciales qui préparent aux écoles de commerce, dans lesquelles les passerelles entre disciplines (histoire-géographie, économie, mathématiques, langues vivantes) sont possibles.

***Corinne Glaymann :*** Les lycées professionnels ont la particularité de pratiquer la codisciplinarité en « autarcie ». Les enseignants étant bivalents, ils assurent l'enseignement de l'histoire-géographie et celui du français. Cette bivalence permet aux disciplines de se confronter mutuellement tout en gardant leurs spécificités. La possibilité d'utiliser un même support pour mettre en œuvre deux démarches différentes contribue également à une gestion plus efficace du temps imparti à ces disciplines.

Par exemple, le film *Himalaya, l'enfance d'un chef* autorise à mener, d'une part en lettres, un travail sur le récit initiatique, d'autre part en géographie, une étude des conditions de vie des hommes en milieu difficile. Le premier travail sur l'histoire et les personnages complète ainsi l'approche culturelle de la géographie. L'association de deux matières au sein d'un même enseignement instaure ainsi une complémentarité entre les disciplines, tout en maintenant l'identité de chacune.

***Françoise Changeux-Misery :*** Dans l'enseignement primaire, la complémentarité joue d'autant plus que les professeurs sont polyvalents. Si cette situation permet de manière privilégiée de croiser les regards entre les matières, elle exige par ailleurs de l'enseignant une pleine conscience des spécificités de chacune. La lecture d'un texte implique de relever et de comprendre des informations qui auront un sens différent selon que la leçon porte sur l'histoire ou sur la littérature, par exemple.

L'appréhension interdisciplinaire d'un même objet représente cependant une richesse certaine pour mettre en place les apprentissages des élèves. Une affiche de propagande, par exemple, peut être décodée tant du point de vue historique que du point de vue plastique. Cette double approche constitue une aide précieuse pour comprendre, notamment, la mise en jeu de ces différents éléments dans la constitution du discours politique.

Un travail pluridisciplinaire mené en sciences, technologie et histoire, offre en outre l'avantage de proposer aux élèves une approche moins techniciste de ces matières. L'instrumentalisation d'une discipline au profit d'une autre constitue cependant l'écueil majeur de cette polyvalence.

***Jean Jordy:*** Le problème de l'interdisciplinarité est complexe et se pose différemment dans le primaire, le secondaire et l'enseignement supérieur. Il est par conséquent difficile d'en avoir une vision cohérente.

L'enseignement de français et celui d'histoire-géographie comportent sans doute davantage de différences que de points communs. La réflexion sur les spécificités de chacune de ces disciplines est d'autant plus importante qu'elle permet à chaque discipline de mieux comprendre son identité. Il est d'ailleurs indispensable que l'inspection générale des lettres organise un colloque de cette envergure pour permettre à l'enseignement du français d'approfondir ses propres caractéristiques.

La codisciplinarité représente une question majeure. Lorsqu'elle est correctement mise en œuvre, elle se traduit par une réflexion commune et permet un ancrage dans les programmes. Elle exige un cadre, mais aussi le respect des spécificités de chaque discipline. La réalité est cependant souvent très éloignée de ce modèle. Nombre de dispositifs interdisciplinaires ne se fondent que sur des éléments communs très flous - quand ils ne sont pas parallèles - et font l'économie d'une étude sérieuse des points de passage entre les disciplines. Sur le thème choisi, les élèves mènent souvent leur recherche d'une part en littérature, d'autre part en histoire, de manière plus parallèle que conjointe, et produisent finalement un devoir « bâtard », dont il n'est pas possible de déterminer s'il se fonde sur l'une ou l'autre des expériences. Il n'existe pas au sens strict de réflexion des élèves sur le croisement des disciplines.

***Bruno Mellina:*** L'histoire-géographie participe largement par ses méthodes à la maîtrise des différents langages, en particulier de la langue française. Les enseignants s'interrogent par conséquent sur la part que l'histoire-géographie doit assumer dans la construction de la langue.

***Jean Jordy:*** Dominique Borne l'a affirmé en début de colloque: « Nous apprenons à parler et à écrire l'histoire-géographie », tandis qu'Antoine Prost a expliqué que le devoir des enseignants était de donner aux élèves « les mots pour nommer ». À ce titre, l'histoire-géographie participe comme toutes les autres disciplines à la maîtrise de la langue à travers l'apport d'un lexique spécifique et des travaux écrits et oraux. En revanche, les enseignants de cette discipline ne sont pas en tant que tels les artisans de la maîtrise de la langue, car il ne leur revient pas la tâche difficile de construire un apprentissage réel de la maîtrise de la langue et d'en évaluer les progrès. Les enseignants d'histoire-géographie ne contribuent pas non plus totalement à cette maîtrise, dans la mesure où, contrairement à la classe de français, ils ne demandent pas généralement à leurs élèves de produire des travaux écrits normés, tels la dissertation ou le commentaire composé.

Si d'une manière générale, les disciplines parviennent avec relativement de succès à faire progresser les élèves dans l'apprentissage de la lecture et de l'écriture, l'échec de l'apprentissage de l'oral est en revanche patent. Or la psycholinguistique montre clairement que la maîtrise de la langue passe avant tout par un apprentissage de l'oral. Cette défaillance s'explique en particulier par l'incapacité du système scolaire français à produire des produits oraux normés. Il n'existe pas en effet de normes de l'exposé, en termes de durée, de contenu, de méthodes et de règles à suivre qui permettraient aux enseignants de fonder leur pédagogie et de faire progresser les élèves dans ce domaine. Les occasions de proposer ces exercices sont par ailleurs très réduites, qu'il s'agisse d'entraîner les élèves à la formulation, à la reformulation, à la synthèse d'un cours ou à la capacité à parler dans un temps imposé, avec ou sans notes. L'histoire-géographie et le français disposent ici d'un chantier commun, qui permettrait de contribuer à une meilleure maîtrise de la langue.

***Françoise Changeux-Misery:*** En maîtrise de la langue et du langage écrit à l'école primaire, les élèves travaillent souvent sur le résumé, notamment à partir du cycle III. Cet exercice est cependant très difficile et nécessite que les enseignants aient une réflexion approfondie sur ce qu'est un résumé en histoire-géographie, sur ses fonctions. Par ailleurs il faut faire en sorte que le résumé contribue à aider les élèves à sélectionner les informations pertinentes, à les hiérarchiser et à les rédiger. L'amélioration des aptitudes des élèves à faire un résumé est de surcroît plus difficile à assurer dans le primaire, car toutes les disciplines susceptibles de servir de base à l'apprentissage de la langue étant dispensées par le même enseignant, ce dernier doit alors s'interroger sur les spécificités de chacune d'elles.

La maîtrise de la langue orale est, quant à elle, désormais inscrite de manière claire et explicite dans les programmes. Un rapport de l'inspection générale daté de septembre 1999 et piloté par Martine Safra avait bien souligné l'utilité de « l'oral pour apprendre » et de l'importance de « l'oral à apprendre ». Un vaste chantier doit être ouvert sur le sujet, car parler ne doit pas être pour les élèves synonyme de bavardages, mais constituer pour eux le moyen de construire une pensée.

***Corinne Glaymann:*** Le public des lycées professionnels se caractérise généralement par une aptitude faible à la maîtrise de la langue écrite et de la langue orale. Les réflexions récentes sur le sujet conduisent toutefois à des pistes intéressantes. Elles partent du constat que l'histoire et la géographie s'apprennent également en produisant du discours. Les enseignants doivent par conséquent s'interroger sur les méthodes de structuration de la pensée en fonction des différents types de discours. Demander par exemple à un élève de décrire l'organisation d'un espace avant d'en expliquer la logique ne constitue une démarche pertinente que dans la mesure où la description inclut nécessairement la justification d'un point de vue. L'attention devrait en outre être portée sur les pratiques pédagogiques qui concernent l'écrit réflexif ou le statut à donner au travail de brouillon.

**Gérald Attali :** Le problème de la maîtrise de la langue devrait se poser dès la formation des enseignants. Ainsi la mise en place de l'éducation civique, juridique et sociale dans les lycées de l'académie d'Aix-Marseille a donné lieu à un groupe de développement pluridisciplinaire au sein de l'IUFM. Cette collaboration entre enseignants d'horizons différents a été très bénéfique. Les professeurs de français et de philosophie ont, par exemple, posé de manière explicite le problème de l'expression orale, dont les autres enseignants ne concevaient pas *a priori* l'importance dans leur cursus disciplinaire. L'ouverture à d'autres disciplines que l'histoire-géographie et les lettres mériterait toutefois d'être davantage favorisée dans les rencontres pluridisciplinaires.

Par ailleurs, dans des établissements où le nombre de primo-arrivants est très élevé, les enseignants considèrent que les premiers mois de leur enseignement ne peuvent être consacrés à aucun autre apprentissage qu'à celui de la maîtrise du français. Dans ce contexte, ils finissent parfois par douter de leur qualité d'enseignant d'histoire-géographie. La spécificité des supports qu'ils utilisent (paysages, dates, documents historiques, etc.) n'offre pourtant pas d'équivoque en la matière. Il est cependant utile de les rassurer et d'indiquer que l'interaction entre leur discipline propre et la maîtrise de la langue est inévitable, quel que soit le niveau initial des élèves. Si en outre l'expression orale est effectivement l'objet d'une attention insuffisante de la part des enseignants, elle est toutefois présente dans la démarche de l'éducation civique, juridique et sociale au collège, sous la forme du débat argumenté. Cette pratique pourrait d'ailleurs facilement être transposable en cours d'histoire-géographie. Reste le problème non résolu de la manière d'inscrire cette pratique dans une norme plus réfléchie.

**Bruno Mellina :** L'histoire et la géographie mobilisent aussi des langages spécifiques en pratiquant l'analyse et la construction des cartes et des images mais le temps nous manque pour aborder ce sujet.

**Laurent Wirth :** Il faut, enfin, s'interroger sur la place à accorder au récit d'une part, et au document d'autre part, dans l'enseignement de l'histoire et de la géographie.

**Gérald Attali :** Le récit et le document constituent deux pratiques pédagogiques qui doivent, chacune, trouver leur place. Toute séance impose en effet, dans un premier temps, de faire le récit d'éléments factuels et analytiques précis, avant, dans un second temps, de recourir à la documentation (les témoignages, dès que cela est possible, car leur impact et leur intérêt historique sont forts). D'autres pistes peuvent toutefois être explorées. Dès la classe de sixième, il est par exemple question désormais de faire construire des récits aux élèves.

***Christine Dalbert:*** Des élèves de première ont pu, grâce à un travail au Centre des archives du monde du travail, être confrontés à des documents d'histoire économique et sociale. Leur tâche était de relever les informations pertinentes devant leur permettre de bâtir ensuite une dissertation de sciences économiques. Le passage se fait donc naturellement entre la lecture du document et la construction du récit. Il n'existe pas d'opposition, mais une réelle complémentarité entre les deux approches.

***Claude Ruiz:*** En classe préparatoire, le travail sur l'utilisation réfléchie du document est plus poussé. Avant de passer à la rédaction de la dissertation, les étudiants sont amenés à évaluer la justesse de chaque document par rapport à leur réflexion et à leur problématique.

***Françoise Changeux-Misery:*** Il faut du temps aux élèves de l'école primaire pour être à même de produire un récit. Il est en revanche possible de les sensibiliser, en histoire, à la différence qui sépare la personne qui raconte (un personnage historique faisant le récit d'un événement qui lui est contemporain, par exemple), et l'historien qui argumente à travers son récit. Les *Douze leçons sur l'histoire* d'Antoine Prost offrent à cet égard un éclairage intéressant sur le sujet et peuvent servir de base à une leçon sur la distinction entre le récit du témoin et le récit de l'historien.

***Corinne Glaymann:*** L'utilisation des documents est au cœur de l'enseignement en lycée professionnel. Depuis 1945, il est en effet inscrit dans les instructions officielles à titre de pratique pédagogique privilégiée et sert de base à la certification en histoire et en géographie. Les documents n'ont cependant pas de valeur en eux-mêmes, mais doivent être soumis à un questionnement qui débouche presque naturellement sur un récit. La question importante renvoie davantage à l'auteur de cette construction intellectuelle: est-ce l'élève ou bien le professeur qui en est le principal acteur? Ceci doit être l'objet de réflexions plus approfondies.

## Les outils pédagogiques

***Laurent Wirth:*** À la suite du rapport de Dominique Borne, se trouve également mis en question le caractère primordial du manuel dans l'enseignement de l'histoire et de la géographie.

***Gérald Attali:*** Il n'est sans doute pas possible de se passer du manuel. D'autres outils peuvent toutefois venir le compléter. L'inspection générale a souhaité conduire une expérience à partir d'un manuel sur l'internet, un « e-manuel ». En tant que manuel documentaire, il présente l'avantage de proposer une banque de ressources très large, tout en évitant le défaut de l'éparpillement dans les recherches, souvent caractéristique de l'internet. Cet e-manuel constitue également l'un des rares outils pédagogiques offrant une réelle interactivité. En temps réel, les élèves répondent aux exercices et le professeur corrige leurs erreurs. Ce type d'exercice a l'avantage de pousser les élèves à une réflexion plus approfondie que celle généralement exigée des manuels traditionnels.

Il n'en reste pas moins que le tableau, la craie, le manuel papier et quelques documents sont des instruments suffisants pour permettre à tout professeur de mener un cours de bonne qualité, dans des conditions peut-être même plus aisées.

***Christine Dalbert:*** Le manuel garde indéniablement tout son intérêt. Il convient toutefois d'en accepter les limites. Le professeur n'a pas la capacité d'apporter l'ensemble des documents susceptibles de nourrir son cours. Au-delà de ces limites matérielles, liées aux capacités de reproduction, le manuel continue toutefois de présenter l'intérêt d'un recueil documentaire varié.

***Jean Jordy:*** L'ensemble des manuels gagnerait à être étudié en formation, car les jeunes professeurs se montrent souvent incapables d'exercer un regard critique sur leurs outils pédagogiques et à percevoir les choix raisonnés et cohérents à partir desquels ces ouvrages sont généralement conçus. Même si aucun manuel n'est en mesure de satisfaire pleinement les exigences des enseignants, il est impératif d'éduquer les auxiliaires, vacataires, contractuels et stagiaires de l'IUFM à l'appréhension des choix, plus souvent didactiques qu'idéologiques, dont leurs instruments pédagogiques font l'objet.

***Gérald Attali:*** La remarque me paraît fondée. Les orientations prises par les manuels apparaissent toutefois plus souvent comme le résultat d'une demande sociale ou d'impératifs économiques que comme le fait d'une réflexion réellement didactique.

## Échanges avec la salle

***Mireille Touzeri:*** Le silence des élèves ne doit pas être assimilé à de l'indifférence. Il correspond en effet souvent à une étape de l'adolescence. De plus, durant la phase d'acquisition des connaissances, le décalage s'accroît entre la parole de l'enseignant, qui maîtrise les concepts et les savoirs, et la capacité d'expression de l'élève, qui en est dépourvue. À l'inverse, les bavardages sont bien plus sûrement le signe de leur désintérêt.

Les enseignants ne devraient par ailleurs pas hésiter à recourir à un usage brut et purement illustratif de l'image, afin d'ancrer le récit historique dans une réalité plus perceptible et, partant, plus compréhensible pour les élèves. Il existe en effet un fossé entre l'histoire récitée et la vérité que les élèves reçoivent comme telle. Pour éviter qu'un discours perçu comme purement rhétorique ne risque de se transformer en une attitude de type négationniste, il apparaît comme nécessaire d'incarner la vérité historique dans des images en couleur, les plus réalistes possibles, indépendamment de toute qualité artistique. Cette démarche n'exclut toutefois en rien le commentaire de document.

***Gérald Attali:*** Il serait dangereux d'assimiler le silence des élèves à un cours bien mené, de même qu'il serait préjudiciable de se résoudre à cette absence de participation orale. Si, au collège, les élèves ont tendance à s'exprimer par le bavardage – il convient alors de les faire taire –, au lycée, ils acceptent mieux de ne pas parler pour prendre des notes. Dans ce cas, il devient utile de mettre en place des dispositifs qui leur offrent l'occasion de prendre la parole. Les études de cas, par exemple, peuvent constituer une base intéressante pour instaurer le débat. Quand ils sont sollicités, les élèves acceptent généralement volontiers d'exprimer leur avis sur le cours.

Par ailleurs, le recours illustratif à l'image comporte le risque d'enfermer le récit historique dans l'obligation d'apporter des preuves par l'image. De surcroît, cette méthode conduit à ne prendre en compte qu'un seul document, ce qui constitue une régression par rapport à l'évolution des pratiques pédagogiques.

***Mireille Touzeri:*** L'image peut être à la fois un support illustratif et un support de réflexion. Ces deux démarches ne sont pas exclusives l'une de l'autre.

***Christine Dalbert:*** Je souhaiterais intervenir sur deux points. Tout d'abord, s'agissant du silence, il convient de préciser que les silences des élèves sont divers. Ils peuvent refléter l'ennui comme la concentration ou l'intérêt. Il ne me semble pas dangereux de demander et de chercher à obtenir le silence en classe! Le silence n'est pas toujours synonyme d'ennui et les élèves me semblent plutôt susceptibles d'être bruyants et agités. Si l'ennui se manifeste parfois par du silence, il me semble qu'il y a en réalité plusieurs sortes de silences. Il y a tout d'abord le silence du respect de la parole de l'autre, qui n'est pas nécessairement le professeur d'ailleurs, mais qui peut être un camarade ou un intervenant extérieur; cela constitue le premier niveau du civisme et l'on pourrait s'interroger sur l'opportunité de discuter de la dimension civique de tel ou tel aspect du programme s'il n'y a pas d'abord ce silence-là. Les collègues qui travaillent dans des établissements difficiles, ce qui n'est pas mon cas, savent bien que leurs établissements sont parfois des lieux de « bruit et de fureur », dans lesquels on ne peut plus se parler parce que l'on ne sait plus s'écouter. Non, vraiment, je ne trouve pas « dangereux » de demander le silence!

Ensuite, s'agissant de l'image, je pense qu'elle peut avoir certaines vertus pédagogiques inattendues lorsqu'elle est utilisée pour maintenir l'attention des élèves, en particulier en terminale, quand les périodes de préparation au baccalauréat approchent. Pour apporter un surcroît de sens aux notes prises par les élèves tout au long de l'année, l'expérience a été tentée de projeter des extraits de films, illustrant la manière dont le cinéma américain a plus ou moins fidèlement reflété l'évolution de la politique et de l'opinion publique aux États-Unis vis-à-vis de la guerre du Viêtnam. En établissant le parallèle entre la chronologie de ces films et celle des relations extérieures américaines, les élèves ont perçu l'évolution du langage de la guerre froide qui était reflétée par ces images. En étant ainsi utilisée à des fins critiques, l'image peut servir l'enseignement de l'histoire.

***Jean Jordy:*** L'éducation à l'oral implique nécessairement une éducation à l'écoute. Dans ce cadre, le silence des élèves est actif. L'apprentissage par l'image consiste par ailleurs en un exercice de lecture interprétative. Il n'est par conséquent pas de vertus, sinon ludiques, de l'image prise comme simple illustration. La rigueur intellectuelle que doit inculquer l'école passe par une présentation des images comme objets d'apprentissage.

***Bruno Mellina:*** Cette remarque montre le chemin que les disciplines doivent parcourir pour éduquer l'élève à l'idée que l'image n'est pas une preuve. Seule une confrontation à des sources diverses permet de construire un savoir historique ou géographique.

***De la salle:*** Les nouveaux programmes dans le primaire sont ambitieux, mais nécessitent un accompagnement des professeurs - qui arrivent souvent au concours avec un bagage scientifique insuffisant. Si la liberté doit être préservée dans le cadre des programmes, elle ne saurait s'épanouir que si les enseignants sont guidés au départ dans la mise en œuvre des orientations préconisées. Les principales difficultés proviennent des classes à plusieurs niveaux. Les programmes par cycle ne sont ainsi efficaces que si l'équipe pédagogique reste la même et qu'elle permet un suivi des matières enseignées. L'enseignement en primaire devrait par conséquent être davantage encadré, afin de garantir un meilleur passage des élèves au collège.

***Françoise Changeux-Misery:*** Si les nouveaux programmes ne sont pas sans défaut, ils ont le mérite d'avoir été conçus avec une grande ambition. L'accompagnement des professeurs des écoles sortants, comme des enseignants en poste, est en effet nécessaire pour les aider à opérer le changement de posture intellectuelle que ces programmes impliquent. Les documents d'application devraient permettre aux corps d'inspection de soutenir les enseignants dans cette nouvelle démarche.

***De la salle :*** Le débat a éludé les difficultés rencontrées par la plupart des enseignants pour terminer les programmes. Si certains y parviennent, les résultats obtenus par leurs élèves au BEP ou au baccalauréat ne sont pas des plus encourageants. La pédagogie différenciée étant difficile à mettre en œuvre, il serait sans doute préférable que les programmes incluent des objectifs minima et maxima selon le niveau des élèves. Si cette méthode peut choquer l'idéal républicain incarné par l'école, elle reflète pourtant la pratique de la majorité des établissements primaires et secondaires, qui répartissent les élèves dans des classes relativement homogènes selon leur niveau. Les programmes gagneraient ainsi à reconnaître ces différences et à réfléchir aux moyens de faire progresser les élèves.

La réforme des pratiques pédagogiques suppose par ailleurs de s'inquiéter du fait que 70 % des questions posées dans les manuels de cinquième sont les mêmes que celles qui sont inscrites dans les manuels de seconde et se réduisent à des recherches d'informations. Les réflexions pédagogiques devraient ainsi davantage se focaliser sur l'accès des élèves à l'abstraction, qui représente le cœur de l'apprentissage dans le secondaire - ce en quoi il se différencie du travail à l'école primaire.

Les problèmes rencontrés, enfin, par l'interdisciplinarité dans les collèges traduisent souvent moins le manque de motivation des enseignants que l'absence de moyens mis à leur disposition.

***Bruno Mellina :*** Contrairement à ce que vous affirmez, la table ronde a suggéré des pistes pour aider les enseignants à terminer les programmes : nous avons entendu parler de choix pédagogiques à opérer, de leçons nécessairement problématisées, d'études de cas contextualisées plutôt qu'une accumulation de faits et d'exemples, etc.

# Une nouvelle alliance entre histoire et géographie

**François Dosse,**
professeur à l'IUFM de l'académie de Créteil
**Christian Grataloup,**
professeur à l'université Paris-VII
**Michel Hagnerelle,**
doyen du groupe histoire et géographie de l'inspection générale de l'Éducation nationale

***Michel Hagnerelle :*** Les regards croisés du géographe Christian Grataloup et de l'historien François Dosse sur le colloque sont l'occasion d'un point de vue critique sur les réflexions et débats qui ont eu lieu, ainsi que sur l'évolution de nos disciplines et sur la manière dont le croisement de l'histoire et de la géographie dans l'enseignement scolaire pourrait être re-fécondé aujourd'hui.

***Christian Grataloup :*** L'enjeu défini par le titre du colloque : « Apprendre l'histoire et la géographie à l'École », est l'objet de nombreuses inquiétudes de la part des enseignants. Ceux-ci se trouvent en effet confrontés à l'inadéquation des méthodes passées et éprouvent des difficultés à repenser leurs pratiques pour l'avenir. S'il n'existe pas encore de réel consensus sur le sujet, certaines pistes de réflexion peuvent néanmoins être dégagées.

Les raisons d'enseigner ces disciplines ne sauraient se limiter à quelque autojustification de la part du corps concerné - comme ce fut parfois le cas durant ces journées. Elles s'inscrivent tout d'abord dans une rupture, marquée par la fin du cycle Michelet-Vidal de la Blache.

Jusqu'aux années soixante-dix, l'histoire et la géographie étaient considérées comme des disciplines « normales » - au même titre qu'il existe une « science normale », au sens de Thomas Kuhn. La France était alors identifiée à une personne, la géographie étant chargée de lui donner un corps (le milieu physique), un visage (le milieu naturel) et un portrait-robot (l'hexagone). Ce cycle s'est achevé par une période de crise, entre 1968 et 1991.

Or ce chantier de reconstruction est encombré d'héritages. Le premier héritage à gérer est celui du corps enseignant lui-même qui, par un effet de génération, a tendance à vouloir maintenir l'existant selon son propre idéal. Le deuxième héritage rassemble les objets canoniques qui caractérisent l'enseignement de l'histoire et de la géographie et qui différencient celui-ci des autres disciplines. Cette identité engendre un jeu de normes scolaires qui influe sur l'appréhension de la discipline. Le troisième héritage, enfin, découle des attentes et des regards que les acteurs extérieurs à la discipline ou à l'institution scolaire elle-même portent sur cet enseignement, en fonction de la représentation qu'ils en ont.

Sans faire du passé table rase, il s'agit aujourd'hui de se fonder sur ces héritages pour faire évoluer l'enseignement de l'histoire et de la géographie. Pour cela, il convient dans un premier temps de mener un questionnement sur cet ensemble de temporalités lié à l'épistémologie scolaire, qui pose le problème du rapport aux savoirs scientifiques de référence.

Dans un second temps, il s'agit d'identifier les chantiers positifs pour l'avenir. Il est en effet nécessaire de se montrer résolument volontariste, afin de ne pas condamner cette alliance de l'histoire et de la géographie. Le risque existe pourtant si ces deux disciplines entendent changer d'objet (un nouveau roman et un nouveau tour de la France) sans changer de projet.

## Une discipline entre héritage et avenir

***François Dosse:*** Une rupture fondamentale sépare ce colloque de celui qui s'est tenu à Montpellier. En 1984, la réflexion des enseignants d'histoire et de géographie s'inscrivait dans le cadre d'un débat public dramatisé, dans le contexte des remises en cause induites par le projet de la réforme Haby. Aujourd'hui, non seulement la discipline n'est plus en crise, mais elle subit du côté de l'histoire bien plus un « trop-plein » qu'une mise en liquidation, face à une demande sociale pressante.

Entre 1984 et 2002, persiste en revanche une crise de l'historicité. Durant ce colloque, Alain Bergounioux a ainsi parlé de « l'opacité de l'avenir », mettant en avant une interrogation partagée par toute la société: de quoi demain sera-t-il fait? Les modèles anciens fondés sur un sens de l'histoire offraient aux historiens la possibilité de procéder plus aisément à la sélection des faits historiques. Or l'indétermination actuelle donne du sens de l'histoire une appréhension non plus téléologique mais forclose. Les régimes d'historicité sont aujourd'hui l'objet de réflexions qui envisagent le rapport que la discipline historique entretient désormais avec le passé, le présent et le devenir. La discipline évolue ainsi sous l'effet des mutations que subit notre rapport au futur.

Le colloque de Montpellier avait donné lieu à des recentrages sur les questions de la mémoire collective, des repères et de la culture partagée. Il ne s'agissait cependant pas de revenir à un enseignement dépassé de l'histoire. Les nouveaux programmes de 1995 ont ainsi pris en compte les inflexions épistémologiques majeures, rompant avec le cycle Michelet-Lavisse-Vidal de la Blache. Les concepteurs de ces programmes ont toutefois moins puisé leurs ressources dans les travaux menés par les didacticiens que dans les problématiques dégagées par les réflexions de Pierre Nora et de Paul Ricœur. L'épistémologie, l'histoire de la discipline et la lecture critique des manuels font d'ailleurs aujourd'hui l'objet d'une épreuve sur dossier très enrichissante pour les étudiants. Ceux-ci gagneraient d'ailleurs à être initiés à ces matières plus en amont des cursus universitaires.

## Trois tournants épistémologiques

Les programmes ont subi des inflexions épistémologiques de trois ordres : interprétatif, historiographique et pragmatique. Comme l'indique Michel de Certeau : « L'événement n'est pas ce qu'on peut voir ou savoir de lui, mais ce qu'il devient. » Or cette conception nouvelle qui a fait son chemin modifie profondément le regard des historiens sur l'événement et, dès lors, leur façon d'envisager la transmission de leur savoir.

La remise en cause d'une histoire téléologique conduit à l'abandon d'un schéma reposant sur un causalisme réductionniste, dont la logique tend à subsumer le caractère énigmatique de l'événement en le rendant inévitable. La remise en question de cette vision fataliste amène à re-qualifier l'événement selon son devenir. L'enjeu est aujourd'hui de replacer les faits dans leur indétermination - conformément à la perception qu'en avaient leurs contemporains. L'une des leçons majeures de l'histoire du temps présent réside ainsi dans cette indétermination. Les concepts issus de l'épistémologie de Duhem comme celui de la « sous-détermination » ou encore de l'anthropologie des sciences pratiquée par Bruno Latour autour de la notion d'« irréduction » tendent à rappeler que si causalité il y a, elle ne saurait être monocausale ou enfermante. Ils traduisent ainsi la complexité à l'œuvre dans la discipline historique. Retrouver l'incertitude dans le passé permet de redonner son sens à l'action humaine.

Cette inflexion interprétative conduit dès lors à valoriser une démarche réflexive à travers la notion de problématique et la quête du sens, qui permettent d'envisager une histoire « au second degré » comme le dit Pierre Nora. Cette approche renvoie précisément à ce que « faire de l'histoire » veut dire - selon l'expression de Michel de Certeau, l'histoire étant alors conçue comme une construction intellectuelle.

La dialectisation entre histoire et mémoire invite à séparer ces deux dimensions sans les opposer de manière radicale. Dans la mesure où elles sont totalement liées sans être communes, histoire et mémoire doivent être pensées ensemble. Dans *La Mémoire, l'Histoire, l'Oubli*[1], Paul Ricœur contribue à opérer cette dialectisation

1. - *Op. cit.*

qui conduit à braquer le projecteur sur les traces et les métamorphoses sémantiques du devenir de l'événement. À travers cette histoire sociale de la mémoire, les documents patrimoniaux ont ainsi un intérêt, non pas en tant que muséification de l'histoire, mais en tant que « futur du passé », cristallisation des identités narratives individuelles et collectives.

Ce changement majeur de l'historiographie a des conséquences importantes sur la manière d'enseigner l'histoire. L'historien est en effet contraint de renoncer à sa posture de surplomb, tandis que la mémoire fait l'objet d'une approche plus critique dans ses fonctionnements. Le recours à l'appel à témoignage dans les classes en est le reflet et manifeste un nouveau rebond de l'histoire du temps présent sur l'histoire au sens large. Dans *Les Lieux de mémoire*[2], Pierre Nora évoque ainsi ce tournant de l'histoire : « Non plus les déterminants mais leurs effets, non plus les actions mémorisées ni même commémorées mais la trace de ces actions et le jeu de ces commémorations, pas les événements pour eux-mêmes mais leur construction dans le temps, l'effacement et la résurgence de leur signification, non le passé tel qu'il s'est passé mais ses réemplois permanents, ses usages et ses mésusages, sa prégnance sur les présents successifs, pas la tradition mais la manière dont elle s'est constituée et transmise. »

Dans les sciences humaines en général et en histoire en particulier, une attention nouvelle est accordée aux acteurs. On s'interroge sur ce qu'agir veut dire, sur l'action porteuse de sens, sur les justifications des acteurs selon l'idée (en rupture avec Durkheim) que la société n'est pas une chose. Comme l'écrivait Marcel Gauchet en 1988, les sciences sociales « réhabilitent la part explicite et réfléchie de l'action ». Il ne s'agit pourtant pas du simple « retour » à un sujet transparent à lui-même et souverain, mais bien de l'apparition d'un sujet historicisé et clivé. Cela implique un nouveau positionnement de l'historien qui doit modestement observer une certaine retenue face aux dossiers qu'il doit traiter. Comme l'a dit Michel de Certeau en exergue de son étude de cas sur *La possession de Loudun*[3], « l'histoire n'est jamais sûre ». Il convient donc d'éviter un double écueil : celui de la sidération de l'archive qui peut laisser croire à l'historien qu'il peut réussir une véritable résurrection du passé, comme l'a tenté Jules Michelet, le second écueil étant d'appliquer trop strictement une grille de lecture présente qui échappe à toute surprise.

Les tâches dévolues à l'historien ont donc changé. Il revient toujours à celui-ci d'attester ce qui s'est passé et de faire la critique interne et externe des documents afin de démythologiser le passé. Cette étape du travail de l'historien reste essentielle. Il ne s'agit cependant plus, dans une seconde étape, de replacer les faits dans un ensemble de causes et d'effets. S'ouvre en effet à l'historien le nouveau chantier de

---

**2.** - NORA P. *(ss. dir.)*, *Les Lieux de mémoire*, Gallimard, 1986.

**3.** - DE CERTEAU M., *La Possession de Loudun*, coll. « Archives », Gallimard, 1980.

l'événement que Paul Ricœur appelle « sursignifiant » et qui implique de dégager le sens émergent qui est celui des acteurs de l'événement, en train d'apparaître dans leurs actions, leurs comportements et leurs discours. Cette stratification de sens qui transparaît dans les événements se retrouve dans *Le Dimanche de Bouvines*[4] de Georges Duby, à travers lequel l'historien montre les métamorphoses de sens que cette journée a subies jusqu'au temps présent.

Dans ce déplacement vers l'événement sursignifiant, les historiens se trouvent cependant confrontés à la question de la vérité. Durant ce colloque, Philippe Joutard a insisté sur les vérités contradictoires, tandis qu'Antoine Prost a souligné l'importance de l'administration de la preuve. Si les historiens travaillent nécessairement dans la perspective d'une « visée véritative » ou d'un « pacte de vérité », selon l'expression de Philippe Hamon reprise par Paul Ricœur, ils prennent de plus en plus conscience de l'importance au moins égale d'une « vérité tensive » à la croisée du conflit des interprétations, qui témoigne de l'existence d'un « jeu » des vérités. Celui-ci implique en effet de prendre également en compte les vérités qui, même si elles sont avérées fausses, ont été considérées comme vraies par les sociétés passées et ont eu une influence sur la vie des contemporains pendant ces périodes révolues. La coexistence de ces deux régimes de vérité autorise ainsi la relecture historique de certains textes, comme l'Ancien et le Nouveau Testament.

## La revalorisation du récit

Après un long temps d'éclipse du récit au profit exclusif d'une histoire-problème structurale sinon immobile, et du fait d'une pédagogie qui a trop souvent segmenté la matière historique en séries de notions, concepts, dates, perdant avec l'horizon d'ensemble le sens à transmettre, ce colloque aura contribué à montrer tout l'intérêt que revêt le récit pour l'historien. C'est ce que nous a communiqué Dominique Borne lorsqu'il nous a invité à « parler et écrire l'histoire et la géographie » et lorsque Antoine Prost a rappelé l'importance de la nomination. Là encore, l'enseignement de nos disciplines s'inscrit à l'intérieur d'une inflexion épistémologique qui, depuis quelques années, après les travaux de Paul Veyne, Michel de Certeau et Paul Ricœur, a montré que le récit était la seule forme de temporalisation de l'action humaine. Le récit apparaît alors comme le gardien du temps. Ce « temps raconté » est en effet la seule manière de sortir de la double aporie du temps purement cosmologique, extérieur et du temps purement intime, solipsiste. La seule manière de rendre présent l'absent de l'histoire, de représenter un passé qui n'est plus, est d'en assurer sa représentation scripturaire, donc de passer par le récit, l'écriture. Or ce récit est une structure complexe définissant un espace de l'entre-deux, entre science et fiction, vécu et concept.

---

4. - Duby G., *Le Dimanche de Bouvines*, coll. « Folio », Gallimard, 1985.

Les nouveaux programmes adoptés depuis Montpellier ont pris la mesure de ce constat et « réhabilitent une forme de récit » comme l'a justement dit Dominique Borne. Cela a conduit à envisager l'entrée des périodes par les grands textes et les grandes œuvres et à valoriser les phénomènes culturels comme susceptibles d'offrir une possible articulation autour de la notion de culture de repères communs. Il en a résulté une centralité nouvelle de la notion de représentation. Là encore, on retrouve l'évolution récente des recherches historiographiques, qui ont abandonné la notion trop massive et trop mécanique de mentalité pour lui substituer celle de représentation, plus labile, davantage plurielle, plus rétive aux diverses formes de réductionnisme. Comme le dit Roger Chartier: « Il est impossible de qualifier les motifs, les objets ou les pratiques culturelles en termes immédiatement sociologiques. » La mise en relation du « monde du texte » et du « monde du lecteur » présuppose la prise en compte de la pluralisation des constructions culturelles et des divers modes d'appropriation. Il est alors question d'un renversement décisif d'une histoire sociale de la culture en une histoire culturelle du social. Elle nécessite de s'interroger pour savoir en quoi le symbolique agit sur le social. Une telle évolution a pour effet, on le constate déjà dans les programmes d'enseignement, d'élargir les sources d'une histoire qui trouve désormais des ressources nouvelles dans les diverses productions culturelles, littéraires, iconographiques, etc.

***Christian Grataloup:*** La géographie s'est inscrite pendant longtemps dans un monde synchronique figé sans prendre en compte le jeu des acteurs. La discipline scolaire avait pour structure épistémologique un impératif national territorial. À la différence de l'histoire, cette posture n'a pas été sans conséquence sur la discipline scientifique. Longtemps en effet, les géographes universitaires ont été pris dans un jeu de légitimation par rapport à l'enseignement scolaire - dont ils se sont cependant largement émancipés depuis.

Le rôle naturaliste de la géographie est central dans cette discipline. La géographie considère en outre de manière spécifique le rôle du particulier par rapport au général et, par là même, la place des modèles théoriques et la relation aux autres sciences sociales.

## Le naturel du social

La géographie ne doit plus être réduite à la contrainte dite « géographique », c'est-à-dire à un milieu naturel qui serait figé, réduit à l'étendue de la matérialité et mis à l'écart de toute dimension sociétale, qu'elle soit politique, économique ou culturelle, au motif que cette étude ne relèverait que d'une approche historique. Si les géographes ont pu contribuer à une vision aussi réductrice, celle-ci doit définitivement être bannie. La question, d'ordre à la fois scientifique et pédagogique, de la place du milieu naturel dans l'étude des sociétés doit en effet prendre en compte les problèmes de milieux physiques et biologiques, tels que le sol, les climats ou la démographie. Or la tendance est en France de renvoyer la dimension naturelle des sociétés au domaine exclusif des géographes, alors que celle-ci devrait être intégrée aussi bien à l'économie qu'aux autres sciences sociales et humaines.

Aujourd'hui, la géographie française fait ainsi cohabiter l'étude de la dimension naturelle des sociétés et leur dimension spatiale. Si cette dernière s'est émancipée à l'université, elle reste complémentaire dans la discipline scolaire, qui prend en charge l'étude des sociétés sous leurs angles tant démographiques qu'économiques, sociologiques, anthropologiques, etc. La discipline géographique à l'École représente ainsi à la fois un enseignement transversal en sciences sociales, par le biais de l'étude de la nature, et une propédeutique à l'ensemble des sciences de la société, notamment à la géographie savante - mais pas exclusivement.

## Le rôle du général et du particulier

La géographie scolaire assume difficilement la tendance à la généralisation, car la pédagogie la soumet à la double contrainte de l'étude de cas et des territoires patrimoniaux (la France). Or ces exigences entrent en contradiction avec les logiques explicatives, qui devraient permettre de faire le lien entre des particuliers et le général. Cette posture scientifique suppose un va-et-vient constant, qui, s'il va de soi dans l'enseignement universitaire, s'oppose à l'École aux autres intérêts que celle-ci voudrait lui faire prendre en charge.

La tâche des enseignants de géographie consiste à élaborer une construction intellectuelle à partir des données fournies par l'étude de la société et à les transformer éventuellement en objets d'enseignement en les rapportant à une échelle, une métrique et une nature. Aucun objet social n'existe en soi, mais il doit être replacé dans les différentes dimensions qui le caractérisent. La géographie permet ainsi de disposer d'outils conceptuels servant à la compréhension des sociétés du passé comme du présent.

Un nouveau contrat devrait ainsi unir l'histoire et la géographie en faisant de la discipline histoire-géographie celle qui transmet les mémoires vives et apprend les outils permettant de comprendre toutes les sociétés. L'enjeu est de former des citoyens libres, voire impertinents, capables de faire face aux problèmes de la société contemporaine. Le couple formé par l'histoire et la géographie est donc moins celui du passé et du présent, que celui de nos sociétés - c'est-à-dire des héritages multiples dont nous sommes légataires - et des sociétés en général. La particularité de la discipline unitaire qu'est l'histoire-géographie est d'être une propédeutique à de nombreuses sciences sociales et non pas seulement à la géographie et à l'histoire savantes universitaires.

## Le couple histoire-géographie en question

***François Dosse :*** Ce colloque est traversé par l'impératif de repenser l'union de l'histoire et de la géographie. Une nouvelle alliance pourrait être proposée. Aucun fondement naturaliste ne justifie l'existence de ce couple disciplinaire. Celui-ci tient en réalité à un contexte historique, lié à la volonté politique de conforter l'État-nation français après Sedan à la fin du XIX$^{e}$ siècle. La question se pose aujourd'hui de l'opportunité de maintenir ce couple.

Celui-ci se caractérise par une culture commune, c'est-à-dire par des croisements et des travaux communs, des dialogues et des ressources mutuelles. Or l'enjeu est néanmoins aujourd'hui de refonder cet héritage commun. Pour cela, il apparaît qu'il est plus productif d'engager un travail de re-dynamisation que d'initier la création d'une nouvelle discipline *ex nihilo*.

Cette dynamique suppose tout d'abord de se débarrasser des bases communes appauvrissantes. La géographie ayant longtemps constitué la discipline dominée du couple, réduite souvent au rôle de servante de l'histoire, cette approche hégémonique doit être dépassée. L'union ne peut en effet être féconde que si chaque discipline conserve ses exigences épistémologiques.

Les nouvelles bases de l'histoire-géographie résident bien plutôt dans le jeu des échelles, le changement de focale, la spatialisation du temps et les régimes pluriels d'historicité. Ces enjeux communs aux historiens et aux géographes, qui sont autant de chantiers à travailler, devraient permettre de sortir d'une interdisciplinarité conçue comme un partage des espaces ou d'une interdisciplinarité en autarcie. Une attention plus grande devrait en effet être portée, par l'intermédiaire de ce couple, aux autres sciences humaines.

Le nouveau paradigme qui émerge dans les sciences humaines et qui accorde aux phénomènes d'appropriation et de justification des acteurs une prévalence implique enfin de renoncer à une approche extérieure du temps pour les historiens et de l'espace pour les géographes. L'appauvrissement des disciplines s'explique en effet par une approche mécaniste et scalaire, en lieu et place d'une approche commune axée sur la dialogique et l'interspatialité, intégrant les raisonnements des acteurs et leurs représentations. La prise en compte de ce qu'agir veut dire – dans l'espace pour le géographe et dans le temps pour l'historien – est un questionnement commun. Un historien comme Michel de Certeau a ainsi beaucoup réfléchi à l'espace comme lieu pratiqué, en invitant à porter le regard vers les modes d'appropriation et d'activité qui le qualifient. À cet égard, la ville constitue un terrain majeur de recherches. L'historien innovant dans ce domaine, Bernard Lepetit, y voyait pour sa part une catégorie d'une pratique sociale.

Cette nouvelle démarche refonde d'autant mieux le couple histoire-géographie que les jeux d'échelles sont de plus en plus intégrés par les historiens, notamment dans les travaux de la *micro-storia*. La variation des focales est en effet importante en histoire. Jacques Revel le souligne : « la démarche micro-historienne pose en principe que le choix d'une échelle particulière d'observation produit des effets de connaissance et qu'il peut être mis au service de stratégies de connaissances. Faire varier la focale de l'objectif, ce n'est pas seulement grandir (ou diminuer) la taille de l'objet dans le viseur, c'est en modifier la forme et la trame. » Ce changement n'est ainsi pas seulement d'ordre quantitatif, mais d'ordre qualitatif, dans la mesure où il permet de porter un regard différent sur l'objet d'étude et dans la mesure où c'est le choix du principe de variation qui compte, non pas celui d'une échelle particulière.

Dans cette perspective, l'enjeu ne consiste pas à déterminer si l'enseignement de l'histoire-géographie doit être centré sur la France, la région, l'Europe ou le monde, dès lors que les identités sont multiples et emboîtées. La notion d'homme pluriel que nous enjoint de prendre en compte la sociologie montre ainsi qu'il existe plusieurs économies de la grandeur, comme l'ont bien montré Luc Boltanski et Laurent Thévenot (domestique, industrielle, de la cité, etc.). L'homme et *a fortiori* les groupes humains doivent gérer plusieurs formes d'appartenance.

Il s'agit par conséquent de préconiser plutôt un enseignement « européo-décentré », comme l'a qualifié Laurent Wirth, un enseignement dont l'objet ne serait pas d'exciser l'histoire française pour la faire valoir auprès d'autres histoires nationales, mais de mettre en avant plusieurs discours nationaux qui dénotent la pluralité des regards. Les tableaux de Goya des *Dos* et *Tres de mayo* représentent ainsi le regard que les Espagnols portaient sur la France à une époque où celle-ci se voulait conquérante. Il s'agit là d'accepter et de rendre compte du regard de l'autre sur soi. Des chantiers féconds s'offrent donc à un mariage refondé entre historiens et géographes. Il présuppose une maîtrise des pratiques de représentation du temps et de l'espace, ainsi qu'une mise à l'épreuve du couple, selon ce que Paul Ricœur définit comme le paradigme de la « traductibilité ».

Je terminerai en rappelant que Jean-François Sirinelli nous a invité à regarder vers l'avenir dont nous sommes comptables : tout notre enseignement de l'histoire n'a en effet de sens que si nous parvenons à reconstruire un horizon d'attente pour les générations futures à partir des re-visitations de notre espace d'expérience, c'est à dire du passé de notre présent, rouvrant ainsi le champ de possibles toujours nouveaux. Nous retrouvons à ce titre la fonction majeure de l'historien comme passeur entre passé et devenir.

***Christian Grataloup :*** L'expression d'un pluriel assumé est insuffisante. Un va-et-vient constant entre le général et le particulier est préférable, car l'un ne se construit pas sans l'autre. Les mémoires ont besoin de la mémoire, de même qu'un individu se reconnaît dans plusieurs identités alors qu'il n'en a fondamentalement qu'une. S'il existe par ailleurs une multitude de notions, elles s'inscrivent toutes dans un système de pensée global. Cette dualité est à la base du nouveau contrat disciplinaire qui doit unir la géographie et l'histoire.

## Le monde comme fait de société

Il y a nécessité aujourd'hui d'universaliser le projet scientifique de la compréhension des sociétés en le débarrassant d'une structure fondamentalement européanisée qui a tendance à découper ses objets d'étude entre l'économique et le social. Un effort doit en effet être consenti par les Européens pour être des citoyens du monde (en tant qu'objet particulier) tout en construisant un universel (en tant qu'objet pluriel) par le biais de la science. Il s'agit de bâtir des modèles explicatifs en évitant de ré-instituer un esprit de système totalisant ou un nouveau récit téléologique et en s'autorisant à trouver des explications autres que partielles ou partiales.

Ce double passage du général au particulier peut être tenu si le géographe et l'historien se situent à la fois dans notre société et dans les sociétés - ou dans le social - qui leur permettent, loin du constat simpliste d'opacité du monde, d'assumer des mémoires qu'ils reconstruisent dans leur pluralité, d'assumer les différences de points de vue et de possibilités, en étant non pas dans la mécanique mais dans l'identité, tout en conservant la possibilité de confronter l'ensemble des outillages.

La finalité de l'enseignement scolaire étant de former de libres citoyens du monde, la tâche des historiens et des géographes est de montrer qu'à des échelles de citoyenneté (le pluriel des particuliers) correspondent des échelles de compréhension qui se fondent sur un référent général. Les réflexions ouvertes par le chantier de la didactique devraient contribuer à approfondir cette dimension de la discipline scolaire qui consiste à enseigner à lire les sociétés et à assumer des identités et héritages pluriels, au fondement de la construction d'une identité mondiale.

# Conclusions et perspectives

**Michel Hagnerelle,**
doyen du groupe histoire et géographie de l'IGEN

Ce colloque avait l'ambition forte de tracer de nouveaux horizons à l'apprentissage scolaire de l'histoire et de la géographie pour la prochaine décennie. Au terme des interventions et des discussions d'une exceptionnelle richesse, il nous est permis de dégager un certain nombre d'acquis fondamentaux et d'ouvrir quelques chantiers majeurs.

## Les acquis

Ce colloque est le premier de cette ampleur à avoir rassemblé une part importante des responsables nationaux et régionaux, du primaire et du secondaire, autour de l'enseignement de l'histoire et de la géographie. Il constitue assurément une étape importante pour nos disciplines. Nous pouvons le constater, plus que jamais les interrogations fortes qui traversent nos enseignements s'inscrivent au cœur des grands débats qui agitent le système éducatif dans son entier et, au-delà, toute la société.

Ce colloque a d'abord permis de clarifier la position de nos disciplines dans le contexte général des enseignements obligatoires. Le ministre a rappelé la place centrale des disciplines dans le système éducatif français, et il a exprimé sa conviction que l'innovation se situe d'abord au cœur des enseignements disciplinaires. Ce message fort ne doit surtout pas nous engager dans un quelconque repli disciplinaire. De fait, nos trois journées d'échanges ont bien mis en évidence notre volonté et notre capacité à mener cette innovation interne, guidés par un esprit d'ouverture, tant vers les autres disciplines que vers le monde extérieur.

Ce colloque a aussi contribué à relégitimer nos disciplines. La présence de l'histoire et de la géographie dans l'ensemble du cursus scolaire, du primaire au lycée, y compris dans les séries technologiques et professionnelles, n'a été l'objet d'aucune remise en cause. Le ministre a clairement réaffirmé qu'elles n'étaient pas des disciplines d'option, insistant sur leurs objectifs majeurs à la fois culturels, civiques et intellectuels. Cette position nous donne une responsabilité particulière, dès lors que les enseignants d'histoire-géographie prennent en charge tous les élèves, sur l'ensemble de leur scolarité. Dans cette perspective, si, contrairement à l'histoire, la géographie a longtemps souffert d'un réel déficit de légitimation dans le public, voire dans les esprits des professeurs eux-mêmes et des élèves, un repositionnement s'est engagé depuis une quinzaine d'années. La géographie enseignée retrouve ainsi une image clarifiée, notamment lorsqu'elle traite de questions comme celles de l'environnement, de l'aménagement, de la gestion et du développement des territoires.

La refondation de l'association de l'histoire et de la géographie, enfin, qui passe certainement par une nouvelle alliance - dont ce colloque représente un élément fort -, constitue l'un des points clés de l'évolution par rapport à la décennie précédente. Ce « nouveau contrat », indispensable certainement à une plus forte universalité de la compréhension des sociétés, ne pourra s'épanouir, nous l'avons vu, que dans le respect des identités et des spécificités de chacune des deux disciplines. L'alliance est sans doute encore perfectible. L'inégalité horaire persistante entre les deux disciplines est en effet inacceptable. De surcroît, bien des questions sont traitées en parallèle dans un même programme, sans que toutes les liaisons possibles soient réellement recherchées. Dans cette nouvelle alliance, on peut certainement affirmer aujourd'hui que la géographie est en voie de terminer sa « course séculaire » après l'histoire.

Nous progressons dans la mise en œuvre d'une culture commune en histoire et géographie pour tous les élèves. Ces dernières années, tout en respectant les nécessaires spécificités, les instructions concernant l'ensemble des voies générales, technologiques et professionnelles ont convergé vers les mêmes objectifs généraux de connaissances et de savoir-faire; les programmes proposent les mêmes questions majeures et sous-tendent des problématiques semblables; les enseignements s'organisent autour de méthodes, de démarches et de pratiques communes. Globalement, quel que soit le niveau auquel il quitte le système scolaire, tout élève reçoit un bagage culturel historique, géographique et civique minimum qui lui donne les repères pour s'insérer dans le monde et dans la société. Nos débats ont cependant montré le chemin qui reste à parcourir pour éviter les redondances ou les discordances qui subsistent dans les articulations entre certains programmes (entre la classe de troisième et la seconde BEP en histoire par exemple), et pour donner toute sa cohérence à la progression des apprentissages des classes du primaire jusqu'à la fin du lycée.

Tous ces acquis nous conduisent à mesurer le chemin parcouru depuis vingt ans. L'enseignement de l'histoire et de la géographie à l'école s'est profondément transformé, modernisé et adapté, dans les contenus comme dans les pratiques.

Pourtant, de nos débats émergent les quelques grands chantiers, quelques grands combats aussi peut-être, qu'il nous reste à mener.

## Les chantiers

Cinq grands chantiers exigent des historiens comme des géographes de s'engager résolument dans de nouveaux chemins de rénovation. L'occasion nous est offerte de les mettre en œuvre dans le cadre des nouveaux programmes qui se mettent en place (dans le primaire, au niveau du CAP et dans les classes de première et de terminale) ou sont en gestation (au niveau du BEP probablement et des séries technologiques).

*Le premier chantier consiste à relancer une réflexion approfondie sur les acquis des élèves.* La question posée initialement par le titre du colloque n'a en effet pas trouvé réellement de réponse. Alors que les élèves consacrent entre 700 et 1000 heures de cours à l'apprentissage de l'histoire et de la géographie, nous ne sommes pas suffisamment en mesure - hors des périodes épisodiques d'examen - de savoir exactement ce qu'ils en retiennent. Que savent réellement les élèves à l'entrée en sixième, à la fin du collège, à l'issue du BEP ou des différents baccalauréats? Nous allons faire dès à présent de cette question fondamentale le thème prioritaire de réflexion de l'inspection générale.

*Le deuxième chantier passe par la nécessaire remobilisation des enseignants.* Il s'agit de les aider à redonner du sens à leur activité et à les sortir d'une certaine morosité, en leur redonnant confiance en l'utilité de ce qu'ils font et en répondant à leurs doutes. Il est nécessaire de les aider à recentrer leur travail en classe sur l'apprentissage de contenus renouvelés, adaptés, répondant à la fois à une demande sociale en rapide mutation et aux indispensables nouvelles perspectives scientifiques.

Tout au long de nos échanges est apparue la nécessité de relancer avec les professeurs toute une réflexion sur des questions centrales de nos enseignements: quelle place accorder au document? Que faire de l'image ou de la carte (y compris en histoire)? Pourquoi et comment réhabiliter le récit (aussi en géographie)? Quelles modifications des pratiques sont introduites par l'étude de cas en géographie (et en histoire), et par le moment en histoire? Quel rôle peut et doit jouer le local? Comment gérer l'aller-retour entre le particulier et le général? D'autres pistes, plus ambitieuses encore, ont aussi été abordées: comment conduire des approches systémiques, intégrer la complexité? Comment traiter de l'incertitude, tant en ce qui concerne le passé que le présent?

*Le troisième chantier implique de revisiter les contenus.* Si la géographie et l'histoire scolaires ont des objectifs spécifiques et des contenus définis dans les programmes, elles doivent s'adapter en permanence et répondre à des sollicitations qui relèvent de deux logiques: une *logique endogène* d'une part, celle de la réalité de la classe et du contexte institutionnel, qui exige de l'enseignant qu'il s'adapte aux élèves, ainsi qu'aux horaires qui lui sont impartis et aux examens auxquels il doit préparer; une *logique exogène* d'autre part, qui tient à la transformation du monde et à l'évolution des sciences, des sociétés, du contexte socio-économique et de l'environnement tant national qu'européen et mondial. Celle-ci implique une adaptation des contenus, qui doit toutefois être menée avec discernement, afin d'éviter tout risque d'instrumentalisation des disciplines par la demande sociale. Il convient par exemple de s'interroger sur la place qu'il faut accorder aujourd'hui aux régions, alors que la France s'engage plus avant dans la voie de la décentralisation. Il est dans tous les cas nécessaire que les enseignants assurent une veille scientifique, afin d'intégrer de manière distanciée et pertinente les acquis de la science.

En matière d'évolution des contenus, le colloque a ouvert de nombreuses pistes. Certains contenus sont clairement à exclure, par exemple ceux qui découlent d'une approche déterministe, tant en histoire qu'en géographie. D'autres deviennent marginaux dans les nouvelles problématiques qui sous-tendent les enseignements d'aujourd'hui; ils posent alors la question, parfois douloureusement ressentie, des choix à opérer, parfois au détriment de questions ancrées depuis longtemps dans les programmes et... des habitudes. Bien des pistes de renouvellement sont apparues, qui méritent approfondissement: quel intérêt présente le jeu des échelles en histoire? La variation des focales ne constitue-t-elle pas un domaine d'expérimentation pertinent aussi en histoire? Quelle place accorder au temps, à la temporalité en géographie, à l'espace, à la spatialisation en histoire? Comment gérer la dialectique « devoir de mémoire-devoir d'histoire »? Quelle historisation de la mémoire? Quelle place nouvelle accorder à l'État-nation, à la mondialisation, aux nouveaux territoires, notamment à ceux qui émergent autour de nous, comme les « pays », et renvoient à la place du local en histoire et en géographie? Que fait-on de l'Europe: faut-il « plus » d'Europe ou « mieux » d'Europe? Faut-il « européocentrer » notre enseignement, ou au contraire l'« européodécentrer »? Comment construire une histoire de l'Europe, une temporalité européenne? Quelles perspectives nouvelles tracer pour la contribution de l'histoire et de la géographie à la construction de la citoyenneté? En particulier, quel rôle accorder au politique en géographie?

*Le quatrième chantier vise à libérer les initiatives et à redonner plus de vie à nos enseignements.* Ceci implique d'aider les enseignants à trouver des moments de respiration dans la gestion de leurs enseignements, en les amenant en particulier à utiliser à plein l'espace de liberté et de responsabilité que leur offrent les programmes et à faire preuve de plus d'audace dans le choix de leurs pratiques et des contenus. Il s'agit également d'introduire davantage l'homme au cœur de l'enseignement et de donner une place privilégiée aux acteurs en histoire comme en géographie, afin de rendre tout son sens à l'action humaine.

*Les défis de la formation représentent le cinquième et dernier chantier.* Dans les prochaines années, celle-ci est en effet amenée à devenir un enjeu majeur, dans la mesure où la formation initiale devra prendre en charge des dizaines de milliers de nouveaux enseignants, toutes disciplines confondues, et former les milliers de vacataires qui sont actuellement recrutés. La formation continue, pour sa part, est désorganisée ; c'est un maillon faible de notre système. Il y a urgence à mettre en place des plans de relance volontaires et ambitieux dans ce domaine. Chacun - inspecteurs, universitaires, formateurs, directeurs d'IUFM - est responsable du succès de ce changement, qui représente aujourd'hui une priorité absolue. Il est par ailleurs nécessaire de redonner à la formation continue comme à la formation initiale une coloration scientifique, qu'elle a parfois perdu de manière excessive ces dernières années.

Ce colloque ouvre ainsi de nombreuses pistes pour cette décennie. Si tout n'a pas été dit, de nouvelles dynamiques ont été engagées. Celles-ci ne sauraient rester sans suite. L'inspection générale, avec la collaboration de la DESCO, assumera, pour sa part, la responsabilité qui lui incombe auprès des acteurs de l'enseignement d'histoire et géographie. Nous avons déjà programmé de nouveaux projets d'action, tant au niveau national qu'interacadémique. Bien d'autres initiatives doivent être prises par les acteurs locaux.

L'enseignement de l'histoire et de la géographie sera ce que nous en ferons ; les attentes sociales sont croissantes de repères temporels et spatiaux, de clés pour décrypter le monde d'aujourd'hui et le vivre mieux, de perspectives pour recréer un horizon pour les générations futures. À nous d'y répondre, de trouver les chemins pertinents pour y répondre. La balle est dans notre camp.

# Déjà parus dans la collection « Les Actes de la Desco »

- ***Apprendre et enseigner la guerre d'Algérie et le Maghreb contemporain***
  CRDP de l'académie de Versailles, 2002,
  7800B431, 13,50 €
- ***Dépendances et conduites à risque à l'adolescence***
  CRDP de l'académie de Versailles, 2002,
  7800B432, 12,50 €
- ***Regroupement des acteurs des classes-relais***
  CRDP de l'académie de Versailles, 2002,
  7800B433, 12,50 €
- ***Prévention de la violence et accompagnement des établissements***
  CRDP de l'académie de Versailles, 2002,
  7800B434, 13,50 €
- ***L'internat : pour qui ? pour quoi ?***
  CRDP de l'académie de Versailles, 2002,
  7800B435, 12 €
- ***Analyses de pratiques professionnelles et entrée dans le métier***
  CRDP de l'académie de Versailles, 2002,
  7800B436, 12 €
- ***La formation continue ouverte et à distance***
  CRDP de Basse-Normandie, 2002,
  140B3960, 12 €
- ***Enseigner aujourd'hui à l'école maternelle : incidences sur la formation***
  CRDP de l'académie de Versailles, 2002,
  7800B437, 12 €
- ***La pluridisciplinarité dans les enseignements scientifiques, 1 : Histoire des sciences***
  CRDP de Basse-Normandie, 2002,
  140B3970, 16 €
- ***La pluridisciplinarité dans les enseignements scientifiques 2 : Place de l'expérience***
  CRDP de Basse-Normandie, 2003,
  140B3980, 16 €

- ***Entre le texte et l'image : la place des arts visuels dans l'enseignement des lettres***
  CRDP de l'académie de Versailles, 2003,
  7800B439, 15 €
- ***Didactiques de l'oral***
  CRDP de Basse-Normandie, 2003,
  140B4010, 20 €
- ***Analyse de pratiques et professionnalité des enseignants***
  CRDP de Basse-Normandie, 2003,
  140B4020, 12 €
- ***Europe et islam, islams d'Europe***
  CRDP de l'académie de Versailles, 2003,
  7800B440, 15 €
- ***L'enseignement du fait religieux***
  CRDP de l'académie de Versailles, 2003,
  7800B442, 23 €
- ***Apprendre l'histoire et la géographie à l'École***
  CRDP de l'académie de Versailles, 2004,
  7800BH444, 18 €

**En vente dans toutes les librairies du réseau SCÉRÉN.**
Également disponible en ligne, intégralement ou en de larges extraits, sur www.eduscol.education.fr rubrique « formation continue des enseignants ».

Achevé d'imprimer en Mars 2004
sur les presses de Tony Lopez Impression
(Gentilly).

Dépot légal Mars 2004.